国家社科基金
后期资助项目

非洲职业教育发展与援助研究

Research on Development and Assistance of TVET in Africa

陈明昆　著

图书在版编目(CIP)数据

非洲职业教育发展与援助研究/陈明昆著.—北京：北京大学出版社，2020.5
ISBN 978-7-301-31012-0

Ⅰ.①非… Ⅱ.①陈… Ⅲ.①职业教育—教育史—研究—非洲
Ⅳ.①G719.409

中国版本图书馆 CIP 数据核字（2020）第 006816 号

书　　　　名	非洲职业教育发展与援助研究 FEIZHOU ZHIYE JIAOYU FAZHAN YU YUANZHU YANJIU
著作责任者	陈明昆　著
责任编辑	颜克俭
标准书号	ISBN 978-7-301-31012-0
出版发行	北京大学出版社
地　　　　址	北京市海淀区成府路 205 号　100871
网　　　　址	http://www.pup.cn　　新浪微博：@北京大学出版社
电子信箱	zyjy@pup.cn
电　　　　话	邮购部 010-62752015　发行部 010-62750672　编辑部 010-62704142
印刷者	北京虎彩文化传播有限公司
经销者	新华书店
	730 毫米×1020 毫米　16 开本　16 印张　302 千字 2020 年 5 月第 1 版　2020 年 5 月第 1 次印刷
定　　　　价	68.00 元

未经许可，不得以任何方式复制或抄袭本书之部分或全部内容。
版权所有，侵权必究
举报电话：010-62752024　电子信箱：fd@pup.pku.edu.cn
图书如有印装质量问题，请与出版部联系，电话：010-62756370

国家社科基金后期资助项目
出版说明

　　后期资助项目是国家社科基金设立的一类重要项目,旨在鼓励广大社科研究者潜心治学,支持基础研究多出优秀成果。它是经过严格评审,从接近完成的科研成果中遴选立项的。为扩大后期资助项目的影响,更好地推动学术发展,促进成果转化,全国哲学社会科学工作办公室按照"统一设计、统一标识、统一版式、形成系列"的总体要求,组织出版国家社科基金后期资助项目成果。

全国哲学社会科学工作办公室

前 言

  职业教育被认为是促进就业、摆脱贫困、实现教育均衡发展的重要途径，非洲从独立之初就开始对发展职业教育给予了极大的关注和很高的热情。在联合国教科文组织、世界银行等国际组织的支持下，非洲大陆从20世纪60年代开始，开展了一场"职业化"运动，目的是改变非洲国家教育发展与经济发展不相适应的问题，同时也希望通过职业教育的发展来增加就业，改变人们的教育观念，为非洲经济的"腾飞"做好人力资源的准备。但"职业化"的结果与人们的期待相去甚远，自70年代末开始，职业教育在非洲又被"打入冷宫"。直到21世纪的到来，在千年发展目标的激励下，许多非洲国家才重新重视职业教育，职业教育才开始出现一缕新的希望"曙光"。

  也许从殖民的历史过程看，职业教育在非洲殖民地国家的发展应该早有"一席之地"。职业学校的出现甚或早于普通中等学校的建立，因为殖民地当局需要的是能干活、有技术的劳动者，而不是有头脑、会思想的"能人"。因此，在尼日利亚、肯尼亚、南非等地，殖民者都建立过一些职业学校，用于培养技术劳动者。虽然这些学校的教学质量都比较差、办学规模也很小，但对当时的青年人来讲还是有很大的吸引力的。相比较而言，这些殖民地国家的中等教育和高等教育更加落后，甚至是空白，西非地区唯有尼日利亚在独立前有一所大学存在，而且还属于英国本土大学的一个分校。

  在非洲，为什么依靠发展职业教育促进经济增长和就业的目标都落了空，而同一时期开始积极发展职业教育的亚洲"四小龙"却取得了经济上的成功？这是否意味着非洲不需要职业教育？实际上，职业教育是工业化、现代化的产物，是教育公平、社会进步的表现，在没有工业化，或工业化水平十分落后的国家，在教育观念落后、教育基础薄弱、教育公平缺失的国度，职业教育是很难有大的发展空间的。通俗地讲，经济落后国的职业教育很难有大的发展，没有工业化做支撑的职业教育也很难持久发展。一句话：没有工业化做支撑，就没有现代职业教育的大发展；没有经济大发展，就没有职业教育的大发展。由此是否可以断言：非洲国家职业教育兴旺发达之时，必然是非洲工业化大发展之时？也必然是非洲大陆复兴之日？

  但这并不排除教育与经济之间在发展方式和发展进程中的互动关系和

相互影响因素的存在。如何发展职业教育？如何在经济发展过程中顺势而为，积极推动职业教育的发展？如何使职业教育的发展得到全社会的支持？如何为经济发展提供人力资源支持？这是一种相辅相成、相互影响、相互制约的复杂关系。一个国家或地区职业教育的发展，既需要政治魄力，更需要政府的科学决策。

本书内容可分为两大部分。

本书第一部分在对独立前非洲大陆的教育特别是职业教育进行历史梳理的基础上，对独立以来非洲国家的职业教育发展和变化情况进行分析，从中揭示非洲职业教育发展的现状及问题。而后进行非洲职业教育的国别研究，首先是对博茨瓦纳、埃及、加纳、塞内加尔、塞舌尔、突尼斯和津巴布韦七个国家的职业教育体系特征及供给模式等进行简要评介，然后再对科特迪瓦、马达加斯加、马里和塞内加尔这四个法语国家的职业教育的管理体制、供给体系及与劳动就业的关系进行了比较分析，最后选择埃塞俄比亚、坦桑尼亚、尼日利亚和南非这四个撒哈拉以南非洲大国的职业教育发展情况及特征进行研究。国别研究的主要目的是希望通过对这些不同国家的职业教育发展历程进行简要的梳理，对各个国家的职业教育发展特色或某一方面的突出特征进行评述，对发展中面临的问题进行剖析，以期为今后中非之间在职业教育领域的广泛合作提供更多的信息参考，同时也希望国人对非洲职业教育发展给予更多的关注。

本书第二部分通过对相关资料的整理和分析，重点评介了世界银行和经合组织对非洲职业教育的援助政策。进入 21 世纪以来，在千年发展目标驱动下，"援助"或"发展援助"更是成为发达国家对发展中国家宣传的身份标杆。在此国际背景下，中非关系中的对非援助也成为应有之义。毋庸讳言，在对外援助方面，中国属于后来者，是以一个负责任的发展中大国而履行的国际人道主义义务。自改革开放以来，中国在对非教育援助尤其是在职业教育和职业培训方面做了大量的工作，赢得了非洲朋友的信赖，也日益受到西方国家和对象国的关注。本书最后一章从援助与合作的角度梳理了改革开放以来，特别是中非合作论坛成立以来中国对非洲教育援助及合作与交流进程，着重从职业教育和人力资源培训的视角阐述中非之间的教育合作与交流问题。书中对近些年来中非在职业教育方面的合作和交流进行了认真的经验总结，对未来中非双方在职业教育领域应该怎样更好地开展合作，进行了前瞻性的思考。

非洲国家的职业教育发展为什么会是今天这个样子？是历史的必然还是人为的偶然？是物质方面的匮乏还是思想意识层面的桎梏？是需要独立

自主地发展职业教育还是离不开外来的援助？诚然，"援助"在非洲职业教育发展过程中曾引起过世人的极大关注和兴趣。因为根据当时的思维逻辑，一个国家要发展经济，人才是关键，而为了解决经济活动过程中人才匮乏和熟练劳动力短缺问题，同时也为了有效解决非洲国家普遍存在的青年失业问题，当务之急是发展职业教育。只有职业教育才能更好地解决技术性人才短缺和青少年失业问题，只有当这个国家的教育部门能够为经济各部门提供充足的技术劳动力了，这个国家才有兴旺发达的可能。由此也就说明了，非洲许多国家之所以没有发达起来，很大程度上或者说一定程度上是与职业教育不发达有关系的。于是，国际组织的专家们在抛出"人力资本"理论后，又提出了"人力规划"说，积极游说世界银行在对非洲教育援助过程中应优先考虑对职业教育的援助。于是，在非洲独立后的前20年间，世界银行对非洲教育援助的重心是职业教育，而不是普通教育。

因为在某种意义上，对一个国家职业教育关注就是对该国人力资源开发和培训方面的关注，就是对其就业市场和劳动力状况进行关注，进而也会对这个国家的经济发展情况和产业情况有所了解，最终对这个国家的整体情况就有了一定的把握和研判。

当前有关非洲职业教育的研究成果和资料在国内尚比较缺乏，至今国内还没有一本较为全面的关于非洲职业教育发展方面的研究著作，相关研究的论文也十分有限。外文文献也只多见于联合国教科文组织、世界银行等国际组织的工作和调研报告中。因此，要对非洲独立以来的职业教育发展有一个比较全面和正确的分析把握，确是富有挑战性。非洲路途遥远，许多国家缺乏安全环境，加之其他各种原因，到非洲进行教育的实地调研有诸多困难，有时很难按计划出行。虽然笔者在此之前曾到过埃塞俄比亚、南非、坦桑尼亚、肯尼亚等国家进行过短时间的学习交流，参加过相关会议，期间也对相关国家的职业教育信息和文献资料进行过了解和收集，近年来还不时委托在非洲的同事和同学进行过一些最新动态的信息收集，但仍不能支撑起本书的高质量写作。故此，在本书写作过程中，部分章节在内容、观点、数据等方面尽可能地参考了国内外一些专家和学者的研究成果，所用之处均加以标注，但恐个别处或有遗漏，作者在此恳请谅解，并表达最诚挚的感谢！此外，本书在章节安排和内容写作过程中，恐存在一些不足之处，敬请广大读者批评指正。

最后，特别感谢北京大学出版社的编审人员为本书出版所做的大量工作，他们高超的专业水准和一丝不苟的敬业精神令我钦佩。

陈明昆
2020年2月

目　录

第一章　独立前非洲教育的发展轨迹 ……………………………… （1）
第一节　非洲的本土教育与宗教教育 ……………………………… （1）
第二节　非洲殖民地时期的教育概况 ……………………………… （7）
第三节　教育的殖民性与非洲民族主义 …………………………… （13）

第二章　独立以来非洲职业教育发展概述 ………………………… （17）
第一节　非洲职业教育的目标、体系和发展问题 ………………… （17）
第二节　非洲职业教育发展的阶段特征 …………………………… （31）
第三节　非洲职业教育的国别特征比较 …………………………… （39）

第三章　前法属非洲四国职业教育发展比较 ……………………… （45）
第一节　四国的职业教育管理体制 ………………………………… （45）
第二节　四国的职业教育供给体系 ………………………………… （49）
第三节　四国职业教育与劳动市场的联系 ………………………… （54）

第四章　埃塞俄比亚职业教育发展与改革 ………………………… （60）
第一节　埃塞俄比亚职业教育发展轨迹 …………………………… （60）
第二节　埃塞俄比亚职业教育经费改革 …………………………… （70）
第三节　埃塞俄比亚职业教育发展成效与问题 …………………… （78）

第五章　尼日利亚职业教育发展与改革 …………………………… （84）
第一节　尼日利亚的职业教育发展概况 …………………………… （84）
第二节　尼日利亚的职业教育体制建设 …………………………… （88）
第三节　尼日利亚职业教育改革进程 ……………………………… （95）

第六章　南非职业教育改革与发展 ………………………………… （103）
第一节　20世纪90年代南非职业教育变革 ……………………… （103）
第二节　21世纪以来南非职业教育改革 ………………………… （111）
第三节　南非职业教育发展规划及愿景 …………………………… （117）

第七章　坦桑尼亚职业教育的发展变化 …………………………… （125）
第一节　坦桑尼亚职业教育发展轨迹 ……………………………… （125）
第二节　坦桑尼亚的扫盲教育与职业培训 ………………………… （131）
第三节　坦桑尼亚职业教育的发展趋势 …………………………… （134）

第八章 非洲职业教育发展的思想影响 ……………………（140）
第一节 非洲职业教育发展的思想论争 ………………（140）
第二节 非洲教育"职业化"运动失败的原因及影响 …………（146）

第九章 世界银行对非洲职业教育的援助政策 ……………（154）
第一节 世界银行教育援助政策产生的背景 ……………（154）
第二节 世界银行对非洲职业教育援助的政策演变 ………（162）
第三节 世界银行对非洲职业教育援助政策评析 …………（173）

第十章 经合组织及成员国对非洲职业教育的援助政策 ………（182）
第一节 经合组织对非洲教育援助概况 …………………（182）
第二节 德国对非洲职业教育援助政策 …………………（187）
第三节 法国对非洲职业教育援助政策 …………………（194）

第十一章 中国对非洲职业教育的援助与合作 ……………（198）
第一节 中国对非洲教育援助的历史发展 ………………（198）
第二节 中国对非洲职业教育援助的现状 ………………（207）
第三节 中非职业教育合作与发展趋势 …………………（212）

附表 ………………………………………………………（221）

参考文献 …………………………………………………（241）

第一章 独立前非洲教育的发展轨迹

非洲国家在文化教育和技能培训方面有着悠久的、丰富多彩的历史,但就原始意义上的非洲教育而言则无从完整考查,也无法给予准确定义。具有现代意义上的非洲教育是在西方殖民者到来之后的事情,能够产生世界影响或引起广泛关注的非洲教育发展问题则是出现在第二次世界大战之后的独立运动时期。从历史发展进程看,独立前的非洲教育基本上是沿着三个方向演进和变化的:本土教育、宗教教育和殖民地教育。

第一节 非洲的本土教育与宗教教育

非洲本土教育相对传统,也不够先进,但它是非洲本土文化、知识和技艺得以薪火相传的工具,后因外来文化尤其是宗教文化的入侵和殖民国家教育体制的强势介入而中断。非洲宗教教育主要是指基督教和伊斯兰教这两大教派在非洲大陆开展传教活动过程中所伴随的教育活动。而殖民地教育是指西方殖民者在非洲大陆所进行的各种教育活动,主要是指英、法等欧洲国家教育的引入,因为西方殖民者常常是把本国的教育体制生搬硬套到非洲,故又称"西方教育"。

一、非洲的本土教育

作为人类发源地之一的非洲大陆有着悠久而丰富的教育传统,能够充分体现这种教育传统和特色的就是非洲的本土教育。非洲大陆上生活着一千多个大大小小不同的部落或种族,各部族群体的文化、艺术、生产和生活技能等经过世代的沿袭和传承,有的被保存下来并得到发扬,有的则因迁徙、疾病、战争、天灾等而导致遗失或毁灭。传承下来的这些部族文化和技艺及其传授活动就是我们所说的"本土教育"。

早期的非洲本土教育部族色彩非常浓厚,语言交流和榜样示范是主要手段,部族和家庭中的长者注重向儿童和青少年传授适用于男女不同社会角色的观念和行为,注重本族群文化价值中的责任和权利,并以此来建立和维系起本部族群体的存在和影响。家庭或部族内部举行的各种仪式活动也是本土教育的主要内容之一,如婚丧嫁娶、庆丰收、庆胜利、祈福纳祥、成人礼等。这些仪式活动主要通过对环境的渲染、神秘氛围的烘托,如神秘而夸张的面具、怪异且震撼的舞蹈动作、脸部或身体某部位炫艳的涂抹等,来树立权威或榜样的力量,彰示法则的威严或表达对神灵的敬畏,以起到教育、警示或示范的作用。

在非洲本土教育中,职业教育早已存在。最初的职业教育形式主要是手工学徒。传统手工学徒的最初形态是父亲把自己的职业传授给儿子,一般都是在家庭范围内进行。这种父传子的职业行为带有明显的世袭制,因为父亲传授给儿子有关职业的技艺和秘诀被认为是理所当然的事情。然而,当生产力不断提高,各种职业相继出现,社会对职业的需求越来越多的时候,仅靠父传子这种单线、垂直式的技艺发展方式,已不能满足社会对该技艺产品的需求,于是这些师傅们便开始接纳别人家(多半为族群内或具有裙带关系)的男孩到自己家中,并向他们传授职业上的技艺和秘诀。一直沿袭到今天的非洲雕刻,如牙雕、铜雕和木雕等就是学徒制存在的最好例证。当然,手工学徒还广泛存在于冶金、纺织、制革、珠宝和制陶等手工作坊当中。但上述这些行业总是被社会所轻视,只有宗教、司法、军事和农耕等才是社会所看重的职业。另外,非洲传统部族中巫师的职位也具有特殊的价值和象征意义。巫师一般都是具有一定职业技能的人,在当时的生产力条件下,能够给土著居民在治病、祈祷、安慰等方面提供帮助。从整个非洲大陆看,能够代表非洲文明和技艺水平的手工学徒主要集中在尼罗河下游、刚果河盆地和尼日尔河三角洲等地区。

概括起来,非洲本土教育内容包括七个方面:(1)发展儿童潜在的身体技能;(2)培养个性;(3)灌输尊重长者和权威的观念;(4)掌握专门的职业技能,培养对劳动的诚实态度;(5)发展智力;(6)培养归属感,鼓励儿童积极参与家庭和社会生活;(7)继承和发扬社会的优良文化传统。① 非洲本土教育的主要目的是要把儿童培养成为诚实的、有礼貌的、有技能的、善合作的、遵守社会秩序的人。

从惯习上讲,本土教育总是固守着本土的传统,拒斥着外来文化和教育的侵袭,但强势教育一方最终会征服弱势或落后的一方。长期以来,基督教和伊斯兰教对非洲传统文化和教育的影响无处不在,一直对非洲教育和公众生活、精神和信仰产生着深刻影响,"传统的非洲"在今天的非洲大陆上已经越来越弱小了。

---

① 李建忠.战后非洲教育研究[M].南昌:江西教育出版社,1996:29.

二、基督教教育在非洲

英、法等西方资本主义国家大规模争夺和瓜分非洲是从19世纪70年代开始的，1898年已大部分结束了。① 但是，在帝国主义瓜分非洲之前，奴隶贸易早就在进行了。在奴隶贩子进行奴隶贸易的同时，那些大无畏的、具有探险精神的、忘我的欧洲传教士们也开始到非洲进行布道。传教士的首要目的是传播宗教，但如何使土著居民皈依基督教，是几乎所有初到非洲的西方传教士不得不面对的首要问题，因为巨大的文化差异、文明差距是横在非洲部族与西方资本主义国家之间的难以逾越的鸿沟，但传教士对于耶稣基督的膜拜也确实成就了他们的事业。于是，在布道的过程中就自然地伴随着对西方文明和文化的传播，这样使当地人逐渐地文明开化起来。传教士在这个时代所扮演的角色不一定是帝国主义的代理人，但他们"无疑是越来越扩张的欧洲影响和文化渗透的先行者，潜在或公开地得到了政府支持"②。对于非洲人而言，皈依基督教也就意味着放弃了传统。

伴随着越来越多的传教士和殖民者的到来，西方的布道使团在非洲办起了一些小学校，在教授非洲本地人一些生活知识和生产技能的同时，也改变着土著居民的世界观、知识观和哲学观，使得越来越多的本土居民最终皈依了基督教。可见，传教士布道的过程本身就是一种特殊的教育过程，这种教育本身的目的性和指向性都十分明确，而且带有强烈的使命感和责任心，因此能够收到很好的效果，也对非洲本土教育产生了广泛的影响。

在非洲，不乏传教士通过办学校、教当地人识字或学习劳作技能等来吸引更多的土著居民皈依宗教的成功例子。例如，被称为人类历史上最伟大的探险家——英国基督教传教士戴维·李文斯通（David Livingstone，1813—1873）1847年在东非一个叫"克罗本"（Kolobeng）的地方就办了一所小学校，人数多达80人。李文斯通还根据当地土著生活的实际需要开设实用性的课程，"他见当地的铁矿多，就先开设'矿物学'，许多土著前来修课，接着开'昆虫学''工具学'……克罗本学校的人数越来越多，李文斯通又兴建学生宿舍，提供给远处的学生居住"③。在教育内容上，教会学校以宗教性内容为主，辅之以基本的文化知识教育，一般的教会学校都会加入一些职业教育的内容，教当地居民一些实用性技术。恰如李文斯通在他的《布道旅程》一书中所说

---

① [美]约翰·甘瑟.非洲内幕[M].北京：人民日报出版社，2014：10.
② [英]理查德·雷德.现代非洲史[M].上海：上海人民出版社，2014：140.
③ 张文亮.深入非洲三万里：李文斯通传[M].兰州：敦煌文艺出版社，2006：69.

的："当我与非洲土著一起制砖建屋，一起磨铁器，一起刨木头，这就是传福音。"①李文斯通还教会当地人如何使用机械设备，并把机械设备送给学会操作的人才。他认为"土著最重要的训练包括三方面：机械技术——可使工业的生产更有效率；贸易管理——可使他们了解如何与外地人做生意；公共卫生与护理——可使他们的身体更健康，活得更久"②。

可见，李文斯通是一位非常有远见、有作为的传道者。"他名副其实地把自己一生用在这个大陆的改进和拯救之上"，尽管李文斯通本人"未能活着见到'抢夺非洲'，但他为英国最终对非洲的'人道主义征服'在宣传和精神背景的形成上起了作用"③。他十分痛恨奴隶贸易，认为阻止奴隶贩卖的最好方法就是在当地的广大土地上种植棉花与甘蔗，在湖边（此处是指赞比西河流域上的尼亚萨湖）成立"示范型的开垦区"，指导土著使用土地。他还给英国外交部写信，希望派遣一个农耕队前来，这个农耕队需要"两个能够亲手操作的农艺专家、两个技术纯熟的木匠、两个懂得做生意的人、一个会种甘蔗和制糖的专家、一个熟悉化学的医生"。而且他希望"这些人都已结婚，他们的妻子能够知道家政、护理或教育"。同时他又告诫说"这个农耕队的领队必须是一个有耐心的人，他将面对的是需要长期耕耘才能产生一点点影响的挑战"④。在今天看来，李文斯通当时的思想、观点及看法仍不过时，对于希望研究非洲、帮助非洲发展进步的志士仁人、专家学者来说，这种大无畏的献身精神，或曰"非洲情怀"，乃是十分难能可贵的。

不同的传教使团，其办学性质也有所不同。福音派新教会传教士多来自欧美的手工艺人阶层，因而在他们所办的教会学校中，除了教授识字以外，还教授一些手工技能。但英国圣公会和天主教传教使团所办的学校一般都是学术性的，而且在数量上占大多数。因为有的传教士本人所接受过的是文科教育，因而在他们所办的学校课程中也主要以文科教育为主，能像李文斯通一样出众的传教士并不多见。在教学语言上，一些教会学校还注重用当地语言教学。

在比属刚果，天主教最主要、最直接的势力也是在教育方面。殖民地时期刚果的教育事业不是由政府说了算，而是由传教团体管理。当时的刚果只有教会学校和私人办的学校，没有公立学校，但国家对教育会给予一定的经费资助。当时刚果的全部学校中，80%都是天主教会办的。学龄儿童中只有约30%能上学，这个数字在当时的非洲已经是很高了。⑤ 由于从1925年起，

---

① 张文亮.深入非洲三万里：李文斯通传[M].兰州：敦煌文艺出版社，2006：129.
② 同①：158.
③ [英]理查德·雷德.现代非洲史[M].上海：上海人民出版社，2014：140.
④ 同①：172.
⑤ [美]约翰·甘瑟.非洲内幕[M].北京：人民日报出版社，2014：450.

相继 20 年间,当时刚果天主教传教团体得到比利时政府源源不断的教育补助金,使得同一时期刚果的教育得到了很好发展,所建的学校在当时的非洲都是一流的。当人们走在辽远的丛林地带、孤零的道路旁边,都可以发现天主教会办的学校、医院、社会福利机构和教堂。

20 世纪德国著名学者阿尔伯特·史怀哲(Albert Schweitzer,1875—1965)经过八年的医学训练并获得医学博士后,于 1913 年来到了今加蓬共和国的兰巴雷内地区,建立了丛林诊所,开始了长达半个世纪的医疗援助工作,直至去世。在他的生活自传本《行走在非洲丛林》一书中就记录有关于教会学校的教学情况:10 月份,父母把孩子们送过来,下一年 7 月份大规模捕鱼期开始时,再将他们接回去。学生们一天的大致安排是:早晨 7 点至 9 点割草或砍伐灌木,防止原始森林扩大并侵扰到传教站;9 点到 10 点是休息时间;上课时间是 10 点到 12 点;12 点到 1 点的休息时间通常用来洗澡和捕鱼;下午的学习时间是 2 点到 4 点,然后是 1.5 小时的劳动时间,结束后领取第二天的食物;6 点钟开始晚上的祷告,然后吃晚饭,9 点钟钻入蚊帐,躺在平板床上睡觉。①

19 世纪和 20 世纪上半叶,是欧洲传教士在撒哈拉以南非洲(SSA)各地活动急剧增长的时期。在大多数地方"传教士高于国旗",也就是说他们的工作范围常常超出殖民地统治区域以外,因而殖民地领土扩张的较常见借口之一就是保护那些陷入困境或引起麻烦的传教士。②

基督教传教活动形式很多,既有李文斯通独自一人穿越东部和中部非洲的旅行,也有阿尔伯特·史怀哲设在兰巴雷内的医院,当然还有许多较常见的福音宣讲。所以,从一开始,传教活动就是促使异域文化变革的因素,非洲人往往自觉或不自觉地被深深卷入这个文化创造过程之中。传教活动尤其是新教各派进行的传教活动,高度重视阅读《圣经》,因而也必然重视读写能力的培养。训练皈依者用英语或法语阅读和书写,被视为教会教育的核心目的之一。最先学会这些技能的人,就有了进入新领域和获得新职位的可能。如殖民地政府规定,受过教会学校教育的人可以优先接近殖民地政府机构,他们可以在那里的办公室工作,阅读它的法律文献,比那些读写能力差的人更加引起注意。这些受过教会学校教育的人往往发现自己的社会地位也提高了,同时也明示那些社会地位低下的人可以通过教育而改变自己的社会地位,教育的殖民性就体现出来了。

---

① [德]阿尔伯特·史怀哲.行走在非洲丛林[M].北京:外语教学与研究出版社,2016:209-210.

② [美]埃里克·吉尔伯特.非洲史[J].海口:海南出版社,2007:341.

因此，欧洲基督教传教活动实质上也是一种文化殖民活动，在某种意义上文化殖民比武力征服更加有效。传教士不畏艰险，深入到非洲大陆的角角落落。从公元4世纪到19世纪初的近1500年间，基督教在埃塞俄比亚一直占据精神统治的地位，除了西部伊斯兰人口聚居地区的古兰经学校外，埃塞俄比亚的所有教育几乎都与基督教教堂有着紧密的联系，并受到教会的严格控制。当然，从显在价值看，基督教徒的一项重要活动就是办教育，把西方较为先进的教育制度介绍到非洲国家，并通过传教士的不懈努力而开始生根发芽。例如，大约在公元450年，埃塞俄比亚的基督教会就创建了一种相对完整的教育制度，为埃塞俄比亚的文化、精神、文学、科学和艺术的发展奠定了广泛的基础。教会学校也培养教师和政府公务员，如法官、地方官员、书记员、财会人员以及各类管理人员。总之，当时的教会学校是国家人才培养的唯一通道。

三、伊斯兰教育在非洲

殖民地时期之前，对非洲教育产生较大影响的另一个重要因素是伊斯兰文化。相比基督教而言，伊斯兰教在非洲的存在更为久远，影响最为广泛的是在北非地区，后来扩散到中南非区域。在公元7世纪左右，阿拉伯人占领了北非，并在那里推行伊斯兰教。北非的埃及、阿尔及利亚、摩洛哥、利比亚和突尼斯首先受到伊斯兰教的影响。除在北非地区推行阿拉伯文化和语言外，伊斯兰教在萨赫勒地区即沿着东非海岸及非洲之角大部分地区也拥有大量信徒。今天，非洲总人口的至少1/3都是伊斯兰教徒，而且人数还在增加。

在伊斯兰第三纪（公元10世纪），伊斯兰教通过商路越过撒哈拉大沙漠向北非以南的部分地区蔓延。到了1800年，在塞内加尔、尼日尔峡谷和乍得盆地都有相当一部分当地居民成为穆斯林。在撒哈拉以南的非洲地区，大规模的伊斯兰教传播运动始于20世纪初，数百万当地人信奉了伊斯兰教。到1940年法属撒哈拉以南非洲有30%的人是穆斯林，到1985年穆斯林达到50%。几乎所有的伊斯兰教传教士都是非洲人，而基督教主要的传教士都是欧洲人。[①] 当然，这些传教士同时也带来了高度的文化和技术——建筑、制瓦、诗歌、代数等，还有商业和经营的思想。

在前殖民地时期，伊斯兰教传教士常常与实际或潜在的政治权力相联系，其中一个主要原因是这些传教士享有宗教和学术上的声望，而穆斯林社会是按照《古兰经》从高到低的等级原则来管理的。在殖民地时期，伊斯兰教

---

① 李建忠."战后"非洲教育研究[M].南昌：江西教育出版社，1996：31.

传教士所享有的实际或潜在的政治权利则大大削弱。

在伊斯兰文化影响下建立的正式和非正式学校教授的是伊斯兰的伦理和神学。历史上还曾出现过为数不多的两个以传播伊斯兰文化而闻名的文化中心：一个是马里的廷巴克图（Tombouctou），另一个是靠近东部海岸的拉穆（Lamu）。为传授宗教领域内的技能和知识，伊斯兰教育强调用阿拉伯文阅读和背诵。学生要决定自己专攻哪一门。学生或是在家中跟随当地有学问的人学习，或是到当地著名的伊斯兰学术中心学习。从这里毕业的最优秀的学生再到开罗的爱资哈尔大学和突尼斯的盖拉万大学学习。

公元7世纪的埃塞俄比亚就有了伊斯兰教会教育。它的教育类型分为两个等级：低等级的教育主要是教授阿拉伯文字以及古兰经的阅读，高等级的教育主要是教授并研究伊斯兰教义和阿拉伯语法。这种高等级的伊斯兰教育属于教堂教育体系的高等教育阶段。在埃塞俄比亚，伊斯兰教育的主要目的是弘扬和传播宗教，保护文化遗产，翻译古兰经，翻译伊斯兰经典诗歌等。从事这些活动的人有很高的社会地位，他们常常是清真寺、学校和法院的领导阶层。可以说，伊斯兰教育的传入对埃塞俄比亚传统文化的发展具有重要作用。

第二节 非洲殖民地时期的教育概况

非洲被西方殖民时期始于15世纪葡萄牙人的到来，殖民者开始大规模地瓜分非洲是从19世纪70年代开始的，终结于"二战"以后。期间，在撒哈拉以南的非洲国家中，仅有埃塞俄比亚和利比里亚作为主权国家的历史超过了30年，其他国家作为主权国家的历史相对较短，大多是在1957年（加纳[①]）到1980年（津巴布韦）之间才取得独立的。独立前非洲教育的主要供给者是殖民地政府、天主教非洲使团和各种新教教会。在殖民地当局所办学校中，大部分属于初等教育，另外还有一些技术教育或培训学校，目的是为殖民者培养"会干活"的劳动者，中等教育的比例很低，高等教育则几近为零。

这种殖民地教育往往带有强烈的政治和经济目的，主要是在对本土教育压制的过程中培养为宗主国利益服务的劳动者。教育的质量和类型、体系都很不完整，即学即用是其办教育的主要目的，零散性是当时办学的主要表现。

一、殖民地时期的中小学教育

随着西方殖民者的不断侵入，西方的教育模式也开始向非洲传播。1792

[①] 1957年3月6日，加纳独立日。

年,伦敦的塞拉利昂公司在佛里敦创办了第一所西式学校,派出 6 名教师。1808 年,塞拉利昂成为英国直辖殖民地。1809 年,英国议会投票通过向"塞拉利昂的民政机构"拨款 300 英镑,为 6 名教师提供生计。这是向殖民地教育提供的第一笔政府援助。到 1849 年,英国在非洲殖民地创办了 14 所政府学校和 28 所教会学校。①

在第二次世界大战后初期,受到美国"第四点计划"②援助的利比里亚,当时教育十分落后,全国仅有 325 个公立学校,校舍破烂不堪,约有 1480 名教师。在雨季里,大部分学校都不得不停课。教员中甚至有许多人没有受过完整的初等教育。全国只有 9 所中学,其中 4 所是教会办的。③ 而在北罗得西亚④,面积有两个美国加利福尼亚州那么大,当时却只有唯一一所供非洲人读书的中学。在葡属殖民地莫桑比克,战后也新设立了一所中学,也是全莫桑比克"仅有"的一所中学。在法属殖民地肯尼亚,人口 550 万,虽然有 35 所中学,但学校都很小,办学条件也很差,一共只有 3555 名男生和 451 名女生。⑤ 在埃及,约有 3/4 的人不会写字,不但妇女没有上学的机会,没有上过学的男性也超过 50%。从 20 世纪 50 年代开始,埃及政府着手加快教育的发展,这从教育预算和学校数量的前后变化上可以看出:1920 年,英国统治下埃及的教育预算约为 100 万英镑,到了 20 世纪 50 年代初期,教育预算已增加到 2000 万英镑以上;1922 年,埃及全国只有 3 所公立中学,1952 年增加到了 765 所。甚至有人担心"走得太快了。大学太大了,学生太多了。将来无法为他们找到工作,他们会像旧时的巴尔干人一样,将成为邮局职员,然后变成革命分子"⑥。可见,殖民者从内心里还是不愿意让更多的非洲人接受教育。

"二战"结束后,受西方传统经济学思想的影响,各国在发展经济的同时,也开始积极发展各级教育,为经济发展做好人力资源储备。在非洲,宗主国为了安抚殖民地附属国日益强烈的民族主义情绪,不得不把海外殖民地发展作为自己计划的一部分,其中就包括发展殖民地的教育。从战后第二年的

---

① 李建忠."战后"非洲教育研究[M].南昌:江西教育出版社,1996:34.
② 1949 年 1 月,美国总统杜鲁门在其第二任期就职演说中提出美国全球战略的四点行动计划,并强调"提供我们所有的技术和知识给那些爱好和平的人们……促进对需要发展的地区的资本投入"。这就是"第四点计划"的由来。在这个计划的指导下,美国对非主要援助方式有:① 推动美国大学与当地大学合作,进行技术人员培训,开展学术交流等;② 与美国非营利组织合作,为非洲国家提供项目人员培训、教学设备、农业基础设施建设等方面的援助。但在"第四点计划"规划下的对非援助没有实施太长时间。
③ [美]约翰·甘瑟.非洲内幕[M].北京:人民日报出版社,2014:590.
④ 赞比亚的旧称,1964 年 10 月赞比亚独立后这一名称废止。
⑤ 同③:15.
⑥ 同③:124.

1946年开始,非洲大陆的学生人数增长加快。据统计,1945—1956年的11年间,各类中小学入学人数在大多数殖民地国家都增加了一倍左右。西非法属殖民地增长最多,有的地方入学人数增长甚至超过3倍。在西非地区,在听民族主义者演讲的群众中,受过教育的人数比例大大增加了。在北非地区(马格里布、利比亚和埃及),1950—1951年高校学生人数已达4万人,同一时期赤道非洲的高校学生由2270人增至13620人。[1]

虽然"二战"后非洲殖民地国家的初等和中等教育较以前有了较大发展,但相对于适龄人口的数量来讲,还是非常落后,非洲本土居民受教育的机会仍然极为有限。在非洲大部分国家,人们基本上既不识字,也不识数。据统计,学龄人口中接受初中教育的还不到3%。几乎没有一个国家当时拥有超过200名在校大学生。整个撒哈拉以南地区大约有2亿人口,却只有区区8000名初中毕业生,而且其中半数来自两个国家——加纳和尼日利亚。在前法属殖民地,"二战"结束前没有一所大学。在小学学龄人口中,只有1/3有机会上学读书,其中能够完成学业的还不到一半。在政府和私营企业的高级职员中,外国人超过3/4。[2]

按照当时的标准来看,尼日利亚算得上是一个先进的国家,全国有509名医生、41家电影院和12种报纸。从区域地理分布上,尼日利亚由三部分组成:东部省、西部省和北部省地区。东部省和西部省比较发达,北部省却落后很多,按照当时人们的评价,"西部省同东部省的差别就像爱尔兰同德国一样。北部省同西部省和东部省的不同,就像中国同爱尔兰或德国一样"[3]。当时在东部和西部省地区,学龄儿童中至少有1/3的儿童都上学校,在非洲这是一个很高的比例。尼日利亚人喜欢看书,他们的求知欲很强,"当时在城市的街道上就可以看到很多简陋的书摊,新到书用粉笔写在黑板上,大多数书是教科书和自学指导书"[4]。

独立运动时期,整个非洲大陆的各级各类教育水平都是全世界最低的。1960年,撒哈拉以南非洲小学毛入学率仅为36%,这只相当于亚洲(67%)和拉丁美洲(73%)水平的一半或近一半,就学率在比属殖民地为50%,而法属殖民地仅为31%,英属殖民地为40%。独立前许多国家,如西非的冈比亚、科特迪瓦和塞内加尔,东非的坦桑尼亚和索马里等,文盲率都在90%以上。各级教育的升学率都很低,而辍学率却非常高。据初步估计,独立前非洲的

---

[1] [英]巴兹尔·戴维逊.现代非洲史[M].北京:中国社会科学出版社,1989:241.
[2] [英]马丁.梅雷迪思.非洲国:五十年独立史[M].北京:世界知识出版社,2011:142.
[3] [美]约翰·甘瑟.非洲内幕[M].北京:人民日报出版社,2014:509.
[4] 同[3]:520.

中等教育毛入学率仅为3%,而拉丁美洲为14%,亚洲为21%。其在校生人数呈金字塔形,教育层次水平越高,受教育人数就越少。

二、殖民地时期的高等教育

1966年,全部撒哈拉以南非洲的就学总人数中,接受中等教育的比例只占到6%,能够接受高等教育的人数更是微乎其微,其余的都只能接受初等教育和识字教育。按照联合国教科文组织的统计数据,加纳独立时全国仅有90名大学毕业生,塞拉利昂有72名,马拉维有29名。1966年博茨瓦纳独立时96%的高级职位由外籍人员占据。

法属西非的面积很大,比法国大8倍,相当于半个欧洲,占整个非洲的1/6,但直到20世纪50年代,仅有中等学校36所。在某一个区中仅有7个非洲人受过大学教育。[1] 1950年,法国在塞内加尔创立了一所大学,这也是法国在法属西非区域内所建立的唯一一所大学。在英属西非的尼日利亚,西部省的省府所在地伊巴丹有一所大学,隶属于伦敦大学,设有各种学位。当时这所学校在整个非洲都非常闻名,不但建筑物很漂亮,而且大学里的设备也比较讲究和齐备,如图书馆有图书10万册,动植物标本也收集了很多。在北非地区的利比里亚,当时最主要的高等学府是利比里亚学院,但是有许多年都没有图书馆、实验室和科学仪器,教学质量可想而知。到了20世纪50年代,这里在美国的支持下改为利比里亚大学。利比里亚的另一个高等学校是卡丁顿神学院,是由圣公会开办的。[2] 在比属刚果,第一所大学——卢汶大学也于战后初期建立起来,这是一所天主教学校。开办之初,学生人数还没有教员多,主要原因是中学毕业生太少。这所学校计划开设的课程有医学、农业和教育等方面的,但却没有法律和工程方面的课程。[3]

殖民地统治时期,乌干达的默克雷尔学院是全非洲最好的高等学府之一。它于1922年成立,当时是北从苏丹南到南非这一大片区域范围内唯一的一所大学。因此,它还接收肯尼亚和坦噶尼喀的学生以及少数来自尼亚萨兰[4]、桑给巴尔的学生。每年的毕业生大约有250位,这些毕业生在东非、中非甚至南非都享有特殊的地位和较高的威望。学院可以信仰天主教、基督教或伊斯兰教任何一种宗教,但不招收没有宗教信仰的人。大多数毕业生都在政府里工作——当医生、农业官、兽医等。可以说,默克雷尔学院给非洲青年

---

[1] [美]约翰·甘瑟.非洲内幕[M].北京:人民日报出版社,2014:593.
[2] 同[1]:574.
[3] 同[1]:450.
[4] 英文名称:Nyasaland,今马拉维,曾沦为英国殖民地。1964年独立,名称随之废弃。1953年至1963年曾为"英属中非联邦"的一部分。

男子以希望,也比任何其他东西更能改变非洲的面貌。但是,在所有英属非洲殖民地中,一共只有 3 所像默克雷尔学院这样的高等学府。

战后非洲高等教育发展的一个显著特点是,赴欧洲留学的人数有了大幅增长。1939 年,非洲英属殖民地留英学生人数只有 400 人左右,到了 1955 年增加到了 3000 人,其中来自尼日利亚的学生占 1/3,黄金海岸①的占 1/10,东非和中非的占 1/8。另一个明显的特征是,提供非洲留学的国家数显著增多。同在 1955 年,大约有 400 名尼日利亚和其他国家的学生留学到了美国,还有一些人赴荷兰、德国留学,其中少数人后来又去了苏联和其他社会主义国家留学。据统计,到了 1961—1962 学年,热带非洲本土学生到海外留学的人数已达 12863 人,北非五国海外留学人数共计 11017 人。② 这些来自非洲本土的留学生,第一次踏出国门,在学到了知识的同时,也看到了外部世界的精彩,尤其是发现那些资本主义国家都有高度发达的生产力、广泛享有的国民机会和优裕的物质生活等,因此,产生了巨大的心理反差。加之在外学习期间所受到的不公平待遇等,他们很难不产生一种本能的民族主义思想。再加上战后联合国等国际组织一直宣扬的民主思想,以及资本主义国家早已存在的自由平等意识,使得民族主义情绪率先在非洲早期的知识精英阶层中蔓延开来,尽管宗主国的初衷是要为自己培养本土代言人,但却最终培养了殖民者的掘墓人。

三、殖民地时期的职业教育

在非洲传统社会,年长者总是会把编织、雕刻、制陶、火柴制造、锻造、冶金等技术传授给青少年。通常情况下,青少年总是先跟随自己的父母或兄长学习技艺,但如果亲戚朋友中有技艺出众的大师傅,青少年也会找机会向这位亲戚或朋友学习。对于一些特有的技艺,如传统医学、巫术等,为了保持其独有的价值,往往被严格保密,家族以外的人就很难学到,这种现象在今天的非洲也依然存在。

随着西方宗教活动的影响和殖民势力的侵入,非洲本土教育体系中开始引入现代职业教育③内容,办起了一些手工艺学校,主要由传教士教师教授

---

① 英国在西非几内亚湾沿岸的一个殖民地,成立于 1821 年。因当地盛产黄金而得名。1957 年,英属黄金海岸宣告独立,成立加纳共和国。
② [英]巴兹尔·戴维逊.现代非洲史[M].北京:中国社会科学出版社,1989:242.
③ 1999 年 4 月,联合国教科文组织在韩国首都汉城(今首尔)召开第二届国际职业教育大会,确立了大职业教育观念,即"TVET"。长期以来,国际上对职业教育的概念和内涵一直争论不休,各持己见。如:一些国家称"职业技术教育(VTE)",另一些国家叫"职业教育(VE)",联合国教科文组织自 20 世纪 70 年代以来一直使用"技术与职业教育(TVE)",而国际劳工组织则使用"职业教育与培训(VET)",世界银行和亚洲开发银行自 20 世纪 80 年代中期开始使用"技术和职业教育与培训(TVET)"。为行文方便,本书大部分章节内容中出现的"职业教育"一词,除特别注明外,一般均是指称"TVET"。

人们劳动新技能,如耕种、灌溉、缝纫、治病、盖房等。开始之初,受社会传统观念的影响,家长们很不情愿把他们的孩子送到职业学校读书,他们担心自己的子女也会像以前的手工师傅一样被社会所轻视,沦为二等公民。这样看来,在非洲教育现代化历史进程中,职业教育应该早有"一席之地",职业学校的出现或早于普通中学的建立,因为殖民地当局需要的是能干活、有技术的劳动者,而不是有头脑、会思想的"能人"。例如,在比属刚果,当地人被允许接受职业教育,但只到一定限度为止。殖民者规定当时刚果黑人可以成为头等的木匠或机工,但不能成为工程师。他们可以做主教、记者、会计、医师助手、教员、政府职员或药剂师,但不能做建造师或律师。殖民者建立的一些职业学校或培训中心,主要目的是为了培养熟练劳动者。这些学校的教学质量大都很差,办学规模也很小,但对于当时没有更好受教育机会的非洲青少年来讲,还是有较大的吸引力的。殖民地时期,除了殖民地政府建起的数量有限、层次又低的一些职业学校或培训中心外,教会组织所办的学校中也会给当地居民传授一些必要的生活或职业技能。

在殖民地政府接管教育之前,非洲本土教育的一个特点就是进行工艺和手工训练,这可以看作是非洲早期的职业教育形式。非洲现代意义上的职业教育是在殖民地政府统治时期,英属殖民地北罗德西亚(今赞比亚)在1930年已经有了由政府主办和管理的职业学校,其他殖民地政府,包括法属和比属殖民地均强调开展农业教育和职业培训,且比属殖民地在其教育发展报告中特别强调发展农业技术培训。据当时记载,1935年,在法属阿尔及利亚的首都阿尔及尔,一所名叫卜利达(Blidah)的技术学校,已经开设有各种工艺制作课程,其中包括木工、金属加工、地毯制作、制鞋等。学生的手艺已经达到较高水平,精美的家具、用黄铜和铁加工的产品都十分考究。①

"二战"结束以后,在国际社会陆续开展的对非洲援助项目中,职业教育逐渐被纳入援助的范畴。在美国的"第四点计划"中就有关于职业教育的项目,当时非洲最急需的可能是"职业"教育——泥水匠、管道安装工、飞机机械工、药剂师等,而不是律师和职员。但是,教育援助无疑也加速了现代教育与非洲本土技能的分道扬镳。因为那些一旦接受过学校教育的非洲青少年,就很少有人再愿意学习或从事农业或手工艺技能了。对于还十分贫困、技术又普遍落后的殖民地国家来说,过早抛弃了生活技能和传统手工艺,必然加剧社会阶层的分化。

---

① Major Orde Browne. Report on a tour through French west Africa,1935. p2. 资料来源:SAGE出版社《英国外交档案:非洲》,链接地址:http://www.archivesdirect.amdigital.co.uk/Help/PageByPage#DocumentsAdvancedSearch. 访问时间:2018-09-28.

总体来说,殖民地时期的非洲职业教育具有规模小、质量低下、类型和形式不丰富、层次不完善的特点。这一时期西方"文明人"所带来的现代教育对那些一心想摆脱困境的非洲青少年更具有吸引力。

第三节 教育的殖民性与非洲民族主义

到目前为止非洲已建立了 54 个国家,而根据 20 世纪 70 年代中期的统计,当时只有 46 个国家。在殖民地时期,除了殖民地政府在当地办学校、培养劳动力以外,殖民地当局还会选派少量的本土好学青年,送到宗主国接受更高的教育,尤其是在"二战"结束后,赴欧美国家留学的人数有了明显的增长。这些留学欧美的非洲本土青年,在接受西式教育的同时也发现了欧洲民族主义的价值,随之便产生了民族主义的各种非洲模式,并在反殖民主义的斗争中取得了成功。在 20 世纪的最后二三十年中,由于非洲自身的发展遇到很大的挫折,这些非洲的精英们又试图摆脱这些模式所固有的局限性,不得不重新思考和探索非洲同外部世界的关系。

一、殖民地时期教育的殖民性

在非洲,不同的殖民地国家,殖民地政府和教会所享有的权限会有很大的不同,例如英属殖民地的教会在地方社区就比法属殖民地的教会拥有更多的自治权。为扩大宗教影响和信徒队伍,使极少数具有一定文化和技能的非洲人能够担任一些下层职位,传教士和殖民地政府创办了非洲学校系统。一些学校还具有较高水准,但大部分课程都照搬宗主国的课程模式,很少反映非洲本土文化的内容。在初等后教育阶段,学校管理岗位基本上都是由外籍人士也就是西方国家的人员担任,教什么、怎么教完全都是由学校主管说了算。久而久之,西方的文化、价值观、政治思想等都逐渐传导给了学习者,从而培养了新一代非洲青少年的西方意识、西方价值观念。比如,法国对赤道非洲的基本思想就是"同化",就是逐渐把受过教育的、条件成熟的非洲人吸收到法国文化中去。法国政府认为,同化的最好方法就是教育,"要把非洲人训练成法国人"。曾一度有人认为,"同化了的非洲人对法国的效忠度,比英国人教育出来的非洲人对英国效忠的程度要大"[①]。与法国的政策目标不同,英国人训练非洲人是使他们将来可以自治,而法国人的野心是要使他们管辖下的非洲能成为法国的一部分。

---

① [美]约翰·甘瑟.非洲内幕[M].北京:人民日报出版社,2014:476.

为了稳固其殖民统治,殖民者总是不愿让很多的非洲人接受教育,更担心非洲人接受过高等教育。比如,当时的一位葡属莫桑比克的教育部官员毫不掩饰地说:"坦白地讲,在非洲人具有适当的社会背景以前,我们并不希望他们当中有很多受过教育的人。他们没有出路,就会感到不满。我们所需要的是一个稳定的社会,一个稳定的国家。所以我们的进展异常缓慢。"① 同样,在南非,教会学校一直是南非教育的主体,20世纪50年代,南非学龄儿童中大约有30%在上小学。这在当时的非洲已经不是一个很低的数字了。但在高等教育方面,白人统治者却设下了几乎不可克服的障碍,目的是要切断南非黑人享有充分受教育的机会,以维持白人的统治地位。例如,在1953年之前,南非联邦至少还有4所大学是接受非洲黑人的,虽然每年的毕业生总人数不超过400人。但1953年之后,南非当局借口学生团体中存在着一个"秘密的权力中心",规定这些大学不再接收非洲黑人。②

当然,在殖民地政府所开办的这些学校中,传授给学习者一些职业技能和知识也是必不可少的。学习者通过学习和掌握一些现代劳动技术和科学知识,在毕业后又能找到一份不错的工作,从而摆脱农民身份和贫困生活,进入社会上层,实现向上流动。因此,大多数家长还是愿意并努力寻求为他们孩子接受这类教育的机会,在许多地区教育需求似乎还难以满足。

大约在1946年底,非洲殖民地进入了"援助—发展"的时代。1949年,执政的英国工党在施政纲领中宣称:"大英帝国与所属的殖民地已结成伙伴关系,以消除愚昧、贫穷和疾病。"然而,事实却并非如此。如同早些时候制订的"殖民地发展和福利计划"一样,这些计划也几乎都以失败而告终,如殖民者在坦噶尼喀种植花生、在冈比亚饲养家禽等项目,均无果而终。

随着美国在世界影响势力的后来居上,西方殖民者又认为,美国的技术可以加速资本主义在非洲的"起飞"。于是,美国政府对非洲投资的大幕慢慢拉开,大笔捐赠基金,如最引人注目的福特基金便成了美国对非洲政策的重要支柱。美国援助非洲美其名曰"是为了推广美国人从事冒险事业的思想与技术及与之相适应的社会准则"③,实际上是美国强盛之后其势力侵入非洲、影响非洲的开始。根据美国援助计划"第四点计划"以及类似的计划,大量资金以各种形式投资到非洲。美国的这些努力实际上是让非洲各国那些具有现代思想的上层人物从中获得成功,并可作为美国在非洲存在的代言人。当

---

① [美]约翰·甘瑟.非洲内幕[M].北京:人民日报出版社,2014:408.
② 同①:366.
③ [英]巴兹尔·戴维逊.现代非洲史[M].北京:中国社会科学出版社,1989:239.

然,"二战"后非洲人开始"青睐"美国的另一种托词是认为非洲人对联合国寄予厚望,而美国无疑在联合国具有至高无上的地位和操纵权。

由于非洲有众多的民族,利益又各不相同,1945年之后非洲人在对待西方外来文化和教育制度上的反应自然会千差万别。比如受过教育的非洲人往往会尖刻地说:"我们越落后,殖民者就越高兴。英国人一定反对教育,因为我们一旦受了教育,他们就要滚蛋了。只有把我们压在底下,白种人的地位才能稳固。"①但是他们首先都充满了一种强烈要求变革的愿望,而且这些愿望从来都没有停止过。一批勇敢的非洲民族主义精英站出来为非洲人说话,开始推动历史向一个新的方向发展,这就是后来席卷整个非洲大陆的民族独立运动。

二、教育与非洲民族主义的发展

非洲民族主义者最关注的是从殖民主义枷锁下挣脱出来,但激发民族主义的最初诱因是教育。"二战"后非洲殖民地的教育发展较快,青少年的思想开始受到影响,因为只有接受过教育,才有重新认知世界和自我的能力。例如,1935年法属西非小学生人数约有6.3万人,到1945年则超过9.4万人。到1948年,就读于殖民地当局开办中学的非洲学生大概是10年前的4倍。英属西非学生增长幅度与法属西非几乎不相上下,黄金海岸和尼日利亚南部的增长幅度更加引人注目。就小学教育而言,黄金海岸当时有小学女生8.5万人,男生22万人,这个数字是非洲任何一个国家都难以赶上的。在非洲其他地方,学生的总数也都有一定增长。比如在法属的赤道非洲,小学生人数从1945年的1.5万人增加到1952年的10.8万人,至少有185名非洲青年在法国读大学。②尽管殖民地教育是原始的和家长式的,遵循着"欧洲的一切都是至高无上"的主张,但它却可以为了解外部世界的变化提供一些最基本的认知工具。

文化和知识是实现现代化的关键。因此,几乎所有非洲的民族主义运动都提出过要改善和发展教育事业,同时强烈要求清除教育中的殖民主义内容。在尼日利亚,偌大一个国家,在长达几百年的殖民地统治期间,只有一所高等院校和几所中学,殖民主义者一直反对任何培养"知识分子"的计划,甚至拒绝给予那些曾到英国大学"镀金"并获得学位后回国的人以高级职位。为了确保白人的统治地位,维护白人的威望和利益,对黑人的教育"不仅要通

---

① [美]约翰·甘瑟.非洲内幕[M].北京:人民日报出版社,2014:246.
② [美]约翰·甘瑟.非洲内幕[M].北京:人民日报出版社,2014:476.

过白人教师和白人教科书作者的偏见来控制,而且有时也要通过当局根据所谓为了黑人的利益而制定的法律做出具体指示来控制"①。在摩洛哥,法国办的学校也有很大的歧视性,94%的摩洛哥出生的法国儿童都上了学,但本土居民的孩子能够有机会上学的还不到10%。大约只有1500名摩洛哥学生在中学里念书。受高等教育的人数更是少之又少,只有350名学生在大学里念书。对很多的摩洛哥人来说,读书是一件奢侈的事情。② 这引起了摩洛哥民族主义者的不满,他们认为法国人不是不能发展教育,而是故意这样做。因为"教育总有一天会不可避免地加强民族运动,当小孩会读写的时候,实际上他已经取得了一半的自由了"③。因此,他们害怕造成一个受过教育的非洲人阶级,而且这个阶级最终将成为殖民者的掘墓人。

纵观非洲独立运动期间民族主义者提出的教育主张,其主要内容包括:实施大众教育,增加非洲人受教育的机会;要求殖民地政府增加对非洲人教育的投入;使学校课程非洲化,强调学习非洲的历史和本土语言等;使西方式教育适应非洲社会的需要,培养青年一代的民族归属感,灌输非洲的价值观,培养民族自信心,克服"殖民地意识",即对欧洲人低下的态度;等等。④

非洲独立无疑是一个重大的历史事件,独立运动的到来被看成是非洲发展的一个分水岭,似乎能把过去和将来截然分开。乐观主义者普遍认为,随着独立的到来,任何理想的事情都可能变成现实,人们从心底产生一种文化复活的感觉。然而,回顾一下非洲的现实就会发现,非洲独立年代却是各种概念、新的机遇与新的责任混杂在一起的时代。它的过去被殖民者的入侵而蒙蔽,而现实却依然摆脱不了外来模式的摆布,并因此而付出代价。在殖民主义时期形成的紧张关系和无数被"慑服"的怨恨,尚未来得及完全铲除,又在这个时期内再度爆发。"盘根错节的关系、七拼八凑的社会群体和曾被殖民统治遮盖了的民族问题也在这个时期趋于表面化。在民族国家里重新建立起来的一套政治、经济和教育体系,依然摆脱不了殖民主义国家的框框,旧有的问题和新出现的问题、久有的野心和新产生的野心冲破了宪法的束缚,顺着荆棘小路蹒跚地前进,在通向必然国家的过程中不时干些荒谬的事情。愤怒越来越多,挫折越来越重。"⑤

---

① [英]巴兹尔·戴维逊.现代非洲史[M].北京:中国社会科学出版社,1989:327.
② [美]约翰·甘瑟.非洲内幕[M].北京:人民日报出版社,2014:47.
③ 同②.
④ 李建忠.战后非洲教育研究[M].南昌:江西教育出版社,1996:44-45.
⑤ 同①:338.

第二章 独立以来非洲职业教育发展概述

独立以来,非洲职业教育发展经历了几个不同时期:20世纪60—70年代的快速发展,80—90年代的挫折及政策调整,90年代中后期开始的改革计划及进入21世纪以来的缓慢发展。这个过程同时表征为非洲职业教育的"快速扩充—规模萎缩与质量下降—结构调整与体制改革"的变化轨迹。进入21世纪以来,在千年发展目标感召下,非洲大多数国家都启动了技能提升和能力建设计划,相继推行了一系列教育改革措施,目的是希望通过实施更加灵活的办学体制、更高的质量保障,使青少年更好地适应劳动力市场的需要,发挥教育和培训的重要作用。

第一节 非洲职业教育的目标、体系和发展问题

自20世纪60年代独立运动以来,非洲职业教育发展已经走过了半个多世纪的历程,其间有过短暂的"辉煌",但大部分时间都是处于"灰姑娘"地位。时至今日,非洲很多国家的职业教育规模都很小,教育质量堪忧,诸如教育经费短缺、合格教师缺乏、教学质量欠佳等问题一直未能得到有效改观,非洲职业教育的社会地位不高是不争的事实。下面拟对独立至世纪之交这段时期内非洲国家的职业教育目标、体制、经费、规模、地位、功能和困境等方面进行简要概述,对发展过程中存在的固有问题加以剖析,以便我们对独立以来非洲职业教育发展情况有一个更加清晰的认知。

一、非洲职业教育的发展目标、体系、体制和经费

一般而言,发展职业教育的主要目标是培养社会生产所需要的各种职业和岗位的熟练劳动力,以适应生产力发展和劳动力市场的需求。对于当时新独立的非洲国家而言,要不要发展职业教育,似乎无须争辩。但发展什么样的职业教育,发展多大规模、几个层次、什么类型的职业教育,以及如何发展职业教育,这些国家并无经验积累,也无"前车之鉴",一切都只能凭着独立之初的热情和信心"摸着石头过河",同时还得听从国际组织和东、西方两个阵营的"指点迷津"。也许正是因为上述情况的存在,独立初期非洲职业教育的

发展存在诸多的变数。

（一）非洲职业教育的发展目标

独立初期，非洲国家的经济和教育基础都十分薄弱，教育体制很不完善，高等教育几为空白，中等教育也十分稀缺，加上失业问题严重，世界银行的专家认为，非洲要摆脱贫困、缓解就业问题，首先须加快发展经济，同时教育要为经济发展培养合适人才。面对普通教育比例过高、职业教育严重不足，以及越来越多的青年人失业问题，世界银行的一些教育经济学家就认为：造成失业的主要原因之一是职业教育发展不足。专家们主张非洲国家要大力发展职业教育，尤其是中等教育阶段的职业教育，一方面为国家经济发展和社会进步服务，另一方面在促进就业的同时为青少年提供更多的学习机会，为明天更好地生活做准备。

受国际发展思想的影响，从20世纪60年代开始，非洲新独立国家在进行教育发展规划时，大都突出职业教育的重要性。但是到了70年代末，由于受到世界经济危机的影响，刚刚起步的非洲经济很快就陷入严重的衰退时期。各领域就业情况越来越糟糕，大批青年失业，尤其是那些刚读完普通中学、职业中学乃至大学的年轻人，毕业往往意味着失业。政府财政愈加困难，不得不大幅度减少公共部门的经费支出，包括教育经费，职业教育经费首当其冲。到了80年代后期，受结构调整政策的影响，撒哈拉以南非洲的就业结构也开始发生变化，明显特征就是私营企业和部门吸纳了越来越多的劳动力。职业教育学生很难找到稳定的体面的工作，职业学校的办学目标开始受到质疑，对职业教育的批评之声就鼓噪起来。

从70年代后期到90年代末的20年间，对非洲职业教育的批评之声一直不绝于耳，概括起来有以下几点：职业学校教育质量差；办学成本高；不适应非洲经济的实际；忽视非正规领域的需求；忽视劳动力市场与大中学毕业生高失业率之间的关联性；等等。于是，有研究者就认为，职业教育的发展目标应根据劳动力市场的变化而变化，职业教育不仅仅为经济发展服务，同时也要为社会发展服务，如帮助弱势群体就业、促进减贫等。到了90年代，批评之声已使得非洲公立职业教育机构发展步伐放缓，有些国家甚至出现缩减。与此同时，政府开始鼓励企业和私立机构发展非正规职业教育，承担更多的培训任务。但直到今天，这种调整和改变并没有为非洲大陆带来繁荣与发展。

独立初期，非洲职业教育确立的发展目标与其所产生的实际成效之间存在很大的差距，并没有为非洲经济和社会发展带来人才和劳动力方面的优势,也没有为青少年的就业问题提供有效解决路径,曾一度受到教育界、经济界及家长和学生们的诟病。独立后非洲职业教育发展所遇到的挫折和困境,从历史分析的视角看,是不可避免的坎。这是因为:

其一,从非洲国家自身来看,由于教育基础特别薄弱,教育体系很不健全,发展职业教育缺少经验和思想,更缺少师资、课程和设备设施等,主要依靠外部的援助,教育经费无稳定保障。至于职业教育的课程标准、质量标准、教学环境要求等更是从零开始,要在短时间内开办较多的职业学校,或者在普通中学里广泛开设职业性课程,显然是一件"白手起家"、难度极大的事情。

其二,从当时的外部环境来看,由于受到西方经济学派的思想影响,在如何发展职业教育、如何办学方面,非洲国家的政要们多半都会听从国际组织和教育经济学家的建议,只有这样他们才会得到更多的发展援助。所以,职业教育目标的制定从一开始就注定了"不接地气"的命运。当然,独立后的新政权及教育管理部门,短期内也没有能力制定出符合教育发展的科学规划和具体有效的举措。到了20世纪70年代后期,资本主义世界爆发了严重的经济危机,一贯受西方支配和影响的非洲国家也不可能幸免于难。于是,这些国家经济一落千丈,教育发展也就无保障可言,源于增进就业之目的的职业教育,也就少有发展的空间,不可避免地充当了"替罪羊"的角色。

(二) 非洲职业教育的体系

从不同国家职业教育发展的过程看,职业教育体系均存在一定差异性,或重于职业学校,或长于岗位培训;或以理论教学为主,或以企业学徒为要。每个国家的经济和产业情况、教育水平千差万别,职业教育的办学机构和类型也会各有千秋。非洲国家也不例外,如提供短期课程的职业培训中心、企业学徒中心,提供长学制课程的职业学校、多学科技术学院、大学里的技术学院等。

在撒哈拉以南非洲,职业教育体系和办学模式很大程度上沿袭了殖民地时期的某些特征。如在乌干达、布基纳法索、刚果(金)、刚果(布)和肯尼亚,学生在小学毕业后就可以进入职业学校学习。在其他国家,如加纳、尼日利亚、几内亚、马里和斯威士兰,职业教育是在初中后进行。在科特迪瓦和喀麦隆,学生需要在普通初中学习一到两年后才可以学习职业教育课程。

在教育分类的选择上,非洲国家的职业教育是在小学后还是初中后进行最合适,一直是一个争议的话题。一般认为,在大多数撒哈拉以南非洲国家,大部分学生是在小学结束后就离开了学校,因此在小学高年级阶段就对他们进行必要的职业教育,可能是一种适当而有效的选择。在许多非洲国家,工厂生产过程的自动化、信息化水平并不高，非正规的学徒培训广泛存在，这也在一定程度上缓解了劳动力市场技术短缺问题，但却不利于高新技术的发展和生产技术的大范围革新。

非洲各国对申请进入中等职业学校学习的学生学业成绩要求也不一样。有的国家学生本人可自主申请，只要通过考试就可以录取，如在贝宁，初中一、二年级的学生都可以申请参加职业教育入学考试。学生证书和文凭的授予一般都要在课程结束前通过国家和地方教育当局组织的专门考试。非洲很多国家的中等职业教育学制一般为2—3年。

厄立特里亚的职业教育体系分为3个层次：初等、中等和高等。各层次的学习时间为1—2年不等。职业学校开设的课程（专业）有教师教育、护理、会计和企业管理等。学生学习1—2年，成绩合格可以获得资格证书，或2年制的文凭证书。根据课程性质，职业院校一般都由相应的部门来管理，比如卫生部和教育部等。

在坦桑尼亚，职业教育院校分为初等技术学校、中等技术（专科）学校和高等技术（专科）学院3个层次，学制均为3年，学生毕业可以获得专业证书和文凭。坦桑尼亚提供职业教育的机构很多，包括多个政府部门、非政府组织、宗教组织以及一些私人成立的教育机构等，而且各级教育均开设有短期培训课程。

埃塞俄比亚的职业教育分为10＋1、10＋2、10＋3三种学制。三种学制的院校均招收初中毕业生，学习者通过入学考试后，接受1—3年不等的课程学习，毕业后根据学习年限获得相应的职业证书或文凭。据统计，2012—2013学年埃塞俄比亚共有437所职业院校，包括公立和私立。埃塞俄比亚的职业教育多数属于中等层次，近年来高等职业教育也有了一定的发展。

应该特别指出的是，在撒哈拉以南非洲地区，中学和小学的辍学率都比较高，许多学生在规定可以选择职业教育的阶段（小学毕业或初中毕业后）之前就离开了学校。针对这种情况，有些国家如加纳、塞内加尔、斯威士兰等，不得不决定在小学或初中阶段就加入职业教育课程，以便为那些不打算继续学业而准备就业的青年人做准备。

（三）非洲职业教育的管理体制

职业教育该由哪个部门管理，每个国家的情况并不一样，有些国家还经常进行调整，如在塞内加尔，30年间职业教育管理部门变换了多次。有些国家把职业教育管理职能分配给了几个不同的部门共同管理，通常主要是教育部和劳动部。另有国家还专门成立了"技术教育和职业培训部"，如多哥在

1984年就设立了"技术教育和职业培训部",多哥还成立有专门的国家职业教育咨询部门,即"职业教育咨询委员会",成员包括教育和劳动部部长、工人和雇主代表等。咨询委员会的主要职责是为国家职业教育发展提供政策建议,并对技术教育和职业培训部的工作负有指导和监督任务。

其实在非洲,即使设有技术教育和职业培训部的国家,职业教育管理也都有其他不同部门的参与。这种体制的长处是可以发挥各部门的积极性,有利于建立校企之间的联系,不足之处是各自为战,在质量管理和课程标准的制定上容易政出多门。乍得1993年成立的"国家职业教育委员会",是一个部级管理部门,负责教育和培训之间的规划与协调,希望把教育、就业和培训有机联系起来,协调处理好不同部门在办学过程中的纠纷或摩擦。毛里求斯1988年成立了"产业和职业训练局",由七个公共部门的成员组成,包括就业部、教育部和工业部的代表等,另有七个私营部门的成员参加,一届任期为两年,最长可任两届。

一个国家职业教育的管理水平对该国职业教育的发展关系重大,如何提升非洲国家职业教育的管理能力,如何发挥中央政府在职业教育发展上的主导作用,如何激励地方各级政府管理职业教育的积极性、提高职业教育的地方治理能力,是非洲国家面临的普遍问题。而近年来中国政府开展的对非洲职业教育援助,除了援建一些职业技术学校、派出职业教育教师外,还重点对非洲国家的职业教育官员和职业院校校长等进行管理能力方面的知识培训,并组织实践考察。通过培训学习和经验交流,通过实地参观考察中国的职业院校,非洲朋友可以切身感受改革开放以来中国坚持发展职业教育的信心和决心,可以从中国发展职业教育的经验中得到有益启发,还可以认识到在国家工业化过程中大力发展职业教育的重要意义。

(四)非洲职业教育的经费来源

教育经费不足始终是困扰非洲教育发展的关键性问题。尽管非洲很多国家的财政支出中很大一部分用到了教育领域,但相对于实际需求而言,还存在很大的差距。因此,接受外来援助一直是非洲教育经费的一项重要来源,也是影响非洲教育发展的一个关键因素。20世纪80年代以后,非洲大多数国家的职业教育发展遭遇了严重挫折,除了自身因素外,很大程度上是国际社会承诺的对非洲教育援助经费不能兑现及援助的结构调整所致。因为,世界银行开启援助非洲职业教育的初衷是为非洲经济发展做好人力资源的储备,而当非洲经济出现断崖式下滑时,世界银行等国际组织不得不考虑是否还需要大规模帮助非洲发展职业教育的问题。在此情况下,非洲国家的政府在进行教育经费支出预算时,就不得不做出艰难的选择,不得不考虑本国教育经费如何分配、如何支出和如何维持运转的问题。

如表 2-1 所示,20 世纪 90 年代非洲 18 个国家在公共教育经费支出方面,职业教育经费所占教育总经费的比例,不同国家间的差异性很大。这一方面说明世界银行关于结构调整计划对非洲各国的影响并不是整齐划一的,同时也说明有些国家政府受世界银行政策的影响较小,仍在坚持发展自己的职业教育。两个极端的例子是埃塞俄比亚(1993 年为 0.9%)和加蓬(1992 年为 12.7%)。埃塞俄比亚职业教育经费支出比例之所以很低,主要是因为同期的中等教育阶段职业教育的比例也很低(1994 年仅为 0.3%)。相比而言,加蓬在职业教育经费支出方面要高得多,这主要是因为同期中等教育阶段职业教育的比例也比较大(1994 年入学人数占整个中等教育入学人数的 14%),所以职业教育的生均经费投入也相对较高(1992 年为生均 1821 美元)。

表 2-1 非洲 18 国中等教育阶段职业教育支出占整个教育支出的比例①

国家	百分比/%	年份	国家	百分比/%	年份
贝宁	3.3	1995	几内亚	7.5	1993
博茨瓦纳	5.5	1991	莱索托	3.3	1994
乍得	2.0	1994	马拉维	1.1	1992
刚果(金)	4.9	1980	马里	9.1	1995
科特迪瓦	4.8	1994	毛里塔尼亚	2.3	1995
厄立特里亚	1.6	1994	莫桑比克	6.2	1990
埃塞俄比亚	0.9	1993	纳米比亚	2.0	1995
加蓬	12.7	1992	塞内加尔	2.7	1990
加纳	4.9	1990	多哥	3.7	1994

资料来源:ILO,World Employment Report,1998/1999。
注:刚果(金)于 1960 年 6 月 30 日实现民族独立,首都为金沙萨。

在教育经费的生均公共投入方面,中等教育阶段职业教育的投入普遍高于普通教育的投入,但国与国之间前后两者的比值差距很悬殊,最高如莫桑比克(13.75 倍)、埃塞俄比亚(9.13 倍),最低如多哥(0.8 倍),而国际上通行的观点是认为职业教育的生均经费投入应该是同级普通教育的 2—3 倍。如表 2-2 所示,博茨瓦纳、毛里塔尼亚、塞内加尔和加蓬的职业教育的生均经费投入比例比较接近国际公认的水平,而这四个国家恰恰都是在生均投入的绝对值上比较高的国家,其中博茨瓦纳最高,生均达 3075 美元,其次是加蓬,生均 1821 美元。相反,莫桑比克、多哥、埃塞俄比亚在生均投入的绝对值上都

---

① David Atchoarena and André Delluc,Revisiting technical and vocational education in sub-Saharan Africa: an update on trends,innovations and challenges,p60. http://www.unesco.org/iiep

是比较低的国家,其中多哥只有 215 美元。

表 2-2 非洲 12 国中等教育阶段职业教育经费生均
公共投入与普通中等教育生均投入之比①

国家	职业教育经费生均投入/美元	职业教育经费生均公共投入与普通中等教育生均投入之比	年份
博茨瓦纳	3075	2.92	1991
乍得	211	3.7	1991
埃塞俄比亚	475	9.13	1990
加蓬	1821	1.56	1992
加纳	316	5.96	1991
几内亚	605	5.35	1993
莱索托	978	4.1	1993
马拉维	763	4.95	1993
毛里塔尼亚	730	2.9	1993
莫桑比克	275	13.75	1990
塞内加尔	935	3.44	1993
多哥	215	0.8	1992

资料来源:Un profil statistique de l'éducation en Afrique sub-saharienne 1990—1993. Paris:ADEA。

比较表 2-1、表 2-2 还可以看出:职业教育经费生均投入从绝对数字看相对较低,但以生均投入来看还是比较高的。职业教育的高投入主要是因为班级规模较普通教育要小,而且教学设备设施和教学材料的费用也较高。没有合适的教学设备投入,职业教育的质量就难以保障,毕业生就很难找到理想的工作。但是,在莫桑比克(职业教育经费生均投入是普通教育的 13.75 倍)、埃塞俄比亚(9.13 倍)、加纳(5.96 倍)和几内亚(5.35 倍)等国家,职业教育经费生均投入与普通教育相比悬殊如此之大的同时,也暴露出这些国家普通教育的投入是如此之少,教学设施的稀缺和教学质量的低下是可想而知的。

独立以后,在如何发展教育问题上,尤其是应该优先发展哪一级或哪一类型的教育方面,职业教育被认为是助力非洲腾飞的关键要素。正是基于这样的认识,非洲许多国家的政府、前殖民地宗主国以及其他双边和多边援助机构,都慷慨地为职业教育发展提供支持。例如从 1964 年到 1969 年,世界银行在对非洲的教育援助款项方面,中等职业教育占到全部教育贷款的 20%。但由于受到世界经济危机的影响,非洲职业教育的投入没有换来经济的持续发展和就业率的提高。所以到了 70 年代末,世界银行教育贷款开始减少职业教育的份额,之后逐年下降,到 1993—1998 年间,只占到整个教育

---

① David Atchoarena and André Delluc, Revisiting technical and vocational education in sub-Saharan Africa: an update on trends, innovations and challenges, p60. http://www.unesco.org/iiep

援助贷款经费的6%。期间,撒哈拉以南非洲几乎所有国家都面临教育经费严重不足的问题,迫使这些国家不得不选择性地发展教育,职业教育在很多国家就成为"替罪羊",或是"被冷落"。

二、非洲职业教育的规模、地位和功能

在非洲大部分国家的教育中,职业教育只占一小部分,而且处于边缘地位。虽然教育管理部门制定了发展职业教育的目标,但很多时候收效甚微,职业教育很难与普通教育相提并论。即使是中学阶段的职业教育,特征也不够明显,普通教育的"味儿"更浓一些。此外,由于政府对职业教育数据收集不力,已有数据缺乏一致性、全面性和真实性,许多私立职业教育机构数据缺失,一些公立职业教育机构的数据也不够准确,所以很难进行不同区域或国家间的比较。无论是国际组织还是非洲国家的本国政府,要对非洲职业教育发展进行"量体裁衣",都是一件十分困难的事情。

(一)职业教育的规模比例

自20世纪90年代以来,非洲国家中等教育阶段职业教育的入学人数呈上升趋势,但职业教育人数占中等教育阶段入学总人数的比例却呈下降或徘徊趋势。有一种观点认为,职业教育的有效性与劳动力市场需求的匹配程度呈现出不确定性,导致国家在发展职业教育上的信心不足、目标不坚定;另一种观点认为,中等教育规模扩大化使得上普通中学成为可能,人们在有更多种教育选择的情况下,优先选择的是普通教育而不是职业教育。根据职业教育入学人数占中等教育入学人数的比例的不同,可以把非洲不同国家中等教育阶段的职业教育发展情况分为三类。

第一类是在中等教育入学人数中,职业教育入学人数所占比例不足2%的国家。这些国家包括厄立特里亚、埃塞俄比亚、马拉维、纳米比亚、尼日尔和南非等。在马拉维,90%的人口居住在农村,政府一直致力于扩大基础教育而不是职业教育,更不可能发展农村职业教育。类似的情况也发生在阿尔及利亚、莱索托、乍得和塞内加尔。多年来,这些国家的职业教育入学人数占中等教育入学人数的比例一直徘徊在2%左右,从来没有超过3%。进入2000年以后,随着《达喀尔行动纲领》的发布,国际社会对非洲的教育援助款项大都优先投到了"免费初等教育"(FPE)上,政府也把主要精力都投入到基础教育的普及上。许多国家和政府都信誓旦旦表示,要在普及小学教育目标过程中,扩大中等教育规模,却很少提到职业教育,即使偶有提及,但在国际社会发展议程或政府经费预算中职业教育也难有一席之地。

一些国家中等教育阶段职业教育入学人数之少是令人吃惊的。比如在2003年,莱索托的中等职业教育入学人数是1128人,尼日尔仅为859人。同年博茨瓦纳的中等职业教育入学人数也只有5168人,喀麦隆为150829人,是博茨瓦纳的近30倍。当然,非洲职业教育也有积极的一面,那就是从2000年开始,除了博茨瓦纳等少数国家,许多国家的职业教育入学人数较1995年及其之前,有了显著增长。

第二类是在中等教育阶段,职业教育入学人数占中等教育入学总人数的比例在5%—9%的国家。这些国家包括博茨瓦纳、布基纳法索、多哥、摩洛哥、莫桑比克、突尼斯、乌干达和科特迪瓦等。一个共同的原因是这些国家的职业教育课程体系在世纪之交进行了一场现代化的改造,旨在实现普通教育与职业教育之间的平衡和过渡,建立起普通教育与职业教育之间的"立交桥",但实际效果如何尚不清楚。

第三类是在中等教育阶段,职业教育入学人数超过中等教育入学总人数10%的国家,包括喀麦隆、马里、刚果(金)和埃及。在埃及,21世纪初这个比例已超过29%。这主要归功于埃及政府在入学人数上的国家控制。在马里,从20世纪90年代到2000年,职业教育的这个比例一直徘徊在10%—11%之间。这一方面反映出政府对职业教育的重视,另一方面也说明政府是通过刚性的控制迫使一部分学生选择职业教育的。在喀麦隆,直到20世纪80年代,职业教育在中等教育领域的地位还举足轻重,其入学人数占整个中等教育入学人数的26.8%。但从80年代末开始,这个比例开始下降,到1994年,降低到了16.6%。在刚果(金),职业教育在过去30年间一直处于被动发展状态,1995年这个比例是11.7%,2002年是10%。这实际上意味着刚果(金)政府为发展职业教育所做努力的失败和"为刚果(金)经济发展而培养合格人才的'人民学校'希望的破灭"。①

一般来讲,中等教育阶段职业教育比例的低下或进一步减少,可部分归因于公众对待职业教育的态度,选择职业教育者多半是不能进入普通教育学校学习的无奈之举。严峻的现实使越来越多的家庭认识到,较高的教育投资回报不是在职业教育领域而是在学术型的普通教育领域,且后者无论是在国内还是到国外都是容易被认可的。当然,在中等教育尚未普及的地区,公民更多的选择只能是小学后职业教育,如社区工艺教育或家庭学徒,而不是中学后教育。而在很多非洲国家,大部分小学毕业生并没有接受职业教育,而是直接进入了劳动力市场。这部分人的通常情况是要么失业,要么进入私营

---

① ATCHOARENA D, HITE S J. Lifelong learning policies in low development contexts: an African perspective[M]//International handbook of lifelong learning. Springer Nethe ands, 2001: S201-S302.

企业里当学徒工。在非洲国家的许多城市里，都可以看到很多漫无目的游走在街边的年轻人，或者是在各个十字路口处向过往司机和乘客兜售各种小商品的青少年，他们多半是既无文凭又无一技之长的辍学者或农村外来人口。

（二）女性在职业教育中的地位

如果说上述情况比较严峻的话，那么对于女性来讲，接受中等教育就会比男性困难得多。无论是在普通教育领域还是职业教育领域，性别不平等问题在非洲普遍存在。但综合来看，女性接受职业教育的情况似乎要比普通教育好一些，这可能与这两种教育的声誉地位相关，因为职业教育的声誉较普通教育要低很多。

教育领域性别的不平等实际上反映出的是社会劳动分工的不平等，以及女性社会地位的不平等。从世俗的观念来看，男女之间所应承担的责任和义务，常常是基于一种长期而复杂的传统和态度，即便这种不平等已经暴露出来，但要从现实的角度、基于平等的信条来改变它，却是十分困难的事情。这种情况在非洲表现得尤为突出，并由此影响到教育的性别平等。职业教育领域性别的不平等，首先表现为职业学校开设的有些专业被认为更适合女生学习，如理发、秘书、护理、宾馆服务、服装加工和家政等，有些专业被认为更适合男生学习，如机械、电子、土木工程等；其次还意味着男女生在预备进入劳动力市场的过程中，女生更容易受到不公平待遇。虽然各行各业中都有女生就业，但劳动力市场中的传统观念和对性别的限制，使得女生所从事的多半是低技能的活计，如农业、非正规领域或家政服务等。

职业教育入学人数中，女生所占比例不到15%的国家有尼日尔、乌干达、厄立特里亚、马拉维和纳米比亚等。在这些国家中，整个中等教育入学人数中职业教育所占比例在大部分年份中不到2%。女生入学的比例低不仅仅表现在职业教育，在整个教育系统中都是如此，女生文盲率也就更高。在纳米比亚，中等职业学校中女生的比例只占11.8%，大多数女生所学专业是服装加工和秘书。在埃塞俄比亚，女生很少有机会获得有稳定工资报酬的就业岗位，大多数妇女都从事农业劳动和畜牧业，或者只有到无技术要求的非正规领域就业。当然，近年来埃塞俄比亚的经济发展较好，在中国建设的工业园区中，女性就业人数越来越多。

另有一些国家，如贝宁、毛里塔尼亚、莫桑比克、塞内加尔、多哥、博茨瓦纳、乍得和几内亚，在1995—1996学年，职业教育入学人数中女生占到30%—50%，但到了2004—2005学年，博茨瓦纳的女生参加职业教育人数的比例已经下降到28%。在很多情况下，女生参加职业教育人数的比例几乎不可能接近50%,除了肯尼亚和埃及。这两个国家在2000—2001学年参加职业教育的女生比例分别是40%和45%,当然这些数据只是估算得来。① 在马拉维,无论是在小学还是初等职业学校,女生的比例都很低,1989—1993学年的平均数是4.6%。在其他一些国家,如贝宁、毛里塔尼亚、莫桑比克、塞内加尔、多哥、博茨瓦纳、乍得和几内亚,1995—1996学年职业学校中女性的比例约占30%—35%。②

撒哈拉以南非洲女性入学的比例提高比较缓慢,变化较小,尽管公众普遍认为女性应享有同样的教育机会,尽管非洲国家的政府多年来一直在推行教育改革,希望实现性别间的教育机会平等,但要从根本上改变,还需要较长的时日。

(三)职业教育促进就业的功能

从20世纪80年代开始,关于非洲的职业教育是否能够促进就业,或者能够在多大程度上实现与产业需求相适应的问题,曾引起许多批评和质疑。一些观察家指出,非洲国家职业学校毕业生的失业问题应该引起更多的关注和研究。实际上,直到今天,很多非洲国家青年学生的失业问题依旧十分突出,这其中既有职业学校的毕业生,也有普通中小学校的毕业生、辍学者,大学毕业生找不到工作的也不在少数。在经济不景气时期,职业学校毕业生失业率似乎相对较高,如1985年在多哥达到29%,喀麦隆高达49%,在1986—1987学年,塞内加尔和尼日尔达到50%。因此,如何发展职业教育来促进经济发展,以及如何通过经济发展来促进就业,实际上是不可分离的两个方面。通常来讲,在接纳毕业生就业方面,非正规部门所扮演的重要角色是不容忽视的。例如在塞内加尔,43%的中等职业教育毕业生并没有获得稳定的工作,多半都属于非正规就业。1996年对马里两个地区进行的一项跟踪研究显示,职业教育毕业生的就业率是44%,而且是在毕业后的第36个月进行的统计。这项调查结果进一步证实了先前的调查结论:职业教育毕业生(包括中等职业教育和高等职业教育)融入劳动力市场的水平较低。

1993年,在莫桑比克开展的一项跟踪研究结果显示,在1990年和1991年,不同层次的职业学校毕业生在就业稳定性方面形成鲜明对比。初等职业教育结果最差,由于培训质量不高、劳动力市场需求低迷、毕业生渴望继续学

---

① ATCHOARENA D, HITE S. "Lifelong learning policies in low development contexts: an African perspective". In: Aspin D, et al. International Handbook of Lifelong Learning. The Netherlands: Kluwer Academic Publishers, 2001: 42.

② David Atchoarena; André Delluc. Revisiting technical and vocational education in sub-Saharan Africa: an update on trends, innovations and challenges, p44. http://www.iiep.unesco.org/en

习等,超过50%的学生处于失业状态。中等职业教育结果比较乐观,绝大多数毕业生实现了就业,然而1/3的工作岗位与所学专业无关。但在1990年进行的一项对津巴布韦技工培训效果的调查显示,职业教育毕业生失业的比例很低,在7%以下。

就业率高低与培训模式有关。一般认为,接受学校实施的职业教育,学生失业率高。在津巴布韦,青年培训中心和农村培训中心的大部分毕业生都能够在正规部门找到工作。在许多国家,公务员岗位成为职业教育毕业生主要的就业选择。根据1985年对马里的调查显示,有多达一半的中等职业教育毕业生是在正规部门就业。但时过境迁,随着教育规模的不断扩大,用人单位对劳动力资格和能力的要求也会更高,职业教育毕业生的就业机会发生了明显变化,不确定因素增加,就业的焦点正在从正规领域转向非正规领域。

(四)结语

综上所述,独立后非洲国家的职业教育并没有像当初设计者所规划和预期的那样推动社会生产力的进步。如同非洲国家的经济形势一样,职业教育也多半处于一种停滞不前或发展不力的弱小状态。

分析影响非洲职业教育发展的原因,主要有以下几种代表性的观点:一种观点认为,随着私营经济的发展,非正规劳动力市场吸引了越来越多的人在小学毕业后就直接选择到企业就业或当学徒工,而不愿到职业教育机构继续学习。另一种观点认为,发展职业教育有助于解决失业问题的观点并不恰当,因为职业教育并没有创造就业岗位,例如在肯尼亚等一些非洲国家,农村贫困人口不减,而且城市中的外来人口越来越多,失业状况持续恶化。有学者认为,职业教育需要高投入但却并没有带来高回报,职业教育的投资收益率比普通教育更低。特别是在大多数非洲国家,那里的社会生产主要是以低技术含量或半自动化的方式进行生产,对劳动力的技术要求并不高,小学毕业后经过短暂几天的岗前培训就能上岗,即使在外国人投资开办的企业里,提供的也多半属于劳动密集型岗位。因此,非洲国家对职业教育的需求并不是十分必要。

三、非洲职业教育发展的困境

虽然大部分非洲国家都比较重视职业教育,一些国家制订了发展计划,也在努力争取国际上的发展援助,但由于国家的经济体量小、工业水平低,能够吸纳的劳动力数量十分有限,职业教育的发展缺少社会吸引力。加之国家教育基础薄弱,能够投入到职业教育的资源十分有限,往往是顾了两头(基础教育和高等教育)却顾不了中间(中等教育)和其他(继续教育、成人教育)。此外,长期不良发展环境所造成的"援助依赖",使得非洲很多国家的教育发展思想和自主决策难免不受到国际援助组织或援助国的干扰影响。种种因素的存在,致使自独立以来非洲职业教育发展举步维艰。

(一) 教育与经济之间难互动

教育与经济之间的关系是双向的、相互匹配的。一方面,国民教育水平的普遍提高可以为社会生产提供高素质的劳动力,进而促进经济的更快更好发展。另一方面,发达的国民经济又可以反哺教育,推动教育更好更快发展。因为经济富裕了可以为教育部门提供充足的财力,容易形成经济与教育互动发展的良性格局。非洲大陆经济自20世纪70年代后期陷入泥潭后的20多年间,一直未能实现恢复与发展,无疑给教育等社会公共领域的发展也带来不良影响。这一时期的职业教育也是一波三折,大多处于停滞不前的境地。据不完全统计,1983年,撒哈拉以南的非洲国家在校生中接受普通教育的占91%,接受职业教育的仅占6%。[①] 2000—2001学年,埃塞俄比亚全国公立和私立职业学校在校生仅4561人,而同年普通高中的入学人数却多达649221人,职业教育仅占同级教育极小的比例。同时由于办学经费严重不足,大部分职业学校缺乏必需的教学实施和实训设备,学校很难为学生开设必需的实践课程,导致毕业生动手能力差,在就业市场上缺乏竞争力。进入21世纪以来,虽然非洲一些国家的经济发展出现良好势头,教育发展也进入快车道,但就经济的整体水平和实力来讲,还不足以支撑国家教育事业的持续和良好发展。

(二) 职业教育的发展极不平衡

职业教育的发展不平衡主要表现在以下三个方面。

一是不同国家之间的职业教育发展不平衡。由于战乱和动荡、经济发展低下、教育治理能力差、国际发展援助减少等诸多因素,非洲不同国家之间的职业教育发展极不平衡。少数国家的职业教育较为发达,而绝大多数国家的职业教育都比较落后。南非、埃及等国的职业教育已具备相当规模,如埃及的技术中学占到中等教育总量的70%,基本形成了包括中等和高等教育在内的较为完备的职业教育体系。而一些本身极为贫困又长期受战乱影响的国家,如索马里、加纳、塞拉利昂等国的职业教育处于极不发达状态。

---

① 胡昌送."战后"非洲职业教育发展历程与趋势初探[J].中国职业技术教育,2010(31):81.

二是城市与农村、发达地区与欠发达地区、不同部族聚居地区之间在职业教育规模和质量上存在明显差距。如 2013—2014 学年,在埃塞俄比亚中等和高等职业教育入学人数统计中,奥罗米亚(Oromiya)地区是 82714 人,首都亚的斯亚贝巴的入学人数为 31186 人,而比较偏远落后的阿法尔(Afar)与甘贝拉(Gambella)地区分别仅为 1388 人和 494 人,差距之大可见一斑。

三是性别上的不平等比较突出。1980 年,撒哈拉以南非洲地区男性与女性适龄儿童毛入学率相差近 20 个百分点,在中等以上教育阶段,男女之间的差别更大。但近年来,随着中等教育规模的扩大和一些国家开始加快发展高等教育,女性接受中高等教育的机会在增加。单就职业教育领域来看,性别平等问题并不是十分突出,这种现象可能恰恰反映出职业教育的地位低下和质量不高。因为女性往往处于弱势一方,在教育选择上只能退而求其次,选择读职业教育。如在埃塞俄比亚,近年来职业教育入学人数中女性人数和比例均呈上升趋势,男女之间的比例接近平衡状态。但实际上,女性所接受的职业教育大多来自私立职业教育机构。在重点大学,女性的比例还是明显偏低,如表 2-3 所示。

表 2-3 埃塞俄比亚职业教育学生的性别比例情况

类别	2009/2010	2010/2011	2011/2012	2012/2013	2013/2014
男性/人	196937	199799	173148	116457	115942
女性/人	158483	171548	157261	122427	122107
总数/人	355420	371347	330409	238884	238049
女性占比/%	44.6	46.2	47.6	51.2	51.3

(三)职业教育经费不足,受外部环境影响大

非洲是世界上不发达国家最集中的地区,全球最贫穷的 10 个国家都在非洲。国家经济极度的不发达,必然很难为教育发展提供充足的经费。虽然许多非洲国家将职业教育置于优先发展地位,但所能提供的经费极其有限,远不能满足教育发展的实际需求。例如,埃塞俄比亚在 1998—2002 年,政府对公共教育机构的投入增加了近一倍,但同期职业教育入学人数增加了近两倍,职业教育经费紧张的局面并没有得到改善。正是由于非洲国家的财力不足,许多国家的教育经费在很大程度上依赖国际社会的援助——包括世界银行、经济合作与发展组织(OECD)等组织及其他国家的教育援助,使得非洲许多国家的职业教育发展模式、管理体制和课程体系等都或多或少地受到国际教育政策的影响和制约。虽然援助资金在一定程度上、特定时期一些国家中起到了促进作用,但一旦国际上对非洲的教育政策发生转向,或者国际政治经济

环境和国际关系发生重大变化,都会给非洲职业教育的可持续发展带来深刻影响。例如,20世纪80年代由国际货币基金组织和世界银行推行的"结构调整计划",在某种程度上就导致了非洲职业教育规模的萎缩和质量的下降。

(四)职业教育办学市场混乱,影响教育公平发展

进入20世纪80年代以后,受世界银行"结构调整计划"的影响,非洲一些国家开始奉行自由化市场政策,把职业教育这个"包袱"扔给了市场,这就意味着政府对职业教育的控制在弱化,对公共职业教育的投入在减少,职业教育就很难有大的发展,乃至停滞不前或倒退。在这个过程中,受市场化思潮的影响,一些营利性或非营利性的私营部门、教会组织、企业培训中心等开始越来越多地进入职业教育领域,社会性质的培训机构逐渐增多。例如,在加纳,质量参差不齐的私营培训机构有近600家,注册学生达到10万人,而由人力资源和就业部主管的职业培训机构只有38家;在尼日利亚,2008—2009年成立了70余家以盈利为目的的私营培训机构。私立职业教育机构的存在和发展本身不是问题,但由于多数私营培训机构以盈利为目的,收取较高学费,而提供的课程质量多半低下,使得职业教育的市场较为混乱,教育公平问题更加突出,因为接受职业教育的学生多半来自平民家庭。此外,独立后非洲国家缺少成熟的教育管理经验和完备的管理体制,职业教育办学是多部门分割,国家出台的职业教育政策和措施很难产生广泛影响,在实施过程中往往大打折扣。同时办学效率低下,缺乏统一的评价和认证标准,使得职业教育课程和质量得不到有效监管,职业教育质量难以提升。

第二节 非洲职业教育发展的阶段特征

独立后,非洲国家在职业教育体系建设方面,很大程度上依赖于国际社会。独立初期,在国际组织的积极推动和大力支持下,非洲职业教育经历了一段快速发展时期。但到了20世纪70年代末,受世界经济危机的影响,非洲职业教育的发展受阻。加之发达国家在危机时期无暇顾及非洲,原先所许诺的援助计划多半化为泡影,这对非洲职业教育来说无疑是"雪上加霜",其从此便"一蹶不振",陷入低谷。直到20世纪90年代末,人们还很少关注非洲的职业教育发展问题。世纪之交,在千年发展目标鼓动下,非洲发展问题又重新引起各方的广泛关注和极大兴趣,职业教育和人力资源开发问题似乎又迎来了新的转机。以下对20世纪60年代以来的非洲职业教育发展的阶段性特征进行简要回顾和梳理。

一、20世纪60—70年代：职业教育的快速发展

非洲独立后，因为教育落后、人才匮乏所带来的社会问题日益突出，国家治理、经济发展所需要的大量人才，依靠已有的教育体制和人才培养能力远远不能满足社会发展需要。因此，加快教育改革与发展成为非洲许多国家在制定社会发展规划时需要考虑的主要事项。这一时期与职业教育发展密切相关的有两件大事：一是非洲国家教育大会的多次召开，二是广泛开展的课程"多样化"改革。

（一）非洲教育发展会议召开及发展规划的制定

独立初期，非洲各国领袖们满怀豪情，制订出雄心勃勃的教育发展计划，开始了一系列的教育改革行动。为了谋求非洲教育未来发展的正确方向，在联合国教科文组织的支持下，首次非洲教育发展会议于1961年在亚的斯亚贝巴召开。这次大会对非洲的教育发展产生了重要影响，也是有史以来非洲国家的教育管理者第一次由自己来决定非洲教育的未来发展。此次会议认为，教育对非洲国家的政治独立进程起着重要的作用，会议严厉批评了殖民主义教育，并对非洲教育的未来发展进行了规划。会议提出，到1980年要普及义务教育，小学的升学率应达到30%，中学的升学率应达到20%，同时应大力改善教育质量。

虽然，亚的斯亚贝巴教育大会所制订的非洲教育发展计划很大程度上脱离了非洲教育的基础和实际，同时也未能充分估计到非洲教育发展所面临的多重障碍和诸多不确定因素，难免会使得教育规划目标在推行和实施中难以兑现，使计划的实际实施效果打了折扣。但此次会议为非洲国家的教育发展提振了信心、鼓舞了力量，也为今后非洲教育的一体化和协同发展开创了先河，无疑具有积极意义。

在此后的十多年里，非洲国家教育领导人又结合教育发展情况，包括所遇到的困难和急需解决的问题，召开过多次类似的会议。如1968年在内罗毕召开会议，修改了亚的斯亚贝巴会议教育发展计划的部分内容；1975年在洛美召开"教育过程的质量：非洲今天的教育和发展"研讨会，开始关注非洲教育的质量问题；1976年在拉各斯召开的会议。拉各斯会议指出，为巩固非洲国家的独立，弥补殖民主义造成的缺陷，促进实现一个真正的、现代化的非洲社会，必须对现行的教育制度进行广泛的改革，赋予教育新的使命。①

---

① 李建忠."战后"非洲教育研究[M].南昌：江西教育出版社，1996：45-46.

在上述一系列教育大会的促进下,非洲各国政府一方面积极争取国际社会对非洲教育的援助,另一方面凭借本国力量发展教育。据统计,1960—1983年期间,非洲各级教育在校生人数翻了4番,达到6300万人;坦桑尼亚的农业专门技术学校在1967—1973年由2所增加到32所;苏丹的职业学校在20世纪70年代由11所增加到55所,学生人数从1900多人增至1.7万人。① 在职业教育的层次上,大部分独立国家均在中等教育和成人培训方面开设了职业教育课程,有些国家还发展了高等教育阶段的职业教育。与此同时,职业教育与培训领域也开始从面向传统的农业和手工业领域,转向通信和信息技术、建筑、能源、管理等领域。1981年,世界银行公布的一项研究报告认为:"非洲的成就是空前而独特的。没有任何其他地区,以如此巨大的规模,在如此之短的时间内,创建了一套官方教育体系。"② 就非洲自身的教育发展历程来看,世界银行的观点并不为过。

(二) 课程"多样化"改革实践

经过积极的努力,在独立后的头20年里,非洲教育发生了许多积极的变化,主要表现在:(1)在初等教育方面,进行了课程"非洲化"的改革。撒哈拉以南非洲几乎每一个国家都编写了自己的教材,新编写的教材都把教授基本技能同本民族风俗、历史文化和当地的环境结合起来,以体现独立后非洲国家和民族教育的自立和自主。(2)在中等教育方面,普遍开展了课程的"多样化"改革,其主要目的是迎接非洲独立后正在或将要启动的工业化,及为大批技术和熟练劳动力的潜在需求做好准备,同时也是为了解决非洲城市和农村越来越突出的青少年失业问题。

非洲国家的职业教育主要以中等阶段的教育为主,其次是初等职业教育,高等职业教育存在于一些高等院校开办的多科技术教育中。中等职业教育主要形式有两种:一是在普通中学的课程中加入职业教育内容,增设职业教育科目,属于职前教育范畴,这就是所谓的普通中学课程的"多样化"或称"职业化"改革。二是开办专门化的职业学校。这类学校一部分是在前殖民地政府创办的职业学校或培训中心的基础上发展而来的,另一部分是在国际社会的援助下新建立的职业学校或培训机构。这些专门化的职业教育机构按教育内容的不同又可分为三种:一是以技术教育为主的学校,如技术学校和多科技术教育中心。这类学校主要以前英属殖民地国家为主。二是以农业教育为主的学校,如农业中学。这类学校多半是独立后新建的学校,主要

---

① 胡昌送."战后"非洲职业教育发展历程与趋势初探[J].中国职业技术教育,2010(31):80.
② 梅雷迪思.非洲国:五十年独立史:上册[M].亚明,译.北京:世界知识出版社,2011:252.

分布在农村地区。开办农村职业教育机构的主要目的是为了培养新型农民，希望这些读书的农村青少年毕业后能够为农村发展服务，改变非洲农村的贫困和落后面貌。三是以商业教育为主的学校，如中等商业学校等。因为历史原因，非洲人的商业活动和商业贸易意识和能力都比较弱。所以，新独立的非洲国家希望通过对商业知识的教育和商业活动技能的学习能够培养出一些懂商业、善经营的人，这也是为非洲未来工业化发展做好人才的准备。

受中等教育课程"多样化"的影响，20世纪60—70年代，非洲的职业教育迎来一个快速发展时期。

在课程多样化改革方面，坦桑尼亚是个较典型的国家。坦桑尼亚不仅在中等教育阶段实施课程"多样化"，而且在初等教育中也实施了课程"多样化"，即在初等学校开设了一些实用性科目。从1967年开始，在"自力更生"发展教育的政策影响下，坦桑尼亚在初等教育学校中开设农业课及各种手工艺课。开设这些实用性科目不但可以增强青少年的就业能力，使其熟悉和了解生产活动过程，同时还可以培养其尊重劳动、勤俭节约的美德。农村的一些学校还开办了示范农场，教学生们从事一些农业生产和农产品经营活动。但坦桑尼亚所推行的课程多样化改革并没有达到预期的效果。坦桑尼亚著名教育家伊苏米(Ishumi)对小学毕业生进行的跟踪研究表明，尽管坦桑尼亚在初等和中等教育课程中加进了一些实用性科目，但未能向学生提供自谋职业或在工作部门就业的足够有用的知识和技能，学校所教的与学生毕业后解决生活问题所需要的东西并不一致。[1]

就农村职业教育而言，受过四年教育(扫盲的最低限度)的农民的劳动生产率比没上过学的农民一般要高出8%。同样，在对13个发展中国家的一项研究中发现，受过四年教育可提高农业劳动生产率6%，而在那些能够使用农业新技术的国家则可提高10%。这表明，受过教育的农民更有可能接受新技术，受过较好教育的农民能得到较高的土地收益率。[2] 但非洲教育问题专家福斯特(Foster)对加纳农村的调查研究显示，农村职业学校并不能决定农村青少年的就业选择去向。相反，许多从农村职业学校毕业的学生并没有选择为农村发展服务，而是更加向往城市生活，毕业后去了城市寻找工作，这样就违背了农村职业教育办学的初衷。

综上可以看出，这一时期非洲职业教育的发展主要得益于两个方面的因素：一是新生政权对职业教育的重视，从政策、组织管理和资金上优先发展教育事业。独立前夕的赞比亚联合民族党就发布了发展教育事业、创办职业

---

[1] 李建忠."战后"非洲教育研究[M].南昌：江西教育出版社,1996：112.
[2] 同[1]：51.

技术学校的《教育宣言》,并在 1972 年制定了《技术教育与职业培训法案》,强调发展本土的职业教育与培训事业。二是受这一时期的国际经济环境及国内经济状况的影响,20 世纪六七十年代,独立的非洲国家依靠出售矿产资源获得了经济社会建设所必需的资金,经济保持持续增长,这使得政府有能力为教育发展提供更多的资金、设备及相关资源,确保教育的快速发展。①

二、20 世纪 80—90 年代:职业教育的政策调整

独立后非洲国家所制订的教育发展计划并没有为本国职业教育发展带来长期稳定和繁荣。到了 20 世纪 70 年代末,资本主义世界爆发的经济危机,给非洲刚刚起步的经济和教育发展也带来巨大影响。因为发达国家曾经允诺给非洲国家的种种援助大都化为乌有,即使像联合国、世界银行等国际组织在对非洲教育援助上也大打折扣,直接导致非洲许多国家的职业教育发展计划落空。在此背景下,非洲国家职业教育发展无疑面临严峻的挑战。

受西方国家经济危机的影响,至 20 世纪 80 年代初,非洲许多国家,尤其是撒哈拉以南非洲地区,也遭受了前所未有的经济困难:工业增长率持续下降,农业生产也受到自然灾害的影响,粮食危机日益严重,政府财政赤字连年,社会发展停滞不前。

与此同时,世界银行从 1979 年开始实施"结构调整计划",注重教育投资过程中的"成本—效益"分析。一方面受世界经济危机的影响,世界银行对发展中国家的教育投资和援助规模在减少。1980 年世界银行新增教育项目贷款额仅为 4.4 亿美元,不到当年世界银行贷款总额的 4%。另一方面,受结构调整计划的影响,世界银行在教育贷款经费的分配上开始倾向于初等教育和普通初中教育,而不再是职业教育。在 1984—1985 财政年,世界银行将新增教育贷款经费的近 25% 都投入职业教育项目上,但到了 1996 年,这一比例已下降到只有 3%。而同年世界银行新增教育项目贷款金额却增加近 20 亿美元,几乎占到世界银行年度贷款总额的 10%。

世界银行还竭力说服各国政府要把更多的资源投入基础教育领域,这样职业教育的公共经费支出就会大幅减少。世界银行要求受援国政府在财政吃紧的情况下减少公共职业教育的支出,尤其要减少对周期长、见效慢、投入多的职业学校建设的投入,而重点支持时间短、见效快、针对性强的企业岗位培训。在世界银行教育政策的影响下,非洲各国用于教育事业的经费均有所下降,教育发展总体呈现萎缩和倒退现象,职业教育受到的影响最严重。整

---

① 胡昌送."战后"非洲职业教育发展历程与趋势初探[J].中国职业技术教育,2010(31):80.

个80—90年代，可以说非洲大陆的职业教育发展处于"乌云"之中。直到90年代末，人们还很少关注撒哈拉以南非洲的职业教育。

20世纪90年代，全球化进程不断加快，许多非洲国家开始重新认识职业教育的重要性，进一步将发展职业教育作为减贫、促进就业、改善民生、促进国家发展的主要战略，开始在原有的职业教育管理体制、经费渠道、资格标准、课程体系等层面进行调整改革，比如通过改革经费和证书制度、吸收社会合作伙伴的参与、给予办学机构更多的自治、鼓励私人办学和企业内部培训等一系列新方法，把政策关注的焦点从投入转向产出。另外，非正规经济领域的不断扩大也为职业教育学生的就业提供了更多的选择机会。非洲职业教育发展前景似乎出现了曙光。

三、21世纪以来，职业教育的改革举措

进入21世纪以来，非洲国家对职业教育的重视程度进一步提高，职业教育的改革力度明显加大。近年来，非洲区域组织和一些国家相继出台了以下一些职业教育政策与改革举措。

（一）促进职业教育的区域一体化发展

在全球化背景下，非洲国家意识到"区域经济一体化正是非洲国家推动经济发展、应对全球化挑战的战略选择"。2002年7月，非洲联盟（以下简称非盟）的正式成立标志着非洲一体化进程的加快。2004年，非盟通过了《非盟2004—2007年战略框架》，旨在通过具体可行的政治、经济、社会、文化和教育等一系列的计划，推动非洲一体化的进程。2007年，非盟召开的部长级会议颁布了专门的职业教育一体化发展战略——《非洲职业技术教育和培训振兴战略》（以下简称《职业教育振兴战略》）。《职业教育振兴战略》提出了一系列具有现实意义的建设性意见，包括过去几十年间非洲职业教育发展所取得的典型经验及主要教训，今后一段时期内职业教育的总体目标、发展原则、发展举措和应优先发展的重点领域、保障措施与建议等。《职业教育振兴战略》不仅对非盟成员国制定本国的职业教育政策产生了巨大影响，同时还强调"每个国家需要对影响国民经济发展的职业教育与其他因素之间的联系有着清晰的认识，以便与其他国家在职业教育、就业以及社会经济发展方面的政策与措施开展有效协作"。同时，为了推动区域性合作与职业教育的一体化发展，《职业教育振兴战略》还专门对南非的国家职业资格认证体系和奖励机制，肯尼亚"加强非正式培训委员会"的做法、成效和经验进行了专门的推介，鼓励其他非盟国家根据自身的情况，建立统一的国家职业资格标准和职

业教育认证体系等。

（二）加强政府对职业教育的统一管理

为了提高职业教育质量，更好地发挥职业教育在国民经济发展中的有效作用，许多非洲国家的政府开始进一步加强对职业教育的统一管理，旨在改变职业教育市场的混乱局面。其主要措施包括：其一，设立全国性的职业教育管理机构，如纳米比亚设立了统管全国职业教育的纳米比亚培训局，埃塞俄比亚的职业教育由联邦政府教育部主管，坦桑尼亚建立了职业教育和培训局，赞比亚成立了国家训练局，加纳政府为了统筹全国职业教育发展，协调政府与雇主、公私立职业教育机构、其他利益相关人之间的相互关系，成立了加纳职业技术教育和培训委员会。这些部门和委员会代表政府采用相关政策对全国职业教育进行统一的协调，包括统一课程、统一学费、统一入学标准等，以规范职业教育市场秩序，提高办学质量。其二，加强对社会培训机构以及非正式培训的管理。为了提高职业教育质量，使教育和培训更具有针对性，2007年，尼日利亚将社会化的教育和培训机构，包括中等职业教育机构、高等职业教育机构、创业培训机构等都纳入正规职业教育体系，同时对非正规培训也给予了更多的关注，使非正规培训与正规的学校职业教育协调发展。这在一定程度上加强了对职业教育的统一管理。埃塞俄比亚于2003年开展了"职业教育融资策略"改革，旨在形成职业教育的多元投资体系；纳米比亚制定了"2030年职业教育远景规划"，成立了纳米比亚培训局，对职业教育和培训进行统筹管理。南非、埃及、赞比亚、坦桑尼亚等国也相继开展职业教育改革，推进职业教育的健康发展。①

（三）构建统一的评价和认证标准

《职业教育振兴战略》倡导建立统一的国家资格标准和认证标准，以推进非盟各国职业教育领域的合作与一体化发展。南非早在1994年《教育和培训框架》中就提出要建立国家综合资格认证体系。1995年，南非政府正式颁布了《南非资格认定法案》，并根据该法案成立了南非资格认定局，具体负责各项资格标准的制定、评价和认证工作的实施。目前，南非已经基本形成包括国家资格标准、课程标准、技能标准在内的国家职业资格认证体系。尼日利亚在1999年后开始对全国的职业教育机构实施全面的专业评估和资格认证，2000年制定的实施细则进一步将专业评估的主要内容分为专业建设、学

---

① 胡昌送."战后"非洲职业教育发展历程与趋势初探[J].中国职业技术教育，2010(31)：80.

术成就、基础设施、师资队伍、经费投入以及技术合作等。2003年，尼日利亚在专业认证的基础上，又实施了课程质量评估，并组织开展了对全国54所多科技术学院1500余门课程的认证评估工作。纳米比亚也在纳米比亚培训局的统一领导下着手建立统一的职业资格标准、VET课程建设标准、VET学习和评价体系等，其中职业标准采用了国家职业资格标准的5级分类体系。赞比亚、莫桑比克等国家也着手建立统一的国家职业资格标准和评估认证体系，通过设置一系列标准来规范教育培训市场，提高职业教育质量，使职业教育发展与国家经济发展有效连接起来。

（四）拓宽职业教育经费渠道，促进多元投资

虽然不少非洲国家在公共教育经费投入上所占GNP（国民生产总值）的比例超过了东南亚、拉丁美洲、太平洋地区的许多国家和地区，但由于非洲国家的GNP总量过小，因此教育经费投入的总量和人均都很低，资金严重不足一直是制约非洲各国职业教育发展的主要因素之一。非洲国家在总结20世纪后期的职业教育发展经验和教训中认为，一方面需要加强对职业教育的统一规划和管理，另一方面需要积极拓展资金来源渠道，建立起包括政府财政投入、企业投资、国际援助、社会办学力量以及职业教育受益人员共同投入的多元投资体系。

《职业教育振兴战略》强调职业教育的受益者应该共同承担教育成本，政府应对企业按工资总支出的一定比例（一般不低于2%）征税，以建立职业教育与培训基金，同时也强调将国外的援助作为重要的资金来源。埃塞俄比亚政府近年来实施的教育改革政策中，采取了包括加大政府财政投入、激励企业投资职业教育、大力发展私立职业教育、健全学员成本分担机制、鼓励职业教育机构增加创收以及提高工作效率等措施来改善职业教育经费投入状况。尼日利亚政府一方面积极促进校企合作，鼓励企业界投资和参与职业教育，另一方面积极获取国际援助。2007年启动的"'基础教育后的专业教育体系'4年计划"（STEP-B计划），就是利用世界银行的专项贷款实施的教育建设项目。该项目共获得1.8亿美元的资助。纳米比亚在"2030远景规划"中强调要建立起"由政府、私人机构社区、非政府组织、受训者个人以及其他合作者共同组成一个稳定、持续的资金体系，建立培训税收机制，保证职业教育的正常运作"。其他国家如加纳、南非、科特迪瓦、乍得等也积极拓展职业教育的资金渠道，鼓励私立职业教育的发展，建立起多元化的职业教育与培训投资体系。①

---

① 胡昌送."战后"非洲职业教育发展历程与趋势初探[J].中国职业技术教育，2010(31):83.

第三节 非洲职业教育的国别特征比较

非洲国家的职业教育发展模式、功能和目的都不可避免地受到前殖民地势力的影响,仍保留有先前的某些特征。同时,不同国家之间,职业教育的供给方式、办学层次和目标管理上也存在差异性,如前法属殖民地国家与前英属殖民地国家之间就存在十分明显的差异。2004年,联合国教科文组织下属的统计研究所(UIS)开展了一项关于全球职业教育供给方面的数据研究,主要目的是希望通过数据收集,来评估世界各国职业教育的参加者和提供者,以便采取措施提高国际职业教育数据的真实性。该研究所同时希望通过研究能够发现存在的主要问题,尤其是发展中国家的职业教育问题,在此基础上提供政策指导和技术支持。此项研究选择的30个国家中有7个是非洲国家,分别是:埃及、博茨瓦纳、加纳、塞内加尔、塞舌尔、突尼斯和津巴布韦。其研究方法主要是通过电话采访进行信息收集。本节拟根据上述研究资料和信息,对上述7国及其他一些非洲国家的职业教育体系特征、供给模式、社会吸引力等进行比较和分析。

一、职业教育的体系特征比较

总体上看,非洲国家的教育体系可以分为四个层次:(1)小学教育,6—8年;(2)初中教育,3—4年;(3)高中教育,2—3年;(4)高等教育,3—5年。每个层次的职业教育比重或重要程度,国与国之间差异较大。在有些国家,职业教育与普通教育并行发展,成为一个独立的体系,有独立的办学机构、教师队伍、专业设置和课程体系等。有些国家则尚未建立起独立的职业教育体系。表2-4展示了埃及等非洲7国职业教育体系的主要特点。

表2-4 非洲7国职业教育体系特点

国　家	职业教育体系特点
埃及	职业教育从初中开始,但主体是在高中阶段; 普通教育与职业教育实行双轨制,教师、专业、课程都是独立的
博茨瓦纳	职业教育从高中开始,但高中后职业教育比较普遍; 中学阶段的普职内容无清晰界限
加纳	职业教育从初中开始; 有些职业教育可与普通高等教育相衔接
塞内加尔	职业教育从高中开始; 在普通教育与职业教育课程的互选上存在问题,不够畅通

续表

国　家	职业教育体系特点
塞舌尔	职业教育课程只在中学后提供； 初中和高中阶段均实施普通教育
突尼斯	职业教育从初中开始； 在高中和高等教育阶段都有职业教育
津巴布韦	职业教育从中学后开始，对象为未升入高等教育者； 中学阶段有12%的课程为职业性课程

上述7个国家中，职业教育是从中学阶段或中学后开始的。在埃及，职业教育从初中阶段开始。初中阶段的职业教育又叫预备职业教育，学生毕业后可以升入普通中等学校或中等职业学校。高中阶段实行"双轨制"课程，即学术性课程和职业性课程。高中阶段有70%的学生选择职业性课程，30%的学生选择学术性课程。大多数职业课程学习期限为3—5年。中等职业学校毕业生一般没有进入大学的机会。

在博茨瓦纳，职业教育主要从高中阶段开始，还有少部分是从初中阶段开始的。高中阶段的职业教育中普通教育内容比重大，中学后教育机构所提供的职业教育主要招收高中毕业生。在初中阶段和高中阶段，普通教育和职业教育的内容并没有清晰的界限，初中阶段农业知识是一门核心课程，而高中阶段农业知识是作为选修课出现的。

在加纳，职业教育从初中阶段开始，无论是初中阶段还是高中阶段的职业教育，所提供的课程主要是依据学生技能学习方面的兴趣，并帮助他们进行职业生涯的选择。读完初中进入职业教育机构或高中学校学习的年限均为三年。高中毕业后可以进入普通大学攻读学位课程，也可以进入综合技术学院读高等证书课程。综合技术学院的毕业生现在还可以选择读取大学学位课程。

在塞内加尔，职业教育从高中阶段开始。这一阶段部分课程是终结性的，如机械类专业，学生毕业后直接进入劳动力市场。关于高中阶段、高中后及高等教育阶段的普通教育与职业教育课程开设比例问题一直存在争议。

在塞舌尔，职业教育课程是在中学后进行的，初中阶段和高中阶段都是普通教育。即使在职业教育办学机构，课程中的普通教育内容仍占较大比重。学生完成高中后职业教育课程可以直接进入劳动力市场，也可以选择到高等教育机构继续学习，大部分是到了国外学习。

在突尼斯，职业教育从初中阶段开始，但在高中阶段和高中后教育中也开设有职业性课程，与普通教育课程并行设置。大多数初中学校开设的职业教育课程被认为是职前教育,主要在专业学校进行,如技工学校。在全国大概有90所这样的学校。

在津巴布韦,初中阶段和高中阶段主要提供普通教育课程。职业教育主要是在高中后进行,参加者多为未能进入大学学习的学生。尽管初中和高中课程都是普通教育内容,但大致有12%的课程具有职业导向性。

非洲国家的职业教育多半是从初中段开始,尽管具体到各国情况有所不同,如有些国家在小学课程里就开设有职业性课程。需要指出的是,在非洲国家,有些职业教育机构并不属于中学范畴,却被认为是小学后教育机构,因为职业教育课程是在小学后开始的。小学后职业教育主要发生在那些因小学教育发展过快,导致现有中学无法吸纳过多的小学毕业生的国家。非洲国家中等教育资源的严重短缺,致使那些不能进入初中学习的学生面临两种选择:要么复读,而后再通过升学考试进入中学学习(在政策许可的情况下);要么选择职业教育。当然,也有一些特殊情况,如家庭背景或经济负担不允许再继续读书,这主要发生在那些中学不免费的国家(非洲许多国家的中学都是要收费的),进入劳动力市场(大多数为非正规就业市场)的吸引力及很快就能得到收入的期望也可能是选择职业教育的另一原因。

二、职业教育的供给模式比较

在职业教育供给方面,非洲英语国家与非洲法语国家的组织方式有明显不同,这主要是受到前殖民地时期的影响。例如,在阿尔及利亚、摩洛哥、塞内加尔和突尼斯这些以法语为主的国家,职业教育课程体系中还保留着较大部分的普通教育内容,类似于法国的职业教育,偏重专业知识教育,缺少实践课程。课程设置缺少专业性,教学内容与大多数非正规劳动力市场所需技能脱节,致使学习者在就业选择上往往处于不利境地。相反,非洲英语国家的职业教育比较重视经验培养,无论是公共部门的职业培训还是手工行业的学徒均是如此。重职业性内容,轻专业知识传授,这有利于专业技能的培养,比较适应企业的技能要求,缺陷是很难升入高一级学校学习,也不能在普职之间进行转换。有研究者认为,这种"专一型"的人才培养模式使职业教育越来越缺乏吸引力,也把职业教育降格到工作的"末端"。对此,一些国家已经出现了调整趋势,如在博茨瓦纳、加纳和南非,职业教育的"现代化"——从传统学徒制到国家培训体系的建立,正积极推进,目的是要建立起普通教育与职业教育之间的"立交桥",同时进行课程体系的改革,使接受职业教育的学生能够跟接受普通教育的学生一样享有和实现升入高一级学校学习的能力和资格。

那么,到底该由谁来提供职业教育?多年来,许多非洲国家的职业教育基本上都是由政府提供,但自20世纪80年代以来,私立职业教育有了一定的发展。这主要是因为,一方面政府越来越不能满足日益增长的教育需求,另一方面政府垄断教育的能力日渐力不从心,包括职业教育领域。学者艾特考瑞拉(Atchoarena)等通过对撒哈拉以南非洲国家的私立职业教育供给模式进行研究发现:①

(1)私立职业教育的发展很快。在马里,私立职业教育已成为国家职业教育的主体。

(2)私立职业教育的发展存在一些突出问题未能解决,如法律地位问题、所有权的认定、发展目标的建立和严重的经费困难等。

(3)私立职业教育机构的绝大部分学生来自社会地位和经济地位都比较低下的家庭。

(4)相当数量的私立教育机构未能获得政府注册,意味着它们的办学是非法的。

(5)私立职业教育机构所开设的课程主要集中在商业贸易领域,而工业技术领域的课程很少,当然也有一些例外,如马里的私立职业教育课程中,技术性的课程占到了21%。

(6)学费收入是私立职业教育机构维护日常运作的主要经费来源。

(7)私立职业教育机构在课程设置上具有主动适应劳动力市场需要的灵活性。

(8)很少有证据体现私立职业教育机构与企业之间存在紧密的工作联系。很多情况下,学习什么专业是学生们自己的选择,至于在多大程度上适应了企业的实际需求却很难判定。

(9)私立职业教育机构能够及时开设那些市场需求较好的课程或专业,当然课程开设的质量也会因私立机构的不同存在较大差异。

而从UIS对7国职业教育的调查可以看出,私立职业教育机构的数据信息获取十分困难,很难完整准确。根据已获取的数据显示:在博茨瓦纳,职业教育仍然是政府主导,有6所职业学院和41个职业培训机构。在首都哈博罗内有一些私立职业教育机构,但教育部并没有掌握较全面的数据。其他6个国家的情况也大体相当。在津巴布韦,大多数私立职业教育机构提供中学后课程,全国有超过350家的私立职业教育机构,以开设商业性课程为主。在加纳,政府机构办的职业教育机构有160家,而已经注册的私立职业教育机构有250家,还有多达700家的私立机构未获注册。加纳职业教育年

---

① Atchoarena D, Esquieu P, 2002. Private technical and vocational education in sub-Saharan Africa: provision patterns and policy issues[J]. UNESCO, IIEP, Paris. pp. 21-22.

限一般为3年,开设各种各样的课程,学生可以选择不同的途径获取资格证书,如参加伦敦城市和同业公会学院考试,或参加加纳教育服务技工证书考试,或参加国家职业培训学院的技工或商业等级证书考试等。

三、职业教育的社会吸引力比较

在被抽样调查的7个非洲国家中,职业教育多被认为是次等教育。职业教育的目的是为了解决青年的失业问题,但往往事与愿违,很多接受过职业教育的青年进入劳动力市场后同样加入了失业大军行列。

在埃及,职业性课程一般是从高中阶段开始,包括商业、工业和农业三大领域,参加者以女性居多,尤其是在商业课程学习中。有证据表明,家庭经济条件是决定其子女选择职业教育还是普通教育的主要原因之一,例如,工人阶层家庭的子女选择职业教育的比例要高于中产阶级家庭。有迹象显示,职业教育质量低、地位低的观念也正在改变。

在加纳,职业教育同样不被看重,与普通教育相比,职业教育就是低和差的代名词,很少有学业优异的孩子选择职业教育。类似的情况也存在于其他非洲国家,如塞内加尔、塞舌尔、突尼斯和津巴布韦等。加纳政府认为,职业教育就是就业教育,它可以起到降低失业、减轻贫困的作用。

上述观念还会影响到国家职业教育的政策走向,福斯特在1965年所批判的职业学校发展弊端仍在继续。进入21世纪以后,很多国家是希望通过实施免费小学教育来实现全纳教育和千年发展目标,其兴趣点仍然是在普通教育而不是职业教育,尽管有些国家在职业教育组织及结构调整和课程改革上做出了积极的努力,但职业教育在非洲的窘境并未改变。

非洲职业教育只有通过变革才能更好地适应劳动力市场的需要,才能革除传统弊端,才能明确发展目标。更为重要的是,私立职业教育机构的发展应该得到政府的支持和鼓励,同时要监督并保证其所提供的课程符合标准和质量要求。当公立职业教育机构被证明是低效的、僵硬的、浪费的时候,政府应该寻求企业的参与、鼓励企业自主选择。另外,非洲国家应该收集更加全面和准确的职业教育数据,提供一个新的职业教育基本框架,以指导公立和私立职业教育机构的办学过程。在当前形势下,国家职业教育应该符合高新技术的发展需要和技术更新的要求,同时还要关注私立企业和新兴行业的技术需求,而不能仅仅理解为降低失业的手段。

四、结语

不同国家的职业教育存在广泛的差异性。在职业教育供给体制上就很不相同,除了学校本位的职业教育外,还有许多其他类型的职业教育机构。不同的历史、政治、教育、文化和经济环境一定程度上孕育了不同国家的职业教育体制和供给机制。形成于前殖民地时期的非洲职业教育体制,越来越难以将年轻人培养成市场所需要的合格劳动者。另外,在结构调整和公共支出缩减的背景下,职业教育成本越显昂贵。相应地,投入不足又使得职业教育的质量和效益问题进一步恶化。

20世纪80年代中期以来的经济和财政危机严重影响了撒哈拉以南的非洲国家,同时也给生产力发展和劳动力市场带来了深刻的变化。公共部门吸纳就业能力的下降,导致了大中学毕业生失业人数的增加,也使得投资初等教育的回报率下降。除了全球性危机对撒哈拉以南非洲多数职业教育所产生影响外,全球化及教育市场化,也在促使非洲国家的教育领域发生一系列变革。

第三章 前法属非洲四国职业教育发展比较

由于历史上长期受西方殖民统治,非洲国家自独立以来,其职业教育发展模式很难摆脱前殖民地宗主国的影响。比如,非洲英语国家与非洲法语国家在职业教育体系上就带有前宗主国英国或法国职业教育体系的显著印迹。表现为在非洲法语国家中,职业教育课程体系中注重学科知识的传授,在教学过程中偏重知识讲授、轻实践训练,教学内容与劳动力市场需求相脱节;相反,非洲英语国家的职业教育课程比较重视实践环节,重技能培养、轻知识传授,缺陷是职业教育学习者很难升入高一级学校学习。

本章通过对科特迪瓦、马达加斯加、马里和塞内加尔这四个前法属殖民地国家的职业教育发展轨迹和特征进行比较分析,以进一步了解前殖民地国家在教育制度方面对当今非洲国家的深刻影响,同时希望能对非洲独立以来职业教育发展过程的波折进行另一种视角的解读。

第一节 四国的职业教育管理体制

科特迪瓦、马达加斯加、马里和塞内加尔四国均于1960年摆脱法国的殖民统治而获得独立,至今已近60年。独立以来这四个国家职业教育的发展并不顺利,多有波折。独立初期,四国都相继着手建立国家教育体系,包括职业教育行政管理体制,期间也进行过多次变动和调整。纵观四国职业教育体系的建立和发展过程,受外部的影响都比较明显,暴露出这些国家在发展职业教育方面经验的不足。

一、科特迪瓦

到20世纪90年代,科特迪瓦已经建立起了较为完整的职业教育运行机制,职业教育体系包括中等职业教育、高等职业教育和职业培训,私立职业教育也相对发达,私人办学机构能够提供继续职业教育的培训课程。科特迪瓦政府重视教育事业,对职业教育寄予厚望,希望能够在产业结构调整、新技术运用,以及增强企业竞争力方面发挥重要作用。

虽然科特迪瓦建立了较为完整的职业教育体系,但职业教育国家管理体制却频繁变动。1970年该国成立的技术和职业教育部在1983年被合并到了教育部,成为教育部下属的一个分支结构,无疑降低了职业教育的行政管理级别。三年后的1986年这个部门又被拆分出来,职业教育再次成为一个部级单位。1996年职业教育又被合并到教育和科学研究部。从2000年1月开始,职业教育划归到新成立的青年、就业和职业教育部中。2012年11月,政府又新成立了国民教育与技术教育部。

职业教育管理体制的反复变化既反映出一定时期科特迪瓦的社会、经济和教育发展状况,同时也与外部环境尤其是国际社会的影响有关,如20世纪70年代的高速发展、80年代的全面危机、90年代的结构调整以及千年发展目标的激励等。为了使教育更好地服务于国家发展目标,科特迪瓦曾在1977年通过了一部教育改革法,但收效甚微。其后科特迪瓦又于1985年召开国家教育大会,1989年成立全天候对话组织。而这一时期正是科特迪瓦经济不景气时期,连续十年出现负增长(1981—1986年,年均-4.2%,1987—1991年为-6.8%),科特迪瓦政府希望通过改革教育来缓解巨大的就业压力和严重的经济困难。

受世界银行和联合国教科文组织的政策影响,从1990年开始,科特迪瓦开始对教育结构进行调整,改革职业教育发展模式,重启人力资源开发计划,制订并开始实施"教育五年发展计划(1991—1995年)"。其主要目标是:调整小学和教育管理预算;稳定教师工资;减少不确定性支出;完善制度管理;提高政策效率等。

该规划实施五年后,调整目标在某种程度上已经实现,主要表现在以下几方面:通过降低1991年后新进教师的工资,来限制教师工资的增加(这项法令1991年通过,2000年4月结束);降低学生的福利和津贴(补助金、就餐补助、交通补贴等);稳定高等教育预算,使数量上有较大增长;通过实施成本分担(cost-sharing)的收费制度,使受益人承担一定的教育成本。但此项规定实施不久即被终止。

总体上,政府所推行的教育改革计划实质上是由于经济负担过重而带来的教育支出上的压缩,所谓的改革也是不得已而为之。或许正是因为这种脱离了本国人民意愿的改革,才导致很多改革措施的效果都大打折扣,甚至是无果而终。

1995年9月7日,科特迪瓦政府又通过了一项新法令,在总结前一时期国家教育发展经验和教训的基础上,发布了1998—2000年"国家教育和培训部门发展计划"。这项由西方捐赠者共同参与制订的发展计划,成为科特迪瓦教育体制改革进程中的一个重要文本。

二、马达加斯加

在马达加斯加,职业教育最早可追溯到前殖民地时期,大约是在 1832 年就建立了第一个基于职业岗位的培训机构。在法国殖民地统治时期,每一个较大的人口聚居区就设有一所工业或农业学徒制学校。独立后,马达加斯加政府对职业教育进行了一系列的改革。但总体上看,这些不断的改革并没有产生预期的结果,很难令人满意。主要问题表现为:培训与就业之间不平衡,公共经费无保障,培训质量低下。

从 20 世纪 80 年代开始,由于经济衰退,马达加斯加在发展公共教育和培训方面遇到了资源困境,于是不得不把民众的一部分教育需求转移到了私营教育部门,由私营部门按照市场的形式运作。到了 20 世纪 80 年代末期,在国际社会的帮助下,为了争取更多的外部支持,马达加斯加进行了一次国家教育评估。在此次评估的基础上,马达加斯加政府于 1992 年 4 月在华盛顿与美国政府达成一项信用贷款协议,用于加强职业教育项目建设。贷款金额为 1600.7 万美元,于 1992 年 6 月签署,1993 年 1 月 15 日启动,1999 年 6 月 30 日结束。

1992 年之前,马达加斯加的职业教育由中等和基础教育部管理。1992 年之后,马达加斯加政府决定通过成立职业教育政府总代表团,来提高职业教育的管理权限,直属总理办公室。1995 年,政府又决定设立职业教育部,负责职业教育管理工作。目前,马达加斯加职业教育的国家管理部门是就业、技术和职业教育部,主要负责中等教育阶段的职业教育管理,而高等教育级别的职业教育则由高等教育和科学研究部管理。其他部门,如农业、旅游、畜牧、渔业、工业和矿产等,也都提供职业教育项目,并且可以授予文凭或资格证书。各个部门的组织管理体系都包含国家和地方两个层面。为了协调不同部门之间在职业教育办学过程中的分歧和矛盾,马达加斯加政府成立了职业教育部际委员会,专门进行相关的协调工作。职业教育部际委员会成立之后,已经进行过多次的协调活动,尤其是在职业教育的课程开发方面。

三、马里

马里一直沿用法国的教育体系,由基础教育、中等教育、职业教育、成人教育和高等教育组成。学生接受完基础教育后,可自主选择三类职业教育中的某一类:三年制的技术教育,可获得学士学位;两年制的职业中心教育,可获得职业培训证书;四年制的私立职业教育培训,可获得技术证书。国家教育部下设 7 个司,职业教育由中等职业教育司管理,全国有 9 个省,各省下设教育局。中等职业教育司的主要职责是根据经济需求设立不同专业,促进公立及私立职业教育的发展等。

据统计,1963—1988年,马里全国共建有34所职业教育机构,其中政府建有8所,其他多为私人、其他组织或外国机构所建。在1982年实行"社会主义化"改革之后,政府接管了大部分职业教育机构,唯有天主教堂允许继续办学。实际上,这一时期的职业教育并不受重视,普通教育的特权地位却在不断加强。在1988年的全国教育研讨会上,教育质量问题受到多方批判,主要问题有:培训内容不适应工作后的要求;辍学和复读的学生比例过高;政府的教育投入成本太高等。

1992年,公民投票通过新宪法,同年4月举行全国大选,科纳雷当选总统,成立第三共和国。新政府把教育作为国家经济与社会发展的优先部门,并制定了《教育发展十年规划》,教育经费投入不断增长,教育改革逐步推进,内容包括:促进农村教育发展;建立实践指导中心;鼓励建立私立学校等。据统计,2005—2006学年,全国共有119所职业技术学校。2006年6月,13623名获得初中毕业文凭的学生进入了职业技术学校,占该阶段学生总数的38%,比2004—2005学年提高一个百分点。

四、塞内加尔

1960年塞内加尔获得独立。在法国统治期间,塞内加尔并没有制定专门的职业教育法。法国政府于1951年12月15日颁布了海外工作准则,其中涉及教育的内容十分有限。1967年,塞内加尔政府颁布了本国历史上第一部有关职业教育的法案《技术与职业教育法》,但该部法案明显不够成熟,比如对"技术培训"与"职业教育"的概念都没有进行明确的界定和区分。为了弥补第一份法案的不足,塞内加尔政府又在1971年6月6日通过了《国家教育导向法》,界定了技术与职业教育的内涵,制定了国家教育与培训的总体目标、政策主题等。该法案规定,从中等教育阶段开始设置实践性课程,其目的是为了促进青年人的就业。十年后的1981年,塞内加尔举行了全国教育和培训会议,决定对国家教育体系进行调整,国家议会建议将教育权限下放,实行分权管理,鼓励社会各界包括企业和私营部门积极参与职业教育和培训。国家教育部下设两个部门,分别管理技术教育和职业教育。1986年8月11日议会通过的一项法律中,决定成立国家职业教育局。

国家职业教育局的主要使命是为国家职业教育发展提供政策支持,创建新的培训中心,并为培训活动提供资金。职业教育局开展培训的资金以税收形式向雇主征收,叫"固定贡献",相当于工人薪水总额的3%。作为一种管理上的创新，国家职业教育局在职业教育发展过程中扮演着重要角色，也使得塞内加尔的职业教育从此焕发出新的活力。

1991 年塞内加尔议会又出台了一部名为《教育引导法案》的法律，但由于这部法律并没有能够对教育管理系统和功能、职责等进行清晰界定，因此引起很多批评。该法律依据"国家保障教育和培训质量，规定证书的颁发标准"的一般原则，将国家教育体系分为三个阶段：基础教育阶段，包括学前教育和全面教育（初等教育及中等教育初级）；中等与职业教育阶段，包括中等普通或技术教育、职业教育；高等教育阶段。法律文本中还区分了技术教育与职业教育：技术教育可以继续通向高等教育，而职业教育是为工作做准备的教育。

2001 年之后，职业教育由单独成立的具有自主权限的部门管理，而不再是教育部下属的副部级管理单位，这个决定是由总统在全国职业教育会议上提出的。但是这个决定并没有完全解决管理体制问题，职业教育机构相对分散以及大量行政监管职责重复的问题，并没有得到很好的解决。

当前，塞内加尔的职业教育是由职业培训、学徒和手工业部与国民教育部共同管理，其中，隶属于前者的职业和技术培训司具体负责实施与政府政策相关的职业教育和促进国家层面的职业体系发展。国家和地方职业教育发展计划的执行过程主要由教育和培训指导局负责监管和指导。

第二节　四国的职业教育供给体系

四国的职业教育体系都或多或少地体现出法国职业教育的体系特点，即"技术＋学术"取向比较明显，例如，塞内加尔的高等职业教育包括大学本科和硕士两个阶段，属于高等教育的一部分。这四个国家的职业教育体系的共同特点是：一是职业教育的起点都相对较高，都是从中等教育开始，而且以高中起点为主；二是都建立起了高等教育阶段的职业教育，还可以颁发学位；三是私立职业教育均有一定的发展；四是都比较重视学校本位的职业教育，职业培训有待加强。

一、科特迪瓦

科特迪瓦的职业教育体系主要由中等、高等两部分组成，职业培训一般不属于学校教育体系。中等教育阶段设有与普通教育并行的职业教育机构，开展初始职业教育和岗位相关的职业教育，学生毕业后获得文凭或资格证书。高等职业教育分两个阶段：第一个阶段主要培养学生的专业基础知识，同时也要训练学生的工作能力与方法,叫作"一般职业教育";第二阶段在允许学生进行知识学习的同时,开展职业专门训练,又叫"合作训练",旨在把学生培养成为一名专业人员。科特迪瓦的职业培训体系比较完善,包括针对私营公司的员工培训,有些培训还可以颁发资格证书,这对于提高生产效率和竞争力都很重要。

像许多其他非洲国家一样,由于国内冲突和政局动荡,科特迪瓦的职业教育信息统计也比较落后,很难获取完整准确的数据。多年来,职业教育管理部门没有进行过一次规范或完整的基本数据统计和收集,尤其是关于入学人数、毕业人数、课程设置、就业情况等都未进行完整统计。关于职业教育的数据统计到底该由哪个部门负责摇摆不定,要收集完整、准确的信息数据几乎是不可能的。曾经由国家职业培训局负责职业教育年度指标综合统计,但到了20世纪80年代末,随着职业培训局的解散、职业教育管理部门设置上的经常变动,职业教育的数据一度空缺,从1996年开始就没有发布过有关公立和私立中等职业教育的统计年鉴。因此,从1987年起,由于数据缺失,就不大可能跟踪入学情况的变化。然而,根据已有关于公立职业教育数据显示,入学人数长期以来呈下降趋势,从20世纪80年代约17000人减少到1995年的8000多人,之后又有明显上升,2000—2001学年,中等职业教育学生数达到大约27000人,分布在68所教育机构中。

另据1999年学生人数统计,中等和高等职业教育(公立和私立)共有学生55135人,学校246所。其中,中等职业学校191所,学生22998人,女生占53%。高等职业学校55所,学生32137人,其中30381人属于高级职业培训证书级别,40%为女生。还有两种学徒形式:非正规部门手工车间里的传统学徒和正规部门的学徒。非正规部门的学徒人数估计高达150000人左右,而全部学徒人数应该在350000—450000人之间。关于正规学徒制,由1996年成立的国家职业培训机构指导,对象为14—25岁的离校青少年,有两个项目:为各种工艺和手工行业提供的学徒培训(6000个学徒,其中30%是女孩);在电子和电器行业实施的学徒培训(由于缺乏资金,1999年12月终止);在上述提到的培训之外还开展有继续职业教育。

二、马达加斯加

1997年通过的1356号法令奠定了马达加斯加职业教育的基本框架和组织管理框架,职业教育部负责职业培训中心和职业技术中学的管理工作。职业教育分为三大类:职业资格证书教育,初始职业教育,一般技能培训。职业技术中学既有公立的,也有私立的。具体信息如表3-1所示。

表 3-1 马达加斯加的职业教育证书体系

办学机构	学制	资格证书
中等职业教育的第一阶段：职业培训中心	2 年 3 年	学徒制证书(CFA) 职业技能证书(CAP)
中等职业教育的第二阶段：技术和职业中学	3 年	职业教育证书(BEP) 职业副学士(Bac Pro)
高等职业教育的第一阶段	2 年	高级技师证书(BTS)

中等教育阶段的职业教育学生规模较小，虽然在 20 世纪 90 年代略有增长，但 1996—1997 学年还不到 20000 人（见表 3-2）。与此同时，普通中学的入学人数也有明显下降。

表 3-2 职业教育与普通教育入学人数比（包括公立和私立）

学年	职业教育	普通教育	总计	职教比例/%
1990—1991	15174	321772	336946	4.5
1996—1997	18592	307274	325866	5.7

职业教育学生的增加主要是在技术中学和工业部门。女生增长明显，1998—1999 学年在职业教育机构学习的女生占学生总数的 27%（见表 3-3）。

表 3-3 根据行业和性别划分的职业教育入学人数（仅公共教育机构）[①]

部 门	1991—1992		1998—1999	
	男女生总计	女生	男女生总计	女生
职业教育中心				
土木工程	378	267	832	150
工业	386	311	783	598
第三级	—	—	59	59
总 计	764	578	1674	807
技术和职业学校				
土木工程	3003	500	3446	432
工业	1326	139	2431	215
第三级	2110	1168	2528	1636
农业	51	25	72	17
总 计	6490	1832	8477	2300

资料来源：Planning Department of the METFP (Direction de la Planification du METFP).

三、马里

马里的教育体系由三个等级阶段组成：(1) 基础教育。分为两个阶段，

[①] David Atchoarena, André Delluc, 2002. Revisiting technical and vocational education in sub-Saharan Africa: an update on trends, innovations and challenges[J]. UNESCO. IIEP, Paris. p113.

第一阶段六年,完成后可获得初等学习资格证书;第二阶段三年,结束后可获得基础教育文凭,相当于第一阶段的法语学习文凭。(2)中等教育。分为普通教育和职业教育。普通中等教育为三年,毕业后可获进入大学第一阶段学习。职业教育分三种学制,颁发不同证书或文凭:一是两年制,毕业后颁发职业培训证书;二是技术学士,学制为三年;三是技术大学文凭,学制为四年。(3)高等教育。高等教育的学习年限根据不同专业和要求而定,一般为3—4年不等。原则上,高等教育机构也开展职业培训项目。

马里的职业教育的主要目标是培养更多的专业化人才。获得培训证书的学员既可以直接进入劳动力市场就业,也可以继续学习并获得技术文凭。只有公立技术教育院校才能颁发学士学位证书。近年来,马里的职业教育体系获得进一步发展,尤其是随着中等教育的发展,职业教育高移化比较明显,比如形成了"学士+2"水平的教育,学生可以继续升学,最终可获得高级职业培训证书、高级技师证书或技术大学文凭。

马里尝试将职业教育纳入中等教育体系中,中等教育的招生人数显著增加,但大部分学生选择接受普通中等教育,职业教育的招生并无明显增加。尽管中等教育备受关注,但普通中等教育中的男女生性别差距非常大,男生占67%,而女生仅占33%,比职业教育(男生占64%,女生占36%)更加严重。马里教育类型及其性别比例情况如表3-4所示。

表3-4 马里教育类型及其性别比例情况　　　　单位:人

教育类型	1997—1998			1998—1999			1999—2000		
	男	女	总计	男	女	总计	男	女	总计
普通中等教育	28943	12985	41928	33302	14615	47917	36265	16065	52330
中等职业教育	12489	6940	19429	15622	9907	25529	20379	12711	33090
总计	41432	19925	61357	48924	24522	73446	56644	28776	85420

资料来源:Ministry of Education,2000,Decennial Programme of Education/PRODEC;PRODEC,Survey on secondary education in Mali,database.

近年来,参加技术学士与技术大学文凭学习的学生数量增长较快,已远大于职业培训证书的学生,占到全部职业教育学生的2/3左右。除了正规职业教育外,还有传统学徒制,学习过程主要是通过对工匠师傅的观察和模仿而进行,属于非正规职业教育体系的一部分。当然,学徒制也存在不足,比如实训场所缺乏设备、工匠以及雇主受教育程度低等,都会影响到学徒学习的效果。此外,学徒经常处于被动状态,用人单位经常以保护商业秘密为由只对那些表现优异的人进行培训等,也会影响到学徒的技能学习和掌握。马里政府为了促进学徒制的发展,几年前开始对学徒制给予一定的经费补贴,以增加学徒制有关各方的积极性。

其实,马里的职业教育特点与其他法语国家十分相似,其突出特点为:吸引力低;只在首都及大城市附近存在,地区发展不平衡;促进了第三产业发展,但不利于农业和非正规部门产业的发展。

四、塞内加尔

塞内加尔的技术与职业教育(以下均简称"职业教育")是在原殖民地教育旧体系的基础上发展而来的,存在法国教育模式的痕迹,特别是在质量评价方面,将理论知识和职业实践知识相关联。国家职业教育证书体系包括:职业培训证书(CAP)、技术学校证书(BEP)、职业资格证书(BP)、专业证书(BT)、技术学士和高级职业培训证书(BTS)。

职业教育主要包括两类教育机构:一是技术教育,学制三年,主要是为职业发展做进一步的学习准备,为"学生进入高等教育所需的知识和必要的技能"做准备。二是职业教育,学制两年到三年,提供职业培训证书(CAP)和技术学校证书(BEP),为进入劳动力市场做准备,学习者可"获得某个行业或某个专业的技能和资格"。在塞内加尔,技术教育是能够获得继续升学的教育,而职业教育是终结性教育。在管理上,中等技术教育司管理技术教育,职业教育司管理职业教育机构,两者均属于教育部。

塞内加尔的职业教育主要属于高中教育阶段,属于中等教育的第二阶段,实行双轨制办学:普通中等教育(三年)、中等技术教育和中等职业教育。第一阶段的中等教育称为"小学后教育",学制为四年,而小学教育为六年。在高等教育阶段也有职业教育。但小学后教育阶段虽为单轨制,但地方上的职业教育中心会提供一些职业性课程,为小学毕业生提供职业培训,如为初等教育毕业的女生提供家政类职业课程,如家务活、烹饪和缝纫等。这些课程都是由女性技术教育中心提供的,并提供职业培训证书。其他专业的培训,如工艺品和手工制品的培训,由区域职业教育中心提供,成绩较好的学生会参加国家考试,以获得职业培训证书。在一些职业教育中心,也为初等教育肄业的年轻人提供一些实用技术课程,但人数较少。值得一提的是,相当一部分的初等教育肄业生接受传统的学徒教育,目的是培养出色的手工艺者。

塞内加尔的中等教育入学人数比较低,只有不到1/3的初等教育毕业生能升入中等教育阶段进行学习,但职业教育实行开放办学,为愿意学习技的年轻人提供机会,并帮助就业。

在塞内加尔,高等职业教育属于高等教育的一部分,包括大学本科和硕士两个阶段。高等职业教育的办学机构主要是技术和职业教育高校、达喀尔高等多科技术学院等。接受高等职业教育学习的学生可获得高级职业培训证书(BTS)或相应的教育证书。

塞内加尔的职业教育体系比较灵活,职业教育包括了从初等到高等教育各个等级,而且学习形式也不一样,满足了不同群体的多样化需求。

第三节　四国职业教育与劳动市场的联系

一、科特迪瓦

从 1960 年开始,科特迪瓦的经济经历了三个阶段的变化:1960—1970 年的十年经济腾飞,产业部门带动就业的成效显著,政府部门是最大的就业提供者。在整个西非地区,1960—1980 年科特迪瓦就业者的工资增长是最快的(年均增长 7%)。1980—1990 年的危机期间,就业供需之间出现了严重的失衡,企业大批裁员,员工工资待遇一落千丈。据统计,1980—1992 年,总共减少了 9 万多个就业岗位,其中超过 1/3 是在私营部门。根据已有数据显示,在 20 世纪 90 年代下半期,就业岗位有一定的增长,但这种增长主要属于非正规就业岗位。中小企业成了创造就业岗位的主要部门。具体就业情况如表 3-5 所示。

表 3-5　20 世纪 90 年代科特迪瓦的就业情况

人口	1990 年		1995 年		1998 年	
	人数	%	人数	%	人数	%
职业人口	3182000		5274532		6071958	
就业人口	3630000	100.0	5022539	100.0	5710523	100.0
农业部门*	2547000	70.2	3014277	60.0	3348819	58.6
非农业领域**	405000	11.1	454254	9.0	552118	9.7
非正规部门**	678000	18.7	1554008	31.0	1809586	31.7

资料来源:Ministry for Economy and Finance(Ministère de l'économie et des finances,Ministry of Employment and the Civil Service/Agency for the Study and Promotion of Employment(AGEPE-Observatory)。

说明:*不包括食品加工业;**不包括农业。

在这种情况下,首都阿比让(Abidjan)失业率高达 14.6%。失业最多的是在农业部门和城市非正规部门。就业研究和促进机构对 3000 家非正规部门企业的一项调查结果,提供了就业分布情况指标。但就业统计信息中并没有关于职业教育毕业生的失业情况数据。具体信息如表3-6所示。

表3-6 1998年非正规就业岗位的分布情况(根据行业和性别)

职业领域	男性		女性		总计	
	人数	%	人数	%	人数	%
采矿业	4509	0.6	2857	0.3	7366	0.4
工业	275465	36.4	88260	9.3	363725	21.3
建筑和工程	53143	7.0	2857	0.3	56000	3.2
运输	11429	1.5	5715	0.6	17144	0.1
商业	260026	34.4	749256	78.6	1009282	59.0
服务业	152271	20.1	103500	10.9	255771	15.0
总计	756843	100.0	952445	100.0	1709288	100.0

资料来源:Agency for the Study and Promotion of Employment/AGEPE - Observatory. Survey on the standard of living of households,1998。

进入21世纪以来,科特迪瓦的经济增长处于较低水平(1999—2003年,年增长率为-1.6%;2004—2008年为1.3%;2009—2011年为-0.8%)。国内生产总值(GDP)的增长率也呈下降趋势。自2011年下半年以来,科特迪瓦政局开始稳定,社会发展向好,经济开始复苏。2012年,科特迪瓦的GDP增长率达到10.7%,2013年和2014年增长率分别降到了8.7%、8.0%。于是,公共部门开始加大对基础设施(交通、能源、健康和教育)的投资,职业教育发展也提上了议事日程。私立部门在矿业、农业、能源和房地产领域的投资也拉动了国内需求。农业仍然是经济复苏的主要推动力之一,农业产值占国内生产总值的22%。通货膨胀保持较低状态。自2011年以来,财政状况由于税收制度的不断完善和经费严格控制而得到持续改善。全国财政赤字由2012年占GDP的3.2%,下降到2014年的2.3%。

改革在吸引了私立部门投资的同时,也改善了政府的治理水平和商业环境。近几年来,科特迪瓦在经济领域的改革成绩显著,2016年GDP增长达到8.4%,2017年,GDP增长也接近8%。然而,在经济较快增长的同时,要加大创收、减贫、改善社会发展指标和减少高失业率,这对科特迪瓦来说仍然是巨大的挑战。

2014年,科特迪瓦的人口为2280万,虽然人口增长率呈下降趋势,年增长率从2009年的3.1%下降到2014年的1.96%,但仍处于世界较高水平。据世界人口咨询局的数据显示,2014年15—54岁的人口约占总人口的54%,65岁及以上人口只占3.3%。

高失业和非正规就业给国家稳定带来很大挑战。据统计,科特迪瓦每年约有40万新增劳动力涌入就业市场。其中很多人并没有接受过职业教育和培训,有些属于中小学校的辍学者,这些人进入劳动力市场后,只能从事低技能、缺少稳定性的劳动。科特迪瓦政府已经注意到了这些,并开始进行国家干预,比如提供免费的技术培训等,希望所有人在进入工作前都能学到必要的劳动技术。

科特迪瓦所面临的就业问题与撒哈拉以南很多国家相似。有迹象表明,近年来的经济高增长对提高就业和降低失业起到了积极作用。据统计,失业率从2012年的8.7%降到2014年的约6.7%。在2011—2013年,正规部门仅提供了19万个就业岗位,其他就业岗位均为私营部门提供。就业人口中,80%属于自主创业或在农业部门就业。仅有17.4%的就业者拥有工资收入,而且集中在城市地区。相比之下,76.2%的就业者属于自由职业者(46.9%在农业部门就业,29.3%在非农业部门就业)。

为促进就业,增加体面就业人数,科特迪瓦政府出台了新的就业政策,内容包括:支持民营企业发展,促进经济增长,创造就业机会;增加人力资本投资,提高劳动生产率;及时调整和完善就业政策,促进就业的合理化。然而,新政策的推力仍然集中在正规部门的就业方面,对于农业和非农业部门的自主创业者,尤其是穷人和生活在农村地区的居民应该给予更多的政策关照。

二、马达加斯加

马达加斯加的就业主要集中在农村地区,农业吸纳了大约77%的就业人口,而且7—15岁儿童参加劳动的情况在农村比较普遍,这部分儿童基本上都是学校辍学者。在城市,这种情况要好得多,城乡差距十分明显。

失业情况却正好相反,农村的失业率最低,越大的城市失业率越高。这主要是因为城市人口增长较快,城市人口增长的原因有两个:一是自然生长率高,缺乏有效人口控制;二是农村人口尤其是农村青少年,涌入城市寻找工作的现象越来越普遍。

为了应对国内失业问题,防止失业率的进一步恶化,同时也是为了促进就业,马达加斯加政府早在20世纪90年代就建立了"国家就业和培训观察"系统,但由于缺少运行经费等,此系统并没有发挥很好的作用。据研究者Ramilison于1997年在首都塔那那利佛地区开展的一项调查显示,大约有45.3%的职业教育毕业生在离开学校不到一年后找到了一份较为稳定的工作。职业教育毕业生离开学校后找到第一份工作的平均时长是14.7个月,比高等教育毕业生的13.7个月要长一个月。

2009年马达加斯加发生政治危机,社会秩序陷入混乱,经济每况愈下,基础设施建设遭受重创,粮食大幅减产。久拖不决的政治危机导致外来投资锐减,失业人口进一步增加。据联合国开发计划署统计,政治危机时期马达加斯加的失业人数超过 22 万。2014 年埃里·马夏尔总统执政后,制定了国家中长期发展规划,致力于改善投资环境,吸引外国投资,创造就业机会,同时积极争取国际援助。但近年来的总体经济形势并不容乐观,据中国驻马达加斯加大使馆公布的数据显示,2015 年,马达加斯加全国人口 2422 万,25 岁以下人口占总人口的 65%,就业人口占总人口的 63.4%,其中第一产业(农业、牧业、渔业)占到就业人口的 80%。2016 年 GDP 总量为 317690 亿阿里亚里,约为 100 亿美元。人均 GDP 仅 417 美元。2017 年的经济增长率也只有 4.2%,通货膨胀率却高达 7%。

马达加斯加自 2009 年 1 月下旬首都等地发生严重骚乱和流血冲突以来,党派纷争不断,总统大选一波三折,因政局多年不稳而致使国家元气大伤,经济和社会发展无力,民生、就业和国家治理、社会治安等问题突出。

三、马里

马里的劳动力市场特点与科特迪瓦和马达加斯加比较相似,随着生产和贸易服务的市场化发展,所谓的"非正规部门"接纳就业人数的比例会越来越高,对社会发展带来了积极影响,当然,这种影响对就业观念的转变尚待时日。

据仅有的资料显示,在 20 世纪 90 年代,马里的城市人口失业率很高,保持在 10% 以上,在公共部门提供就业岗位十分有限的情况下,人们不得不选择到私营或非正规部门就业。资料显示,在私营和非正规部门就业的人数占总就业人口的 22%,比塞内加尔高一点,但却比科特迪瓦低一些。[1]

据 1996 年马里国家就业和培训观察中心开展的一项调查显示:职业教育毕业生找到工作的比例很低。该结果是根据 1993 年在莫菩提(Mopti)和高(Gao)这两个地区对取得职业教育文凭的年轻人进行的抽样调查得出的。结果显示,在进入劳动力市场 36 个月后,所调查的群体中只有 44% 的还在工作。此外,不同社会阶层家庭的子女在竞争性就业选择中的差距也非常明显,与公共部门工薪阶层的子女相比,来自农村的青年男女处于更加不利的地位。另外,关于自主创业的调查显示,由于教育和培训系统并不能为学习者提供自主创业的机会和技能,接受调查的毕业生中只有不到 4% 的人选择了创业。这说明在培训机构与劳动力市场之间建立密切的关系是十分必要的。

---

[1] David Atchoarena, André Delluc, 2002. Revisiting technical and vocational education in sub-Saharan Africa: an update on trends, innovations and challenges[J]. Paris: UNESCO, IIEP, p125.

马里曾被称为"西非皇冠上的明珠",其黄金产量为非洲第三,但2010年马里的人均国内生产总值只有600美元,人均寿命不足50岁,是世界上最不发达国家之一。根据联合国《2018年人类发展报告》统计,马里在全球189个国家综合发展排名中名列第182位。80%的就业人口是在农牧渔业,农牧渔业产值占整个国家国内生产总值的1/3。2012年3月马里发生军事政变,自此以后,社会一直动荡不安,恐怖事件时有发生。2015年11月20日,马里首都巴马科的一家酒店遭恐怖分子袭击,致27死,遇难者有3名中国人。社会动荡考验着本已脆弱的马里经济,并将影响到劳动就业,马里现政府能否提振国力,改善国家治安,确是一件值得期待的事情。

四、塞内加尔

塞内加尔是一个农业国,花生是其最重要的经济和出口作物,其他产业还包括渔业、采矿、制造业和旅游业。塞内加尔有丰富的磷酸盐和铁矿储量。作为西非国家经济共同体成员国之一,塞内加尔正在努力实现区域一体化。不过,极端贫困所带来的城市人口的高失业率、社会经济发展的不平衡以及青少年犯罪问题一直困扰着这个国家。根据联合国《2018年人类发展报告》,在全球189个国家综合发展排名中,塞内加尔名列第164位。

与西非其他法语国家相类似,随着私有化和市场化的推进,塞内加尔的公共就业部门在20世纪90年代也出现了退化,但私营企业提供的就业岗位仍然有限,这样就带来了就业的压力和失业人口的增加。一方面,非正规部门通过吸收剩余劳动力缓解就业压力,也促进了劳动力市场供给与需求之间的平衡;另一方面,政府部门的公务员岗位仍然是全社会关注的热门工作,虽然薪水收入并不太多,但由于地位高、社会保障好、可以获得物质与非物质补偿等间接优势,受到年轻人的热捧。目前塞内加尔的就业服务体系尚不完善,政府管理部门应在劳动力市场的建立上发挥更大作用,逐步建立起规范的劳动力市场机制,为劳动力市场运行提供保障,同时对职业教育的毕业生给予更多的关注。

五、结语

通过对上述四个非洲法语国家的职业教育体系及其在整个教育体系中地位的比较研究,以及职业教育与劳动市场的联系的分析,揭示了这四个国家职业教育的主要特征。除了国家的特殊性之外,这四个国家的职业教育常常遇到相同的难题,尤其是在供需平衡方面。这些问题存在的根源,一定程度上可能是因为受到法国教育模式的影响,虽然这种教育模式在今天的法国早已所存无几,但在说法语的非洲国家仍随处可见,而且还伴生了大量的僵化制度,表现出应对经济社会发展挑战的滞后和迟钝等。

非洲法语国家职业教育体系最显见的缺陷之一就是忽视非正规经济部门的作用,特别是具有手工技艺传统的小微企业的作用。在传统的学校制度下,职业教育并没有把传统学徒制考虑进来,尽管这一部分对经济发展乃至就业的作用都十分重要。很大程度上受到瑞士和德国双元合作职业教育的影响,越来越多的非洲国家认识到了建立起与企业合作开展职业教育的重要性。如多哥在这方面取得了显著成效,其他国家(如塞内加尔、贝宁)也正在积极效仿。

第四章　埃塞俄比亚职业教育发展与改革

到 2017 年,埃塞俄比亚的人口已经超过一个亿,是非洲人口第二大国。埃塞俄比亚全国约有 80 多个民族,各民族都有自己独特的语言和风俗习惯,共有 83 种语言和 200 种方言。其中较大的民族有奥罗莫族、阿姆哈拉族、提格雷族和索马里族等。阿姆哈拉语为联邦工作语言,通用英语。第二次世界大战以后,国家开始重视教育,开办了各级学校,建立了较为完善的教育体系。但由于长期的战乱、纷争和自然灾害,教育发展一直十分缓慢,绝大部分适龄人口仍然没有机会或没有能力接受正规的学校教育。

20 世纪 90 年代中期以来,埃塞俄比亚政府表现出对发展职业教育的关注,发布了多项有关职业教育的政策性文件,促进了职业教育的发展。随着职业教育规模的扩大,职业教育经费短缺问题也就更加突出,成为埃塞俄比亚政府必须面对的一大难题。埃塞俄比亚政府通过采取职业院校创收计划、雇主投资职业教育计划、吸引外部资本投资职业教育以及毕业税成本分担等措施,希望多渠道、多元化筹措职业教育经费,以减轻公共财政的压力。

第一节　埃塞俄比亚职业教育发展轨迹

像世界上许多国家一样,埃塞俄比亚现代职业教育的发端早于普通教育,但发展一直缓慢,且多有波折。即使到了 20 世纪六七十年代,联合国教科文组织、世界银行等在非洲大陆推行"职业化"运动,也没能为埃塞俄比亚职业教育带来长期稳定的发展。自 20 世纪 90 年代中期开始,埃塞俄比亚政府对职业教育给予了更多关注和重视,在国家教育发展五年规划中,明确提出了有关职业教育的发展目标和措施,2004 年颁布的《职业教育和培训宣言》,更是具有职业教育法的地位。

一、职业教育的初步发展

19 世纪 40 年代中期,埃塞俄比亚教育体系中引入了职业教育。在此之前,传统形式的手工学徒制已存在于冶金、纺织、制革、珠宝和制陶等手工业作坊当中,但是这些行业总是被社会所轻视,只有宗教、司法、军事和农耕等才被视为社会所接受的职业。因此，受传统观念的影响，家长很不情愿把孩子送到职业学校读书，他们担心自己的子女也会像以前的手工业者一样，被社会所轻视，沦为三等公民。但正规的技术学校还是受到普遍的欢迎，因为这类学校在今天看来属于职业教育，但在当时却是十分难得的稀缺教育。例如，在19世纪中期，特斡佐斯（Tewodros）皇帝创办了埃塞俄比亚历史上第一所公立学校，它就是一所技术学校，位于今天的阿姆哈拉州。学校的主要目的和功能是培养军工技术生产人员，抵御殖民者的侵略。到了20世纪30年代初期，除去教会办的学校外，埃塞俄比亚全国有中小学校30所。在意大利占领期间，埃塞俄比亚的教育同经济一样遭到严重损害，非教会学校被关闭，很多教师被杀害或被逮捕。

第二次世界大战后，随着职业教育体系的逐步发展，职业教育课程的针对性增强，加之国家建设需要各类人才，职业教育的学生毕业后一般都能找到一份稳定的工作，人们的观念也开始发生变化，越来越多的学生选择到职业学校学习。当时，举办职业学校的单位或组织主要有：政府部门、集体组织、宗教机构、私营及个体企业、劳动和就业协会等，但是职业学校的数量与规模发展并不快，远不如普通教育。

20世纪60年代起，埃塞俄比亚职业教育的发展一直受到来自联合国、苏联、美国、意大利和其他国家非政府组织的援助和支持。在美国援外团的帮助下，埃塞俄比亚还建立起了类似于美国综合高中的办学模式，在普通中学中开设职业性课程，先后一共有105个职业性课程模块引入到中学课程中，主要分四个领域：工业艺术、家庭经济、商业和农业。在普通学校中开设职业性课程的目的，一方面是要培养劳动者的价值观，提高劳动效率和工艺水平；另一方面也希望借此能够提高青少年实践能力，提高毕业生的就业率。在学校总学时中，职业性课程占到20%左右，约合160个学时，其他时间均提供学术性课程，以帮助学生参加国家考试。

20世纪60年代，在苏联的帮助下，埃塞俄比亚在巴赫达尔地区建立了国内第一所多科技术学院，可容纳1000名学生，培养农业机械、工业化学、电力、纺织和金属加工技术方面的专业人才。20世纪70年代，埃塞俄比亚的职业教育开始广泛引入苏联的中等技术教育模式，在9—10年级的学生中先开设综合技术课程，然后再进行三年的职业技术教育。这项计划是为了培养中等层次的熟练技术员，以及技术、管理或行政岗位上的专职人员。另外，普通高中也开设一定数量的工艺技术课程。这样，那些高中毕业不能继续接受教育的学生也能够进入劳动力市场，有望谋取技术性的工作岗位。

除了政府的作用外，非政府组织和宗教群体在埃塞俄比亚职业教育和培训中也扮演了重要角色。但由于教育资源的缺乏、教育质量的落后和职业教育的终结性,以及教育理念上的差异,20世纪六七十年代在埃塞俄比亚所进行的这些职业教育实验项目大都没有取得预期的效果,最终招致失败。

可以看出,战后的前二三十年时间里,埃塞俄比亚政府在发展教育上主要是向外国学习和借鉴办学模式,同时也在积极争取多方的援助,先是以"西方"为主,后来又转向"东方"。但无论是美国的综合高中模式还是苏联的中专教育模式,最终都没有在埃塞俄比亚成长起来。虽然其中的原因会很多,也可根据当时的背景或环境找出种种缘由,但仅就教育自身发展的规律和过程来看,"水土不服"无疑是最好的解释。

二、军政权时期的职业教育发展

20世纪70年代中期,埃塞俄比亚发生军事政变,建立了以门格斯图为首的集权统治,在教育领域进行了一系列改革,对原有的教育体系进行大刀阔斧的整顿。军事政权在突出公平的同时,强调教育要与生产劳动相结合,为国家和社会培养劳动者。这一时期的职业教育得到前所未有的发展,主要是在全国各地建立了许多社区技能培训中心(为埃塞俄比亚非正规职业教育机构中的最大、最主要部分),并作为国家教育体系的一部分。培训中心的目标是为了提高当地居民的技术水平、提高社区的生产力。培训中心的课程涉及商业贸易、农业和手工业生产两大领域,涵盖多个具体的岗位技能,如编织、缝纫和刺绣、木工、陶瓷、燃料节省炉的制作和使用、蜡烛和肥皂的制作、印染、篮子和席子的编制、金工、农业生产、家庭经济、木工与建筑等。这些培训中心都是由不同的政府部门来举办的,如由农业部开办的农民培训中心,希望通过技术培训来提高农民的生产技术。各地农民培训中心主要是对周围农民进行3—6个月不等的培训活动,内容多涉及农业贸易知识和农业生产新知识、新技术方面的培训。一开始全国建立了12家农民培训中心,后来又不断增加,规模进一步扩大,培训农民的数量也很可观。据统计,1974—1988年,埃塞俄比亚培训的农民超过20万人次。到了1995年,仅奥罗米亚州就有175家技能培训中心,2001年参加培训的学员达到3000人,比6年前增加了一倍,而且女性学员略多于男性。

这一时期政府也十分重视发展正规的职业学校教育。20世纪80年代中期,教育部在全国相继开办了9所职业技术学校,当时的职业学校大多数都是公立的。1985—1986学年,职业教育在校生有4200多人,企业十分需要这些毕业生,所以就业需求旺盛。军事政权时期埃塞俄比亚职业教育的发展很大程度上是一种政治导向性使然,是意识形态在教育领域的价值表现,也是当时的东、西方两大阵营势力在非洲角逐及寻找代言的结果所致。军政权时期的埃塞俄比亚在政治上完全倒向"东方",在教育政策和办学模式上也不得不听从苏联的安排。这种"非常态"教育发展模式,必然违背教育发展规律,也不可能实现持久发展。

当然,从绝大多数发展中国家职业教育的地位和影响、受教育对象来看,职业教育多处于弱势地位,仅靠市场化力量很难使得职业教育地位得到提升,教育公平也难以在短时间内得到体现。因此,从世界职业教育发展的历史进程和经验积累来看,在国家职业教育发展过程中,必须始终坚持政府的主导作用,在职业教育经费保障、质量管理、公平发展等方面,政府的主体功能更为有效。军政权时期埃塞俄比亚职业教育发展得较好,很大程度上是政府力量主导的结果。但这并不是说职业教育的发展不需要市场,而是说市场化并不能替代政府的主体地位。至于政府与市场、社会等的角色如何定位、作用界限如何划分,不同国家或地区存在一定的差异性,这种差异性是由于受到政治、经济、文化、教育等要素的影响而导致的。所以,不同国家、不同时期的职业教育发展需要考虑到这些要素的影响,在遵循教育规律的前提下,制订出符合各自国情的职业教育发展计划。

三、21世纪以来的职业教育发展

进入21世纪以来,在"联合国千年发展目标"驱使和激励下,埃塞俄比亚政府积极努力地建设国家,经济发展连续多年实现高速增长。与此同时,埃塞俄比亚的各级各类教育也开始进入较快发展时期,基础教育入学率稳固提高,高等教育实现大扩招,高校从21世纪初的几所发展到现在的几十所,入学率显著提升。

职业教育方面,从2000年8月开始,埃塞俄比亚政府采取措施,加强能力建设,提升人力资源开发力度,积极发展职业教育,在全国建设和改造了大量的职业学校。政府在旧学校整顿、新学校建设、新专业开办等方面的广泛努力,进一步增加了职业教育的入学机会和入学人数。与20世纪90年代相比,职业教育规模有了很大的发展,比如公立职业学校和培训机构在1993年仅有17所,而2002年增加到126所;此外,私立职业教育机构也有了一定发展,共有40多家教育机构开始招收职业教育方向的学生。据不完全统计:2001—2002学年,13所公立和10所私立职业教育机构共招收学员4561人,其中公立学校招收2631人,女生约占到17%。除此之外,在四个州还建立了25个技术发展中心,相继共培训学员8156人,其中女学员占30.4%。

到2003—2004学年,公立职业教育机构增加到133所,入学人数增加到

102649 人,女生入学比例大幅提高,占到 51.1%,在职业教育领域基本实现了性别平等。随着中等职业教育的发展,高等职业教育也开始建立,主要做法是把部分中等职业学校升格为高等技术学院。2003—2004 学年,政府把 15 所中等职业学校已经升格为高等技术学院,另有 3 所教师教育学院也开办了职业技术专业和课程。①

到了 2006—2007 学年,职业教育的总入学人数是 191151 人。到了 2010—2011 学年,入学人数增长到 371347 人,这个数字与应该入学的学生人数相比还是比较低的,而且与上一学年入学人数相比,增长的幅度很小。同一学年,女生的人数占到 46.2%,性别之间还相对平衡。当然,这一官方公布的数字并不包括民办职业院校的信息,实际情况可能会有一定的出入。具体见表 4-1。

表 4-1 职业教育入学人数变化趋势　　　　　　　　　单位:人

学年	2006—2007	2007—2008	2008—2009	2009—2010	2010—2011	年均增长率/%
男	107327	119123	165910	196937	199799	16.4
女	83824	110129	142591	156483	171548	19.1
总数	191151	229252	308501	353420	371347	17.6
女生比例/%	43.9	48.0	46.2	44.3	46.2	—

就职业教育机构的发展来看,2010 年埃塞俄比亚全国有职业学校 460 所,十年间增长近 4 倍。其后几年,职业学校的数量增长更快,2014 年全国职业教育机构(高职、中职、培训中心等)已增加到 1350 所,年均增长超过 20%,仅 2013 年到 2014 年这一年间,就新增了 913 所职业学校,提前完成第四个教育发展五年规划中所提出的"到 2015 年职业学校数达到 1127 所"的奋斗目标。

为了促进职业教育的更快更好发展,同时也给职业教育发展创造良好环境,埃塞俄比亚教育部着手对职业教育课程进行了改革,对职业教育学校的教师进行了技术提高培训,并聘请了一些外籍教师来弥补国内专业教师的短缺。但由于受经济发展水平的制约,国家在职业教育发展上遇到的最大困难就是经费投入严重不足,由此导致职业教育基础设施缺乏、课程建设滞后、专业教师短缺、地区间发展不平衡等问题十分突出,使得职业教育的办学质量难以提高,与劳动力市场对人才质量和结构的要求存在较大的差距。

---

① Ministry of Education. Education Statistics Annual Abstract[R]. Addis Ababa,2004:35.

四、政策推动下的职业教育发展

21 世纪以来,埃塞俄比亚职业教育的较快发展是与政府重视、政策推动、市场需求分不开的,埃塞俄比亚政府把发展职业教育作为国家实施人力资源开发战略的重要手段。从职业教育发展的政策层面看,自 20 世纪 90 年代中期"埃革阵"执政以来,政府发布了多项政策性文件,促进了职业教育的发展,如"以农业发展促进工业化"战略、"过渡期减少贫困战略白皮书"、"2001—2010 年发展框架和行动计划"、"教育和培训政策"、"职业教育宣言",以及"教育发展规划"等,其中许多内容均强调了教育和培训在促进平等、降低贫困等方面的重要作用。下面对后三个政策内容进行简要评介。

(一)教育和培训政策

1994 年,埃塞俄比亚过渡政府颁布了一项关于发展教育方面的战略性文件,即《教育和培训政策》,提出了国家教育今后发展的三大转向:课程要更加适应社会的需要;提高教育质量;扩大基础教育和职业教育规模。《教育和培训政策》的第三部分规定了职业教育的各项发展目标和发展举措。其主要内容如下:

(1) 把职业教育提高到与普通教育同等重要的地位,为各级各类教育的失学和辍学人员提供多样性的职业教育。

(2) 为小学失学者或相当年龄人员提供农业生产、工艺技术、建筑和基本的书写能力等方面的学徒式培训。

(3) 为小学毕业后不再接受普通教育的人员提供农业、工艺技术、建筑、商业和家政等方面的职业教育。

(4) 为初中毕业生提供技术培训,培养中等技术水平的劳动力。

(5) 帮助大中专在校生参加技术学习和高等教育学习,获得必要的专业和生活经验。

(6) 帮助职业学校教师和研究人员获得必要的专业实践经验,了解行业发展,促进教学质量的提高。

(7) 调整职业教育课程计划和内容,保证学生和参加学习者获得必要的企业管理知识、职业态度及生产技能。

(8) 鼓励开展职业教育实践研究,采取必要措施促进各项目标的实现。

《教育和培训政策》成为自 20 世纪 90 年代末以来埃塞俄比亚职业教育和培训改革与发展的基本方针,对职业教育的发展具有重要的指导意义。

(二) 职业教育宣言

2004年颁布的《职业技术教育和培训宣言》(以下简称《职业教育宣言》)在埃塞俄比亚职业教育史上具有里程碑意义。在《职业教育宣言》颁布之前，这个国家的职业教育在管理体制上一直处于无组织状态，没有专门的机构来进行质量监管和制定相关的职业教育标准，也没有明确界定地方政府和联邦政府在举办职业教育上的义务及管理上的职责划分。2004年的《职业教育宣言》首次明确规定了各级政府在举办不同层次的职业教育方面的权限和责任。埃塞俄比亚的职业教育分为三个层次，即基础级、初级和中级，分别相当于我国的短期职业培训、初级职业教育和中等职业教育。《职业教育宣言》中规定，这些职业教育可以由政府组织举办，也可以由非政府组织和私人举办。《职业教育宣言》还清晰勾勒了三个层次职业教育的人才培养目标以及培训的领域、入学标准、教学方法、培训期限、课程标准等。此外，《职业教育宣言》还具体规定了办学资质的审定与批准、办学权限与资质的更新等相关问题。

然而，《职业教育宣言》似乎并没有承诺给予私人部门参与公共领域职业培训的更多介入权，既没有暗示，更没有表明私人部门在职业培训领域的身份地位以及质量控制要求等。事实上，这些重要领域的职业培训需求分析以及质量控制一直都是由地方政府和联邦政府来操作的。政府甚至要求私人培训机构的培训账单都应该由政府部门而不是中介机构来审查。另外，《职业教育宣言》对高等教育阶段的职业教育发展也没有进行明确的界定，比如，什么是高等职业教育？如何发展高等职业教育？等等。事实上，在《职业教育宣言》发布的时候，埃塞俄比亚政府已把十多所中等职业学校升格为高等职业技术学院。

《职业教育宣言》还提出了几大发展战略，其中包括农村发展战略、能力建设战略、企业发展战略和教育与培训发展战略。显然，每一项发展战略的实施都需要大量的专业技能人才。因此，大力发展职业教育，加快各类技术人才的培养，是实现几大发展战略目标的必要选择。

(三) 教育发展规划

除了2004年的《职业教育宣言》外，埃塞俄比亚政府自20世纪末开始制定并实施教育发展规划，2006年是第三个教育发展规划的开局之年，2015年是第四个教育发展规划的收官之年。在每一个教育发展规划中，都有关于职业教育和培训的相关条款和内容。如第一个教育发展规划(ESDP-I, 1997/1998—2001/2002)是一个关于重建和扩大国家教育体系的专门性计划，目标是在促进更大社会公平的同时,全面提高教育水平。该教育发展规划提出,埃塞俄比亚教育发展的长期目标是到 2015 年基本普及小学义务教育。该教育发展规划共分六个部分,其中第三部分是关于职业教育的,内容包括:开展就业市场调查,鼓励私营部门参与职业教育的专业建设和课程设计,提供培训项目等。①

在第二个五年教育发展规划(ESDP-Ⅱ,2002/2003—2004/2005)中②,埃塞俄比亚政府计划到 2005 年使职业教育的招生规模达到 13 万人。为了实现这一目标,国家计划采取下列战略行动计划:

(1) 构建并实施职业教育机构、设施和教师标准。

(2) 建立一种法律框架,用来规范政府和非政府的职业教育机构行为。

(3) 建立有各方权利人参加的包括私立机构在内的联邦和地方层面的职业教育理事会。

(4) 精简各层次职业教育的组织机构,提高管理能力,增强职业院校教师的教学能力。

(5) 修订 10+1,10+2 和 10+3 学制的单元模块课程。

(6) 开发以需求为导向、多层次、面向不同领域的新专业,如法律、卫生、体育教育等。

(7) 新建 40 所职业教育机构,对现存 75 所大中专院校进行改造和改组。

(8) 通过在职培训提高 1800 位职业教育教师的专业技术能力。

(9) 将现有的 8 所职业教育学校升格为 10+3 制的高等职业技术学院,新建 7 所高等职业技术学院。

(10) 与高等教育机构联合培养 1500 名职业教育教师。

(11) 引进远程教育课程,提高职业教育教师的专业化。

(12) 建立并实施激励机制,促进私立职业教育发展。

(13) 为学生提供创业指导课程,不但使他们具备专业技能,而且具有自我创业能力。

(14) 推行并完善成本分担机制,减轻公立学校的经费压力。③

上述第(1)(4)(8)(10)(11)条都是关于职业院校师资队伍建设方面的内容。可见,埃塞俄比亚政府已经认识到师资水平和教师数量对于发展职业教育的重要意义,师资短缺是一个致命的问题,必须加大建设力度。因此,根据上述

---

① 陈明昆.埃塞俄比亚高等教育研究[M].北京:中国社会科学出版社,2009:90.
② 同①:67.
③ Ethiopia:Sustainable Development and Poverty Reduction Program July,2002.

行动计划，埃塞俄比亚政府很快在亚的斯亚贝巴大学等五所高校新开设了一些职业教育专业，培养职教师资，当年共招收 2285 名学员。另有大量的在职教师参加了夏季班的学位课程学习，有 643 名职业教育学校的新老师参加了岗位技能培训，有 118 名信息技术教师参加过计算机使用与维护知识培训。

根据埃塞俄比亚教育部发布的教育统计年鉴，截止到 2005—2006 学年（埃塞俄比亚历 1998 年），埃塞俄比亚有公立职业教育机构 113 所，非公立职业教育机构 156 所，全日制和夜校学习总人数为 123557 人，(其中，女性为 62142 人，占 50.3%)，而实际数字可能还高于这个总人数，因为有部分职业教育机构没有统计进来，既有公立的也有私立的。[①]因此，第二个教育发展规划提出的职业教育发展目标，尤其是关于招生规模达到 13 万人的目标应该是实现了的。

第三个教育发展规划(ESDP-Ⅲ，2005/2006—2010/2011)提出："未来五年，将着重建立起以质量和需求为导向的职业教育体系，培养合格的技能型人才，为实施可持续发展及减少贫困服务。职业教育的入学人数将从目前不到 10 万人增加到 2010 年的 31.54 万人。为适应入学人数的增长和提高教育质量，埃塞俄比亚政府将在公立职业教育机构投资新建 3304 个教室和实习车间，新增 4561 个职业学校教师岗位，且所有教室和实习车间的设施均要齐备。外籍教师人数将从目前的 69 人增加到 2000 人。加强对在职教师的继续教育培训，包括职业资格和专业能力的提升培训。"[②]在教育发展规划的推动下，埃塞俄比亚的职业教育实现了前所未有的大发展。2007 年公立和非公立职业学校达到 388 个，年招生总数为 19 万多人。具体各年招生情况见表 4-2。

表 4-2　2003—2007 年职业教育年招生人数变化[③]　　　　　　　　单位：人

学年	2002—2003	2003—2004	2004—2005	2005—2006	2006—2007	年均增长率/%
男	37377	45798	51940	61615	107328	30.2
女	34785	41360	54396	62142	83824	24.6
总计	72162	87158	106336	123757	191152	27.6

埃塞俄比亚政府已清醒地认识到，21 世纪经济的增长依赖于国家在提高国民生产能力过程中所采取的各项政策，而教育措施的得当与否将起到关键作用。显而易见，就教育发展规划中所描绘的发展远景与当前埃塞俄比亚

---

① Ministry of Education. Education Statistics Annual Abstract[R]. Addis Ababa. 2007：11.
② Ministry of Education of Ethiopia. Education Sector Development Program Ⅲ[C]. Addis Ababa August，2005.
③ Ministry of Education. Education Statistics Annual Abstract[R]. Addis Ababa. 2008：50.

职业教育发展所面临的困难相比,改革任重而道远,比如教育质量、教育公平等无疑成为关注的重点。每个教育发展规划所描述的改革目标是宏伟的,但是要取得成功,无疑在前进的道路上还充满着各种挑战。

埃塞俄比亚政府制定的第四个五年教育发展规划(ESDP-Ⅳ,2010/2011—2014/2015)进一步明确提出职业教育的主要目标,是"为培养中等层次的人力和适应技术发展的需要,同时为降低贫困和实现可持续发展服务"。① 为实现这个目标,以适应国家发展对技能型人才的需求,国家将采取多项促进职业教育发展的行动计划,包括教师培养、课程改革、专业建设、新建和扩建一批职业院校等。

(四)影响职业教育进一步发展的因素

目前,影响埃塞俄比亚职业教育进一步发展的因素可分为两大类:一是那些直接的、显在的构成要素,包括硬件设施、教师、办学经费等。二是一些潜在的、隐形的、间接的发展环境。其中包括:现代就业市场规模和潜力不足,劳动力市场活力需要提高;职业教育的课程内容缺少针对性,过于刚性化,往往是计划导向而不是就业导向;职业教育机构与企业的联系较少,校企之间缺少有效合作;缺乏对毕业生的就业指导和创业教育等。

埃塞俄比亚的职业教育涉及的就业领域主要有:技术、商业、家政服务、农业、制革技术等,所提供的学习类型既有全日制也有夜校,有中等职业教育也有一些高等职业教育,还有各类技术培训。虽然整个社会的技术水平很低,但职业教育在这个国家并不像人们想象的那样受到欢迎,对普通教育特别是普通高等教育的热衷远远超过了职业教育。现有的职业学校由于办学条件落后、合格教师短缺、课程内容不符合职业实际、企业参与度低等原因而导致职业学校培养出来的学生在就业市场上并不看好。这也就在一定程度上解释了为什么近年来埃塞俄比亚的中等职业教育总入学人数又呈下降趋势的原因。如表4-3所示。

表4-3 2009—2014年埃塞俄比亚职业教育入学人数统计②

学年	2009—2010	2010—2011	2011—2012	2012—2013	2013—2014	年均增长率/%
学生注册	353420	371347	320225	238884	238049	-7.6
教师	11716	12890	12990	12779	14445	4.3

---

① Ministry of Education of Ethiopia. Education Sector Development Program Ⅳ[C]. Addis Ababa,2010:54.

② Ministry of Education. Education Statistics Annual Abstract[R]. Addis Ababa. 2015:68.

目前，许多国家都寄希望于职业教育能给本国经济带来发展。事实上，影响职业教育发展的因素很多，经济发展的驱动力也很多，这里就存在着是教育驱动经济还是经济驱动教育，还是二者互为表里的问题。早在2001年，有关对埃塞俄比亚七个地区的192名雇主的调查显示：在工商管理、机械、计算机科学以及法律领域要招聘到合格的新员工很难，市场人才缺乏。另一项专门调查也表明：在教师、农林、医疗服务、工商管理和计算机科学领域有很多就业需求。为此，埃塞俄比亚政府下属的能力培训部于2003年4月推出了未来五年的"能力培训计划"，培训的重点领域与社会保障、资源服务、信息与远程通信发展、司法系统改革、税费改革以及城市管理等方面相关，所有这些意味着在教育和培训方面，要优先考虑金融管理、公共管理、法律、传媒、信息技术、远程通信、健康科学、教育（教师培训）、城市规划、电器、农业和牲畜生产等就业领域，并且要保障其质量及后期的对口就业率。撇开这项能力计划的科学性、有效性不谈，仅就这项计划所涉及的社会领域，就可看出其实施过程的艰巨性、宏大性，对政府的治理能力尤其是教育部门的决策水平和办事效率就是一个高标准的挑战，而这些恰恰是非洲许多国家和政府的软肋。

第二节 埃塞俄比亚职业教育经费改革

进入21世纪以来，埃塞俄比亚政府把人力资源开发作为增强国家发展动力的重要工具，把发展职业教育看作开发人力资源的重要途径，以实现全面能力建设目标。面对职业教育规模的不断扩大，职业教育的投入不足问题日益严重，解决职业教育办学经费问题也就成为埃塞俄比亚政府职业教育改革的一项重要任务。为了解决公办职业教育的经费问题，埃塞俄比亚政府在多个政策性文件中都做了明确规定，如国家第三个教育发展规划中明确要求职业教育经费比例应不低于整个教育投入的4.2%，在国家职业教育发展政策中鼓励职业院校通过招收夜校学生、开办课程班、开展技术培训等非正规职业教育形式进行经费创收活动。埃塞俄比亚政府同时鼓励社会各界包括企业界、商业界、慈善团体、个人等投资职业教育，还对中学后正规职业教育学生收取一定比例的学费等，希望多渠道、多元化筹措职业教育经费，减轻公共财政的压力，促进职业教育的持续发展。埃塞俄比亚政府出台的改革举措有：职业院校创收计划，雇主投资职业教育计划，吸引外部资本投资职业教育，成本分担等。

一、现有职业教育经费体制

埃塞俄比亚职业教育经费体制是一个多元化结构，公立和私立职业教育分别有着相对独立的经费制度和原则。公立职业教育机构包括正规的和非正规的，经费主要来源于政府，部分来源于社会捐助，还有一些国际组织和其他国家开展的援助项目经费。联邦和州一级的公立职业教育机构经费分别由两级政府预算拨付。高等职业教育一般属于联邦政府管理，中等职业教育一般属于州一级政府管辖，但有些州已把这一权限下放到了区一级政府。非正规职业教育机构由不同部门进行管理和资助，如社区技能培训中心，通常由教育部下设的非正规和成人教育司统一协调，区（县）教育处负责经费支持和管理。除了政府预算分配，公立职业教育机构还可以通过收取学生学费和创收活动获得部分资金，同时也可以接收捐助者的资助。

私立职业教育机构分别由私营商业机构、教会、慈善团体、非政府组织等开办的学校组成。私立职业教育机构的经费来源比较单一，一般缺少公共财政经费的资助，但如果办学比较出色则可以得到政府一定的奖励。非政府组织和教会开办的职业学校通常由其所属机构资助，学费收入亦可作为办学经费的补充。私营商业机构开办的职业学校的办学经费基本都来自学费收入，由学习者个人或员工的雇主支付。

目前，埃塞俄比亚职业教育经费问题比较突出地表现为总量不足、分配不均，地区差异和城乡差别比较大。如2004年，德雷达瓦、阿姆哈拉和索马里的职业教育支出占整个教育支出的比例均高于第三个五年教育发展规划所预期的4.2%目标，而奥罗米亚和提格里的职业教育经费支出却大大低于这个目标。① 根据第三个五年教育发展规划所规定的目标内容，计划在2005—2010年的五年内，政府对公立职业教育机构的经费投入将增加近一倍，从2006年的1.775亿比尔增加到2010年的3.222亿比尔（如表4-4所示），将占国家教育经费总支出的5.9%。但根据职业教育发展规划，届时中学后职业教育入学人数将增加两倍，达到31万多人，由此所带来的经费紧张局面并不会改变。

表4-4 根据第三个五年教育发展规划所规定的职业教育经费投入情况②

单位：百万比尔

年份	2006	2007	2008	2009	2010	总数
基本设施投入	177.0	364.4	513.4	325.1	349.9	1729.7
经常性支出	177.5	208.8	251.0	310.3	322.2	1269.8
总计	354.5	573.2	764.4	635.4	672.1	2999.5

---

① Jutta Franz. Financing Framework for TVET in Ethiopia[M]. 2006：22.
② 同①：24.

二、职业教育经费改革

教育的成本分担是世界各国的普遍做法,分担的对象主要是非义务教育阶段能够负担得起的学员,如高等教育、继续教育阶段的学生等。对于经济困难学生,国家一般采取不同的救济措施,如学费减免、助学贷款、毕业税制度等。但世界各国在收取成本的份额及收取对象的涉及面上存在很大的差别。埃塞俄比亚因公共财政困难,政府在2003年开始对公立高等教育实施成本分担之后,对公立职业教育学生也开始推行成本分担制,同时鼓励各职业院校增加经费创收,争取外部资源,提高效益,开源节流,共同应对职业教育规模扩张所带来的经费短缺问题。

(一)职业教育经费的成本分担

继2003年埃塞俄比亚教育部推出职业教育融资计划和2004年的《职业教育宣言》发布以来,职业教育收费制度已在埃塞俄比亚大多数州推行开来。收费标准从每生每年60比尔到250比尔不等,具体由教育部设定,希望在以后几年内达到分担培训成本的30%。费用按课程单位平均成本计算,由职业教育机构直接收取,作为其预算经费的一部分。来自贫困家庭无力支付学费的学生,可申请获得免费资格,免费与否也由职业院校管理委员会决定。一般只要学生出示无力支付证明(比如由地方当局出具的一份材料)即可获得免费,通常该机构所聘用教师的子女都将自动获得免费,但至今每个学校获得免费的学生人数不超过5%,可见各学校在这方面的把关还是比较严格的。以目前的收费水平来看,相对于每名学生的实际支出,成本分担仍然显得微不足道,每名学生分担部分实际不到培养成本的5%。具体可见如表4-5所示的一些州的成本分担的情况。

表4-5 2006年一些州的成本分担情况① 单位:比尔

州	10+1和10+2		10+3
	学费	注册费	
SNNPR(南方州)	60/年(农村) 80/年(城市)	*	支付津贴200/月
阿姆哈拉	17.5/月	*	支付津贴180/月
欧罗米亚	114/年	*	支付津贴135/月
提格里	*	50/年	*
亚的斯亚贝巴	25/月	*	学费32/月
迪尔达瓦	*	80/年	仅交注册费

注:*为数据欠缺。

---

① Jutta Franz. Financing Framework for TVET in Ethiopia[M]. 2006: 25.

(二) 职业院校的经费创收活动

2003年,埃塞俄比亚教育部明确要求公立职业院校除收取学费外还要提高创收。2004年颁布实施的《职业教育宣言》主张给予职业院校一定的经费自主权,规定各个公立职业教育机构有权使用其创收经费中扣除年度预算后剩余的资金,即使职业教育机构创收经费剩余较多,也不会削减其预算内所分配的经费。

自《职业教育宣言》颁布以来,许多州也制定了相应的实施准则,对其辖区内的职业院校创收活动进行规范。现在,这些职业院校可以开设自己的账户,保留所得收入,超出预算的资金可以储存,并且可以根据自己的投资和支出情况使用这些经费。一般情况下,这种支出在经过当局批准后即可通过内部预算的形式来实现。但这种情况在欧罗米亚州比较严格,职业院校要获得经费自主权还受到很多限制,审批程序很繁杂。

实际的创收项目有很多形式,这主要取决于所在机构的社会和经济环境。一般来说,创收活动在城市比在农村容易得多,例如亚的斯亚贝巴某职业技术学院的创收项目包括:夜校课程、订单培养、技能测试、家具生产、乐队收入、出售木柴、出租学院设施、出租体育场馆、出租毕业礼服等。根据曾经做过的调查统计,一般各职业院校的创收收入不会超过整个学校预算的10%,农村学校的收入与城市学校相比更低、更不可靠。在各类创收项目中,夜校的收益最好。创收项目收入通常用于填补培训材料和设备设施购置经费的不足,如修缮教室、购买计算机和其他设备、教职工住房的建设等。

总体而言,公立职业教育机构的创收活动有以下几个特点:(1)所能产生的创收收益还比较少,且不稳定;(2)由于市场的限制,创收活动在农村地区的潜力很小;(3)创收收入的使用要预先经过相关部门的批准,然后再经地方财政主管部门审批;(4)大多数情况下,学校以外的管理委员会要对创收活动进行指导和监督。大部分职业院校还缺乏积极主动性,创收经营策略、管理技能和成本核算技术等都比较落后。

(三) 职业教育经费的国际援助

在埃塞俄比亚,对职业教育经费的援助也不容忽视,尤其是国际组织和一些国家政府的直接捐助,成为埃塞俄比亚整个职业教育支出的重要来源之一。在第三个五年教育发展规划期间,预计五个主要援助组织所捐助的经费额加起来要占到该国职业教育经费总支出的33.5%(见表4-6)。大部分援助资金都用于基础能力建设。德国技术合作公司(Deutsche Gesellschaft für

Technische Zusammenarbeit,GTZ)是最重要的外国援助者,为埃塞俄比亚职业教育改革提供了大量的技术支持;世界银行提供的近 4400 万比尔则主要用于能力建设、标准制定和课程开发等。

表 4-6 第三个五年教育发展规划期间职业教育接受援助情况①

捐助者	经费数量	目的
德国合作组织	GTZ;496 万欧元（约合 5663.8 万比尔②）	通过 ECBC 以技术合作的形式对职业教育领域进行支持,到 2008 年为止
	KfW;1400 万欧元（约合 15984 万比尔）	用于教师培训设施投资和能力培训中心的建设,到 2008 年为止
	IIZ/DVV;150 万欧元（约合 1731.8 万比尔）	用于 CSTCs 和 VTCs 的基础能力建设及其教职工培训和技术合作（2006—2010 五年计划）
	CIM. DED. InWEnt. SES（缺失）	用于职业教育改革项目的技术援助
意大利合作组织	15555.1 万比尔	用于从技术中学到初级技术学院的升级
	1595 万比尔	支持欧罗米亚和亚的斯亚贝巴地区的职业学校（通过 NGO）
日本国际合作署	2050 万比尔	用于在职业院校和大学里的志愿者教学活动
联合国教科文组织	100 万比尔	用于课程开发
世界银行	4375 万比尔	用于能力建设、标准制定和课程开发

近年来,根据埃塞俄比亚经济发展战略需要,中国政府将援助埃塞俄比亚的重点放在人力资源开发方面,同时兼顾其他领域。在这方面,我国主要是向埃塞俄比亚职业教育和培训项目的建设提供融资和财政支持,并积极承担为该项目的农业与非农业方面的专业技术人才培训。由国家投资在亚的斯亚贝巴新建的一所职业技术学院已于 2008 年开始招生。此外,我国专家还向埃塞俄比亚提供纺织工业和其他领域发展的相关咨询服务和指导。中国对非洲职业教育援助及中-埃职业教育合作与交流情况,将在本书有关章节中具体阐述。

三、职业教育经费面临的主要问题及对策

埃塞俄比亚职业教育经费面临的主要问题是:

---

① Jutta Franz. Financing Framework for TVET in Ethiopia[M].2006:34.
② 根据 2006 年年底的汇率计算。

(1) 近几年来埃塞俄比亚的职业教育入学人数大增,使得原本就捉襟见肘的职业教育财政经费支出更加紧张。不仅如此,公共预算分配制度与入学人数或产出指标没有直接挂钩,缺少激励,管理机制又不灵活,导致大部分公立职业教育机构办学效率低,教学资源利用率低,课程缺少弹性,教育质量低下等。

(2) 随着《职业教育宣言》和《职业教育融资策略》的公布实施,针对公立职业院校的学费"成本分担"改革在许多州得到推行,财务管理制度也逐步改进。通过学费分担和开展创收活动来收回部分成本已成现实,总体呈上升趋势,但收益还相当有限,学费分担大约占总成本的 5%—10%,创收收入约占学校总预算的 10%,很多农村地区的学校还达不到这个水平。

(3) 自从推行新的中等职业教育学制(即 10+1,10+2,10+3)以来,为了增加农村青年的入学人数,埃塞俄比亚政府已对农村职业教育中心给予了更多的投入。然而,农村学校的入学人数仍然偏少,低入学率导致办学成本高、效率低。由于预算分配制度是基于可能的办学规模,而非实际的入学人数,所以农村学校的生均单位支出要高于城市学校。而在夜校课程、订单培养、成本分担和其他创收项目活动中,农村学校遇到的困难更多。

(4) 除了教育部管辖的正规职业教育机构外,埃塞俄比亚政府还通过其他部门,如农业部和卫生部,对职业教育进行投入。由于这些部门的职业教育课程是为了培养新的政府职员,学生的学习条件和可能享有的待遇要好于一般性职业教育。为政府部门培养的学生可以得到补助,不用分担成本,大部分毕业后可进入国家公务员队伍。"订单式"的职业教育更受到青睐。

(5) 虽然尚未获得有关私营雇主在员工培训上的投入数据,但普遍认为私营雇主用于员工培训投资的水平很低。吸引雇主投资或资助职业教育的激励政策和计划措施还不到位。

(6) 与正规职业教育相比,国家对非正规职业教育的投资明显不足。

(7) 埃塞俄比亚工商界的代表们希望微型、小型企业能够提供更多的学徒岗位。然而,目前仍缺少有关学徒制的实践情况、影响因素和潜能方面的系统分析。

在 2006 年,埃塞俄比亚政府与非政府组织共同起草了一份新的国家职业教育发展战略报告,为职业教育部门的改革奠定了基础。该报告草案以建立一个以需求为导向的、关注结果、岗位相关、路径通畅、讲求效率的职业教育体系为目标。草案中特别提到了职业教育发展及其经费问题,内容如下:

(1) 为了提高职业教育质量和内容相关性,报告要求国家职业教育委员会在职业标准的制定、职业能力测试、部门之间的协调、队伍素质的提高、职业院校的能力建设、理论研究水平提高、办学过程监督等方面发挥更大的作用。

（2）增强职业教育机会平等，提高入学率、扩大办学规模，并要求对非正规职业教育进行支持。

（3）提高雇主参与职业教育的积极性。建议出台激励措施，以鼓励企业投资职业培训。

（4）加强政府与各利益群体的合作关系。随着私立职业教育的发展，私立职业教育机构占据整个职业教育市场的份额会越来越大，但不能因此而减少公共财政对公立职业教育的投入，更不能把弱势群体排斥在外。

（5）提高公立职业院校的办学效率。政府应重点关注公立职业教育中一些专业领域，以保证经济和社会发展战略目标的实现，因为目前私营部门还不大可能投资公立职业教育。

四、职业教育融资策略

埃塞俄比亚职业教育发展过程中所遇到的经费不足问题在撒哈拉以南非洲十分普遍，各国既要认真借鉴国外在发展职业教育过程中的成功经验，也需要结合自身实际，采取一切必要的措施，通过建立健全经费制度、拓宽经费融资渠道、提高工作效率等手段，促进职业教育的健康发展。基于埃塞俄比亚职业教育发展的实际和经费状况，可考虑从以下方面做起，逐步建立起一套行之有效的经费制度：

（1）提高工作效率。首先需要提高公立职业教育系统的内部管理效率和资源利用率，重点关注供给与需求的匹配问题。建立职业院校管理过程的激励机制，以提高资源利用率，提高质量。具体内容包括：提高公立职业院校的管理能力，包括外部管理委员会；评估公立职业教育的组织管理，以调整和优化人员配置；在规范公立职业教育的供给上，尽量以需求为导向；切实加强公立职业院校的课程建设和招生自主权；制定并试行基于绩效与结果导向的分配制度，使预算分配与实际入学率挂钩，同时要制订经费使用方案，实行多元化的绩效标准。

（2）扩大职业教育合作。如果增加学生实习时间和实习人数，则学生待在职业学校的时间就相应缩短，从而政府所承担的单个学生的经常性经费支出就会减少。根据比较保守的估计，2008年实习期延长的学生比例将上升到15%，即共有41000名学生。这样，政府经常性经费支出大约可以节省3000万比尔。假如把当年实习学生的比例提高到50%，即共有159000名学生，成本将节省1.2亿比尔。然而，要想大规模延长实习期限，还需要提高学校的培训能力以获得雇主的信任。

（3）增加私立职业教育的市场份额。发展私立职业教育市场是国家职业教育发展战略中的一项重要举措。埃塞俄比亚教育部认为，如果"联合国千年发展目标"所制定的目标达到的话，则私立正规职业教育办学规模所占比例如何，将对公共教育经费支出产生较大影响。据一项测算：假设私立职业院校办学规模占全部职业教育规模的70%，则公立职业教育的经常性支出总额较现实情况将减少50%；假如私立职业教育所占份额为50%，则公共支出总额较现实情况将减少约15%；假如私立职业院校招生人数保持不变，表明社会对私立职业教育的需求低，则政府要承担更多的公立职业教育经费，经常性支出将增加30%左右，这将是一笔不小的开支。

有研究者认为，政府可选择以下方式来发展私立职业教育市场：一是加大对职业教育办学机构即供给方的干预，内容包括：通过资格认证和许可制度，形成公平竞争的市场；形成结果导向的职业教育评价体系；实施职业教育投资激励计划；提高公立职业教育管理水平；鼓励多方参与职业教育。二是加强对私立职业教育办学活动的管理，内容包括：限制私立办学机构参与关键领域中的职业教育；通过学费补贴或提供贷款，为私立职业教育学生提供帮助；允许私立职业教育机构承担由公共经费资助的职业教育项目。

（4）鼓励公立职业教育机构通过创收增加收入。但由于缺乏具体有效的激励措施，职业院校创收的积极性并不高，又因管理技术落后而进展缓慢。另外，城乡之间职业院校创收的差距过大也是政府在经费支出上必须考虑的因素。关于职业院校创收问题，有研究者提出了以下建议：鼓励公立职业院校提供正规课程以外的职业培训课程，以及多样化的产品和服务；开展专门针对经费创收的管理培训；为公立职业院校的创收活动开发示范性标准；在创收活动的指导和监督方面，加强职业院校外部管理委员会的作用；举办职业院校管理人员经验研讨会；对成功的创收活动给予奖励。

显然，要通过创收活动收入来大幅冲减职业教育公共经费的投入，还不大可能，加上创收过程的不可预测性，创收活动收入难以纳入经常性预算。有人建议职业院校可以利用创收经费去继续投资，政府可通过为投资项目提供等额补助的办法进行奖励。总之，创收活动应有助于支持职业学校发展，弥补公共经费预算分配的不足。

（5）激励雇主投资职业教育。虽然许多国有和合资企业的雇主都参与了职业教育活动，但仍十分有限。政府应该对积极参与职业教育的企业给予税收方面的优惠，同时鼓励个人和企业以奖学金或捐款的形式资助培训机构和学员。鉴于职业教育领域中公共部门和私立教育机构的关系比较脆弱，私立教育机构对公立职业教育机构仍存有偏见,所以在一定时期内应激励私立教育机构增加对职业教育的投资而不是一味地干预和限制。

(6)学生的成本分担。近些年来埃塞俄比亚已在初中后教育阶段普遍推行收费制度,但收取的比例较低,只占教育成本支出的很小部分,大约在5%—10%之间,专业、学校之间存在差距。预测表明:如果所收取的学费相当于教育成本支出的50%,去掉贫困生免除的学费,将可能收回成本的32%,如果把学费标准定为实际支出的25%,将可能收回经常性支出的20%。职业教育的成本分担是在10年级(初中毕业)以后的职业教育项目中进行的。目前,其他类型的职业教育项目不仅是免费的,而且还给学生提供一些补贴,如提供食宿津贴等。但是,在职业教育不大受欢迎的情况下,成本分担就更难推进。另一种选择是推行"毕业税",即学生毕业后工作若干年内,根据工资收入情况,国家提取一定比例的税收,以补偿其学习期间应承担的学费。在埃塞俄比亚的高等教育体系中已经建立了"毕业税"制度,职业教育可以尝试借鉴。

此外,为了扩大非正规职业教育,逐步把公共资源从正规职业教育部门引入非正规职业教育部门,实现资源共享,也是需要探索的领域。例如,利用公立职业院校的闲置资源为非正规职业教育服务,鼓励私营企业增加员工培训投入,加强小微企业的学徒制项目,利用有效机制把稀缺资源分配给非正规职业教育等。为了实施国家职业教育发展战略,埃塞俄比亚需要建立起一个多元化的职业教育经费框架。如果没有一个政策上可实现、能被社会接受的有效框架来解决职业教育中的经费问题,国家就不可能把更多的资金用于职业教育。

第三节 埃塞俄比亚职业教育发展成效与问题

埃塞俄比亚的职业教育学制主要为三个层次,即"10+1、10+2、10+3"三种学制,招收初中毕业生,初中学员参加入学考试合格后,再接受一到三年不等的专业技术教育。毕业后根据学习年限获得相应的职业资格证书或文凭(相当于专科)。埃塞俄比亚的职业教育多数属于中等教育层次,高等职业教育近年来也有了一些发展。

一、职业教育发展成效显著

进入21世纪以来,埃塞俄比亚政府开始实施规模宏大的能力建设战略,职业教育和人力资源培训是国家能力建设的重要内容。由此,职业教育进入

一个相对快速发展阶段,取得了显著成效,突出表现在以下几个方面:

(1) 教育规模不断扩大。2004 年,全国有职业学校 183 所,其中公立学校 132 所,私立学校 51 所。这些学校遍布于全国各州和地区级城市,招生总人数达到 124737 人,其中非农专业学生 87158 人,农业专业学生 37579 人。5 年间学生人数增加了 27 倍,这在非洲各国的教育发展史上均属少见。[①] 到 2010—2011 学年,全国共有职业教育办学机构包括私立教育机构 496 所。这些办学机构共招收了全日制、夜校、暑期学校和远程教育学生 371347 人,办学规模进一步扩大。从地区分布看,欧罗米亚州招收人数最多,其次是阿姆哈拉州和南方州地区。

2012—2013 年,埃塞俄比亚共有公立和私立职业院校 437 所(不含非学历的职业培训中心),各类在校生为 238884 人,比 2008—2009 年的 308501 人减少了许多。这是一个值得关注的现象,一方面可能是因为数据统计遗漏的问题,也可能是发展中的问题。但根据数据显示,女生占到 51.2%,职业教育基本实现性别平等。埃塞俄比亚的职业教育多数属于中等教育层次,高等职业教育在最近几年也开始得到一定发展。在职业教育规模不断扩大的过程中,职业院校的专业设置也更加全面。根据国家产业发展水平和人才需要,全国职业院校共开设了农业机械、电子、商务、建筑、纺织、医药卫生、法律等 40 余个专业。这些专业大多是国家急需的专业,根据经济社会发展的需要,今后还将开设一些新的专业。

(2) 办学质量有所提高。埃塞俄比亚教育部制定了各专业教学和课程大纲。各大纲基本采用课程开发模式,具有较强的实用性和科学性,70% 的课时安排为实习教学。通过与德国职业教育项目合作,巩固了埃塞俄比亚国内职业教育的能力建设,新建了大批教学和生活设施,添置了大量教学仪器设备,40 多所职教学校已升格为三年制职业教育学院,开发了 50 种职业标准,建立了职业能力鉴定中心。职业院校教师培训持续开展,所有教师都有机会参加在职短期培训。近些年来,埃塞俄比亚教育部还从中国、印度等国聘请了大批专业教师,这些教师都是埃塞俄比亚国内紧缺的专业课教师,在中国叫作"双师型"教师。一些来自日本和韩国的志愿者也参与了埃塞俄比亚职业教育教学工作。

(3) 组织管理逐步规范。埃塞俄比亚政府高度重视职业教育,制定了一系列政策和发展战略。职业教育由联邦教育部一名副部长主管,下设质量保障司、课程开发司及研究发展司。农业部也成立了专门的管理机构,负责农

---

① 申丽.埃塞俄比亚职业技术教育的现状及其发展方向[J].天津工程师范学院学报,2006(02):70.

业领域的职业教育质量管理。各州政府教育局、农业局明确专人负责本辖区内的职业教育监管。联邦政府主要负责政策制定、课程开发、质量保证及国际合作等职责，州政府负责本州各职业学校的资金预算、教师聘请、监测评价等。联邦政府和州政府每年安排数亿美元的财政预算支持职业教育发展，大部分职业学校的学生免交学费，三年制学生还享受食宿补贴。

二、职业教育发展面临的突出问题

(1) 减贫与人口高增长问题。自2005年以来，埃塞俄比亚经济实现了多年来的高速增长，有效减少了城乡贫困人口，有250万人摆脱了贫困，且贫困线以下人口所占的比重从2005年的38.7%下降到2013年的26.0%。[①]然而，由于人口增长过快，到2018年，贫困人口的绝对数(约2500万人)却一直没有改变。据统计：2014年，埃塞俄比亚人口年增长率为2.89%。联合国预测埃塞俄比亚的人口在2025年将达到1.3亿人，到2050年将达到1.875亿人，成为世界人口前十的国家。且年轻人口比例大，2014年25岁以下人口的比例占64%，数量超过6000万人，到2050年预计会超过1亿人。目前，埃塞俄比亚经济和社会发展正处于一个重要阶段，工业化发展势头良好，但人口增长给基础设施建设和教育、就业方面带来巨大挑战。尤其是在城市地区，大量的失业人口、拥堵的道路交通、严重滞后的公共服务设施，使经济发展所取得成果被淹没。预计从2012年至2030年，埃塞俄比亚的城市人口年均增长4.1%，农村人群的大量涌入，加之持续的高生育率，使得城市不堪重负。

(2) 经济增长与提高就业问题。从2003年至2013年，撒哈拉以南非洲地区的经济年均增长5.4%，而埃塞俄比亚的经济年均增长率为10.9%。近两年的增长略有下降，但仍保持在较高水平。增长主要来源于工业和服务业发展，农业在整个GDP中的比重从2005的51.9%下降到2013年的42.7%，工业所占GDP的比重提高到12.3%，服务业的比重从2005年的37.5%增长到2013年的45%。农业在埃塞俄比亚国民经济中仍占有重要地位，出口产品中70%是农产品。提高农业生产力被认为是维持埃塞俄比亚经济增长的最重要条件，政府提出要以农业发展带动工业化。

就业问题是埃塞俄比亚政府关注的重大问题。据2013年的调查显示，无论是在城市和农村，失业率都较高。2011年，城市失业率是17.5%，其中11.4%为男性，24.2%为女性。15—29岁青年的失业率更高，达到23.3%

---

① 每天0.60美元以下为贫困线。若按照国际计算新标准，每天不足2美元即为贫困人口的话，埃塞俄比亚的减贫工作绩效将大打折扣。

(女性29.6%,男性16.4%)。值得注意的是,女性成功就业比例要比男性低很多。据统计,城市男性成功就业的比例为76%,而女性只有50%。农村男性就业率为80%,而女性只有33%。农村妇女就业率不高的主要原因是农村就业份额不足。农村青年失业和就业不足在很大程度上还源于无土地人口的不断增长。埃塞俄比亚每年增长的劳动年龄人口超过百万,这将对埃塞俄比亚的就业和发展提出挑战。这就要求政府在保证已有就业岗位的前提下,每年还要创造大量的新增就业岗位,如果做不到,贫困人口将进一步上升。但按照新增就业人口估计,即使埃塞俄比亚的经济增长率保持在10%,也难以创造足够的就业岗位,经济的快速增长不足以解决失业问题。与此同时,政府正在采取积极措施来促进就业,如加强道路、发电、铁路等基础设施的建设,为产业发展创造基本条件和环境;鼓励私营部门投资,促进经济增长;积极发展职业教育和培训,促进劳动和就业等。

(3) 职业教育教学质量问题。埃塞俄比亚的职业教育在经过多年的快速发展之后,在规模上基本达到了政府预期的计划,然而教学质量还有待提高。主要表现为:缺乏足够的仪器设备,多数设备陈旧,学生难以掌握先进的技术;教材缺乏,教学手段单一,效率低,学生掌握的知识量不足;教师队伍不稳定,合格教师严重缺乏;学生基础较差,英语水平参差不齐,难以满足教学语言要求;学校自主权不足,生源、课程设置、办学规模、经费预算等重大事项均由政府决定,学校提高教学质量的积极性不高,教学管理水平低;没有及时建立培训标准,缺乏质量保障体系,教学考评的随意性大;教学与实际工作脱节,企业部门很少参与教学大纲和教材的制定等。教学质量不高导致部分学生毕业后不能满足工作岗位的需要。

(4) 职业教育与经济发展不相适应问题。一方面,职业教育的规模和质量有限,不能满足经济发展的多样性需要;另一方面,由于经济发展水平低,职业教育发展受到制约,部分毕业生找不到工作,影响了家长和学生的积极性。职业教育与经济发展都处在较低的水平,没有形成教育与经济共同发展的良性循环。为此,埃塞俄比亚政府应制定符合国家经济发展的政策,使职业教育的发展与经济发展和谐运行。同时,职业教育是全民的教育,应该面向大众,保障贫困人口和弱势群体接受职业教育的权益,使更多的人找到适合自己学习和发展的空间。只有通过发展经济、发展职业教育、促进社会公平,实现人自身发展和社会发展的有机结合,才能实现整个国家的可持续发展。

(5) 教育经费严重不足问题。职业教育经费主要依靠政府,企业和其他机构很少提供资助,家庭负担能力有限。由于政府教育经费必须优先满足基础教育的需要,因此,职业教育的经费不足问题突出。为了实现地区间的公平和就近入学,职业学校遍布全国各地,多数学校的规模只有50人左右。这样的布局不利于基础设施的改善,难以取得规模效益。许多职业学校位于偏僻地区,交通、通信、水电、图书资料等问题更加难以解决。

三、中国与埃塞俄比亚职业教育合作与交流

同为发展中国家,非洲各国可以借鉴中国职业教育发展的经验,结合本地区经济结构,提高培养技能型人才的针对性和实效性,探索出一条适合自身特色的职业教育发展道路。

在发展职业教育的问题上,埃塞俄比亚十分重视中国的经验,希望通过借鉴中国职业教育的成功经验促进本国职业教育的发展。埃塞俄比亚最希望从中国得到师资、教学经验、课程建设等方面的支持。2000年12月,埃塞俄比亚教育部长率团访华期间,与我国教育部就两国在职业教育领域建立合作关系签署了意向书。2001年6月,中国教育部国际司派团对埃塞俄比亚的职业教育进行了考察。同年10月,中国驻埃塞俄比亚大使与埃塞俄比亚教育部长分别代表两国政府签署了"中华人民共和国教育部与埃塞俄比亚联邦民主共和国教育部关于职业技术合作的协议"。根据协议有关条款,中国教育部将根据埃塞俄比亚校方要求,选派合格教师赴埃塞俄比亚职业院校任教。对方学校迫切希望中国能选派汽车修理、机械加工、电子电工、土木建筑、木工、路桥建设、测量测绘、纺织工程与服装设计等方面的教师。

2001年6月—2004年10月,中国同埃塞俄比亚开展职业教育项目合作以来,中国先后有189人次赴埃塞俄比亚各类职业院校执教。在埃塞俄比亚参加职业教育项目的中国教师分布在4个州的20多所职业学校,工作地点分散,最远的学校离首都亚的斯亚贝巴有1000多公里,不少学校交通不便,通信困难。但大多数教师都能克服困难,广泛收集资料,精心编写课程讲义,结合当地实际不断改进教学。我国的职业教育援助项目很大程度适应了埃塞俄比亚经济发展的需要,我国教师严谨踏实的工作态度和过硬的专业技能,也深得当地政府和有关人士的好评,赢得了对方的认可。

在中国向埃塞俄比亚选派教师的同时,埃塞俄比亚教育部还从各职业学校、技能培训中心、地方教育管理部门选派校长、教师和管理人员到中国接受专业培训和进行实践考察。2002年,共有20名埃塞俄比亚职业学校的教师来我国接受培训,取得了较好的效果。此后,各年份来我国接受职业教育管理知识培训和进行专业技能学习的埃塞俄比亚相关人员逐年增加,涉及的学科领域非常广泛,如粮食储藏、水产养殖、电子商务、棉花种植、造纸、竹编、针

灸、食品安全等。目前，埃塞俄比亚每年来华参加培训的人数已达数百人。

为了帮助和推动埃塞俄比亚的职业教育发展，为埃方培养专业教师，中国政府拨专款在亚的斯亚贝巴市援建了一所示范性职业技术教育学院，2007年10月竣工后正式移交给埃方。该学院是当时埃塞俄比亚国内最大的职业教育机构，占地约11.5公顷，总建筑面积约23000平方米，可同时容纳3000名学生在校学习和生活，当时计划开设5个系、26个专业。值得一提的是，这所职业教育学院一开始采用的是中国职业教育模式，学院院长、副院长都由中方派出，一部分专业教师也来自中国，旨在将中国改革开放以来的职业教育发展经验和模式推介到当地。

第五章 尼日利亚职业教育发展与改革

到 2018 年年底,尼日利亚联邦共和国(以下简称尼日利亚)的总人口已超过 1.95 亿,是非洲第一人口大国。尼日利亚历史悠久,古代的"诺克"文化、"伊费"文化以及中世纪的"贝宁"文化,在世界上都享有盛誉。尼日利亚是一个多民族国家,有 250 多个民族,英语为其官方语言,其他使用人口比较多的部族语言有豪撒语(Hausa)、伊博语(Igbo)、约鲁巴语(Yoruba)等。

尼日利亚实行 6—3—3—4 学制,即小学 6 年、初中 3 年、高中 3 年、大学 4 年(包括综合性大学、多科技术学院、教育学院)。尼日利亚的职业教育在初中后进行,职业教育机构主要有技术学院(Technical College)、多科技术学院、职业培训中心和各种私立职业教育机构。

第一节 尼日利亚的职业教育发展概况

15—16 世纪中叶,葡萄牙、英国殖民者先后进入尼日利亚。1960 年,尼日利亚宣告独立。作为前英国的殖民地,尼日利亚的教育体制一直以来受到英国教育体制的影响,在国家教育发展过程中,缺乏对国民职业兴趣的培养和关注。尼日利亚职业教育的历史可分为两个阶段:一是独立之前的萌芽和初创阶段,二是独立后职业教育体系的形成与发展阶段。

一、独立之前职业教育的萌芽和初创

尼日利亚早期的职业教育形式主要是传统学徒,在欧洲殖民者到来之前,尼日利亚本土并未形成自己的教育体系,西方传教士到来之后尼日利亚才陆续开办起一些小学校,这也是尼日利亚最早的学校。之所以称为"小学校",一方面是因为学校规模小、层次低;另一方面是因为这些学校大多办学条件差、教学质量低。教会办学校的主要目的是教当地青少年识字、掌握劳动技能、学习卫生知识、预防疾病等,以聚集人气,为传经布道服务。

1472 年,英国殖民者开始进入尼日利亚,其后不断加强其殖民统治,大肆掠夺殖民地资源,却很少进行教育活动。据史料记载,直到 19 世纪中期以后,英国殖民者才开始按照英国的教育模式,在尼日利亚开办了一些中学和

小学校。

从历史上看,在西方殖民者入侵之前,尼日利亚人已经拥有农业、商业、建筑业等方面的技能。他们从事捕鱼、造船、骨雕、编织、园艺等工作。在分工上,一般男性从事比较费体力的工匠类工作,女性从事轻型的手工技艺,如发艺、编织、印染等。每个部落或氏族都有类似于行会的组织,多半是由年长者指导和管理本部落的青少年学习技艺。部族内的技艺学习既可以通过家庭成员的言传身教进行,也可以师从部族中技艺纯熟的长者或亲戚等。技艺学习并没有明确的年限规定,一般视学徒自身情况和技艺的复杂程度而定。师傅每天会分配给学徒一定的任务,徒弟在完成任务的过程中不仅学到了技能,也养成了良好的职业品德。当然,徒弟在跟着师傅学习的同时,必然还伴随着对社会规范、信念和宗教思想的学习和内化,学徒最终会成长为社会群体中的合格一员,融入本部族的文化之中。于是,这些部族的技艺、文化和信仰等,在未遭到外来部族和异域文化破坏之前,就一代代地传承了下来。

为了巩固其殖民统治,英国殖民者相继把英国的教育体制,文化、政治制度,生活方式等统统输入或强制推行到尼日利亚。为了取代尼日利亚的本土教育,英国殖民者开始在尼日利亚建立一些小学校和中学校,要求尼日利亚的儿童和青少年在学习劳动技能的同时,更要学习英语和英国的历史,并要接受英国的习俗。凡是会说英语的尼日利亚青少年,更容易受到殖民者的雇佣,得到职员、翻译、厨师或保姆等较低层次的职业。1887年,英国殖民地政府发布教育令,决定在尼日利亚加快发展农业教育和工业技术教育,随后还建立了一些职业技术学校和培训机构。例如,1909年开办的纳萨拉瓦(Nasarawa)职业技术学校,开设有编织、木工、金工和皮革制造等职业课程。1945年,英国殖民地政府把亚巴(Yaba)普通高级学院改为亚巴技术学院。亚巴行会中心还向当地250多名学生开设了10种职业课程。1948年,英国殖民地政府先后在卡杜纳(Kaduna)、埃努古(Enugu)、翁博河流州(Ombo River)、阿希拉(Ahiara)、布库鲁(Bukuru)、萨培勒(Sapele)和伊巴丹(Ibadan)等地建立了7个技术培训中心,提供不同工艺技术培训。1955年,英国殖民地政府还建立了35个妇女家政技术中心,提供缝纫、保洁、陶罐制作等技术课程。[①] 1948年,尼日利亚历史上第一所大学——伊巴丹(Ibadan)学院成立,当时是作为伦敦大学海外学院之一而建立的,尼日利亚独立后将其改建为伊巴丹大学。

二、独立后职业教育的发展

独立以后,尼日利亚政府开始着力发展教育,联邦教育部先后成立了若

---

① 谢炎炎.尼日利亚职业技术教育课程改革与发展[D].浙江师范大学,2007.

干个专门委员会,对各级各类学校进行协调、监督和指导,加强国家对教育部门的领导。但地方政府和部族、宗教之间的争端不断,导致政局动荡、经济发展缓慢,教育改革举措直到独立10年以后的20世纪70年代才得以真正启动和实施。

1969年,尼日利亚召开全国教育会议,把职业教育(当时叫"技术教育",沿袭了英国对职业教育的称呼)提到了国家教育发展的重要位置。这次会议对独立后尼日利亚的教育发展有着重要影响,会议提出的65项建议奠定了尼日利亚教育发展的基础,此后尼日利亚的教育才进入较快发展时期。1977年,尼日利亚颁布了第一个《国家教育发展纲要》,成为这一时期影响职业教育发展的指导性文件。1978年,尼日利亚政府又颁布了一系列政策性文件,加大了对上述纲要的执行力度。[①]该纲要明显受到世界银行和联合国教科文组织专家建议的影响,提出要加快建立国家职业教育体系,要求在普通中学中开设职业教育课程,鼓励开展技工和技术人员培训,倡导女性接受职业教育等。总之,20世纪70年代尼日利亚职业教育获得了较快发展,职业教育体系逐步形成,职业教育办学机构大增,国家技术教育委员会也在这一时期成立。

20世纪80年代初,尼日利亚开始在学徒制中引入苏联的手工艺课程,在综合中学和技术学校中开办起木工、裁缝、机械等专业课程。但随之而来的经济危机不但使尼日利亚的经济出现严重衰退,还进而严重影响到政府的教育投入,这无疑给尼日利亚刚刚起步的职业教育带来很不利的影响。此后,尼日利亚的职业教育便像其他许多非洲国家一样,在困境中艰难前行。

进入20世纪90年代后,尼日利亚的职业教育仍面临着诸多困难。总体表现为:经费短缺,师资薄弱,教师待遇低,教学设施差,课程内容陈旧,教学手段落后等。上述问题的存在必然造成职业教育质量低下,入学人数减少,当时,尼日利亚的职业教育学生人数仅占同级教育学生总人数的3%左右。这种局面造成的结果是:一方面,政府和企业每年要雇佣成千上万的外国专家;另一方面,国内的失业率居高不下,大批青年学生找不到工作。为此,尼日利亚政府不得不进行职业教育体制改革,为国家经济振兴提供人力支持,提出了21世纪要成为"非洲人力资源强国"的奋斗目标。

进入21世纪后,尼日利亚的职业教育虽有了一些发展,但离建设人力资源强国的目标还有很大的距离。据统计,2006年尼日利亚联邦及各州所属职业学校共计169所(见表5-1),其中,船业学校有4所,木工制造学校有5

---

① 在当时的文件中称"技术教育",为行文一致,以下统一改称为"职业教育"。

所,美容服饰学校有3所,制鞋学校有3所,机电学校有9所。当时,中等教育入学率为60%,但其中只有20%的学生接受了职业教育。由于职业学校毕业生的就业率很低,所以职业学校缺乏吸引力。

表 5-1　2006年尼日利亚公立职业学校的数量① 　　　单位:所

地区	联邦所属	各州所属	总数
西部省北区	2	23	25
中央省北区	3	32	35
东部省北区	2	12	14
西部省南区	5	37	42
南部省南区	4	30	34
东部省南区	2	15	17
FCT地区	1	1	2
总计	19	150	169

三、职业教育发展面临的挑战

2015年,尼日利亚举行大选,反对党领导人布哈里战胜时任总统乔纳森,当选新总统。这是自1998年结束军事独裁以来,尼日利亚首次发生的政权移交。新政权能否带领尼日利亚走向稳定、实现良治、满足人们的教育需求,尚无明显迹象。而尼日利亚职业教育发展所面临的诸多问题也是考验新政府教育管理能力的巨大挑战。突出问题如下:

(1)职业教育经费严重不足。尼日利亚的职业教育主要集中在中等和中等后非高等教育阶段,主要职业教育机构是技术学院和多科技术学院,另外还有职业培训中心、私立职业教育机构,如近年来创办的企业职业学院和企业创新学院等。尼日利亚的公立职业教育办学经费主要依靠政府财政投入,私立职业教育经费的主要来源是学费和自主解决,其他收入来自捐款、投资、拨款、赠款等。虽然从1999年开始,尼日利亚政府增加了对教育的拨款,但效果并不显著,因为政府对职业教育的投入一直不高。由于经费不足,尼日利亚的职业教育整体水平不高,一些劳动力市场急需的专业技术人才都比较紧缺,专业认证通过率非常低。尼日利亚的职业教育,无论是高等教育层次的多科技术学院,还是中等教育层次的技术学院都举步维艰。

(2)教学设备设施普遍缺乏。大多数尼日利亚的职业院校没有实验室,也缺乏相应的设备和设施。目前,可供使用的实验设施在数量上不充

---

① Olu Aina,Mal. Hafiz Wali. 尼日利亚职业教育现状[J]. 中国职业技术学会2006年学术年会论文集[C]. 2006:44-415.

足,在质量上不合格,还有一些设施早应被淘汰,但仍在使用。基础设施的缺乏直接导致了尼日利亚职业教育质量低下,很难培养出优秀的职业教育毕业生。

(3) 专业教师水平低。尼日利亚的许多职业院校师资数量不足、水平不高。教师接受专业培训的机会也很少,加之教师待遇低,教师职业缺乏吸引力,导致很多教师离开所在学校,到别处谋生。

(4) 课程体系和内容陈旧。尼日利亚职业教育的课程内容中,一般理论课占67%,实践课占33%。职业教育课程存在的主要问题有:① 基本都是照搬国外的课程模式和内容,适应性、相关性差;② 缺少有效的教学环境,缺乏具有丰富实践经验的教师;③ 缺少本土教科书,大多数教科书中的示例都与尼日利亚的国情不相关;④ 课程中有关自然科学和数学方面的知识内容过多,缺乏与岗位技术、劳动技能相关的内容;⑤ 给学生提供的实习机会不足,毕业生缺乏直接在企业岗位工作的能力;⑥ 教学方法传统,教师多采用灌输式教学,要求学生死记硬背,厌学者多。

(5) 人们对待职业教育的态度消极、观念陈旧。尼日利亚经历了长期的英国殖民统治,社会各界普遍轻视职业教育,崇尚精英教育和学术至上。目前这一观念虽有所改变,但人们还是认为职业教育是培养"二等公民"的教育。政府也只是将职业教育作为缓解就业压力和增加入学的一种手段,缺乏对职业教育可持续发展的战略性思考,对职业教育的财政和政策支持远低于综合性大学。此外,由于职业院校办学质量不佳,更增加了社会对职业教育的怀疑和疏远,使得尼日利亚的职业教育改革举步维艰、成效不佳。

因此,对于尼日利亚新一届政府来说,他们需要充分认识到职业教育所面临的挑战,全面推进职业教育体制改革;此外,还要积极改善职业教育的教学方式,增强学习过程的实践性和实用性,这也是提高职业教育社会地位不可或缺的要素。

第二节 尼日利亚的职业教育体制建设

尼日利亚职业教育实行联邦、州和地方三级管理体制,基本形成了从中学阶段的职业准备教育,到多科技学院的职业资格证书教育,以及高级资格证书教育,人才培养从初级的工艺工人到中高级的技术人才,培养模式和体系均已比较完备。在独立后至今50多年的发展历程中,尼日利亚政府和教育部门建立了多种类型的机构来促进职业教育的良好发展。这些机构包括:监管机构、评价机构、资助机构等。

一、职业教育体系和资格框架

(一)职业教育办学体系

在尼日利亚,学生学完基础教育阶段(小学6年,初中3年)的课程,并能顺利通过基础教育资格考试(the Basic Education Qualification Examination,BEQE)(也叫初中毕业考试),就可以选择自己的学习路径。有以下几种选择:(1) 普通高中;(2) 技术学院;(3) 校外职业培训;(4) 学徒制项目;(5) 企业职业学院(Vocational Enterprise Institutions,VEIs)和企业创新学院(Innovation Enterprise Institution,IEIs)。VEIs 和 IEIs 于 2007—2008 学年才开始创办,属于私立职业教育机构,专门针对具体职业而开展培训。

学生选择何种类型的学习路径,主要还是由他们在初中毕业考试中的成绩来决定,成绩越好选择的机会越多。当然,从名义上讲,学生学习权的选择须考虑到他们的学术能力、学习倾向性和职业兴趣。但事实上,学生首选多是公立普通高中或技术学院,而后才是学徒培训、企业职业教育等。

在尼日利亚,高中阶段的教育目标主要有三个:一是为不同潜力的学习者提供多元化的课程选择机会,或普通教育,或职业教育;二是为应用科学、技术和商业领域培养非专业水平的熟练劳动力;三是根据国家需要,为高等教育及相关职业、特殊岗位培养未来的中等层次的劳动力。

在尼日利亚,普通高中也开设一定的职业性课程,并且属于高中教育阶段的核心课程模块,内容包括农业、打字、绘画、机械自动化和木工等,十分广泛。在高中阶段开设职业课程旨在培养学生的职业兴趣和基本的职业技能,以便高中毕业升不上大学而直接进入就业市场后能够尽快地适应岗位工作要求。

尼日利亚的教育体系是把技术教育和职业教育作为两种不同的教育次类型(sub-sector)进行划分的。

一般来讲,技术教育机构属于第三级教育,但不属于大学教育,主要功能是为工业、商业、农业、卫生和教育领域培养中等技术层次的劳动力。多科技术学院、技术学院(又称"单科第三级学院")和教育学院都属于技术教育机构。大多数学生基础教育毕业后的主要升学路径是技术学院,但技术学院数量有限,全国不到200所,而全国初中学校有12000多所。所以,技术学院的入学竞争也是十分激烈的。

承担职业教育的主要机构是为数较多的职业培训中心,其主要功能是为商业、工业、农业及其相关部门培训较低水准的劳动力,如操作工、工匠和技工等。根据不同职业的需要,职业培训中心课程的学习年限一般为1—3年不等。

职业和技术课程是由来自企业界的专家、多科技术学院和大学里的教育家、教育部官员共同开发的。技术学院的学生在成为行业能手之前,都要到冶金、木工、工程制图和基础电工等岗位实习锻炼。技术学院还开设有服装和纺织技术、美工雕刻、贸易、皮革工艺等方面的课程。

(二)职业教育证书与资格

技术学院和多科技术学院的毕业生可被授予的文凭种类有:① 国家文凭(National Diploma,ND)或高级国家文凭(Higher National Diploma,HND),专业包括:会计、银行和金融、建筑技术、经济管理、市政工程技术、电力工程技术、宾馆管理、旅游和休闲管理、机械工程技术、办公技术和管理、测量、科学实验技术、应用化学、统计等。② 国家技术资格证书(National Technical Certificate,NTC)或高级国家技术资格证书(Advanced National Technical Certificate,ANTC),专业包括:地面铺设和硬化、木工、电力安装与维护、锻造与焊接、铸造、家具设计与建造、机械工程工艺、油漆和装修、管道安装、家电维修、冰箱空调维修等。

2010年12月,由尼日利亚国家技术教育委员会负责,组建并成立了国家职业资格框架指导委员会。该指导委员会成员来自各相关部委、司局和企业组织。成立该委员会的主要目的是为了起草一个国家职业资格框架。框架的内容涵盖:资格等级的划分、等级标准的描述、证书的质量保障机制、培训中心的资格认定、需要的法律框架和企业的参与等方面。该委员会起草的报告包括6个职业资格等级,如表5-2所示。

表5-2 尼日利亚职业资格等级

等级划分	资格名称
Ⅰ	入门级,即半熟练工
Ⅱ	基础级,即基本熟练工
Ⅲ	操作员,即熟练工
Ⅳ	技工、熟练工和管理员
Ⅴ	技术员和初级管理职位
Ⅵ	专业技师和高级管理岗位

尼日利亚国家技术教育委员会还与国际劳工组织专家共同开发出"尼日利亚国家职业标准"。

二、职业教育的行政管理

尼日利亚是一个联邦制国家,下辖36个州,各州在政策和管理上都具有一定的独立性。联邦政府和州政府都有立法的权利,共同行使对大学、技术学院、专业教育以及小学后教育的管理权限。联邦教育部是尼日利亚最高教育决策机构,由联邦及各州教育部部长组成。联邦教育部处于教育管理体制的核心地位。尼日利亚的职业教育实行三级管理体制。联邦教育部直接管理国立职业教育机构,州教育部主要负责州立职业教育机构的管理,地方政府主要管理初等职业教育机构。

(一)联邦教育部与州教育部的管理范畴

联邦教育部主要负责国家教育政策和教育发展规划的制定,负责全国统一教育标准的制定和课程设置,对全国教育工作进行宏观调控,并负责对外教育交流与合作。联邦教育部还对课程开发、监督检查和国家考试等进行管理,行使对联邦所属的教育学院、多科技术学院和大学的管理权。联邦教育部下设七个司,分别是:基础和中等教育司、高等教育司、联邦督察服务司、人力资源司、财经司、采购司和政策规划与教育管理司。

各级各类教育经费主要靠政府拨款,除财政拨款外,尼日利亚政府还建立了联邦政府教育税基金。按法令规定,所有在尼日利亚注册的公司,每年须向政府交纳相当于公司利润总额2%的教育税,用于教育发展经费。与此同时,尼日利亚政府还积极寻求联合国、世界银行等国际性组织和政府间的援助支持。

在教育经费方面,联邦教育部负责对全国各地大学、多科技术学院、技术学院、教育学院乃至部分中学办学经费的下拨、分配和管理,其他中学后教育机构的办学经费由州政府负责,另有一些中学的办学经费或由州政府、当地社区、私立机构负责。

联邦教育部通过设立专属机构对国家教育体系的运作情况进行监察。这些下属机构主要有国家技术教育委员会、国家商业和技术考试委员会。这两个机构重点负责职业教育课程标准的制定、课程评估和认证以及资格证书的发放等。其中,国家技术教育委员会是尼日利亚职业教育管理体系的核心。除此之外,还有其他各部设立的管理职业教育事务的直属机构,其中包括工业培训基金会等。这些机构既具有管理职能,也具有协调和监督职能。

所有联邦教育部的直属机构都在州和地方建立了分部,便于传达和执行上级教育政策,监督州和地方教育活动的开展,从而形成"联邦—州—地方"

三级管理体系和网络结构。下面对上述主要机构做进一步介绍。

(二) 国家技术教育委员会

国家技术教育委员会(the National Board for Technical Education, NBTE)属于联邦教育部管辖,成立于1977年。其主要目的是负责管理除大学之外的所有技术教育、职业教育方面的事务性工作,包括课程标准化指导、办学质量监管和资格鉴定、多科技术学院的经费监管等。

1. 国家教育技术委员会成立的背景

20世纪70年代,石油出口换取大量外汇的同时也给尼日利亚经济带来了繁荣。正是在这个时期,尼日利亚的职业教育开始发展起来,办学规模不断扩大,但由于管理跟不上,制度不健全,实践经验也不足,产生了种种问题。例如,完善的质量标准、合格的师资、必要的教学设施等都十分欠缺。这些问题在培训中心和私立职业学校中更加突出,公立职业教育机构也存在课程标准不统一、课程重复建设、管理漏洞多等问题。当时,联邦政府和州政府不得不采取一些措施来解决这一系列问题。首先,州政府接管了所有的私立职业学校和培训中心;其次,成立一个专门性的国家机构,专门负责职业教育事务,这个专门性的机构就是国家教育技术委员会。

2. 国家技术教育委员会的主要职能

国家技术教育委员会由两大部门组成:一是规划部,主要负责职业教育办学机构硬件指标的检查指导,以及国立职业教育机构的硬件投资建设;二是项目部,主要负责课程研究和课程建设,并对课程实施进行评估。①总的来说,国家技术教育委员会的主要职能包括:

(1) 为联邦教育部献计献策,促进各类职业教育机构的发展。

(2) 为联邦人力资源部、工业培训基金会等提供政策咨询,为工业、商业和其他部门的人力需求和人力资源培训进行规划。

(3) 对多科技术学院和其他职业教育机构的财政投入提出政策建议,包括经常性支出和基础性建设费用。

(4) 负责把政府下拨的办学经费合理分配给多科技术学院,帮助多科技术学院引进外部资源。同时要对多科技术学院的教学条件定期进行审核。

(5) 制定各行业和岗位的技术标准,并根据技术进步和国家需求不断进行更新和完善。

国家技术教育委员会成立后,通过多种方式宣传职业教育,提高职业教

---

① EKPENONG L E. Foundations of Vocational Education: New Directions and Approaches[M]. Benin City: Supreme Ideal Publishers Int. Ltd,1995:156.

育的社会地位。国家技术教育委员会说服联邦政府和大学委员会允许高级国家技术资格证书(ANTC)获得者能够进入综合性大学研修硕士学位。国家技术教育委员会还努力在多科技术学院中开设更高级别的课程,授予更高级别的学历证书(如相当于博士学位的证书),使多科技术学院能获得真正公平的社会舆论和评价。

(二) 国家商业和技术考试委员会

1. 国家商业和技术考试委员会成立的背景

为了对原先由英国考试机构主导的技术工艺考试进行本土化改革,国家商业和技术考试委员会(National Business and Technical Examination Boards, NABTEB)于1992年成立。该委员会的成立旨在对长达15年(1977—1992年)之久的公共教育考试系统进行改革。在这15年中,尼日利亚联邦政府先后成立过4个政府小组,专门讨论如何建立全国统一的公共教育考试系统问题。经过马拉松式的研究、讨论和酝酿之后,尼日利亚联邦政府最终决定成立国家商业和技术考试委员会。该委员会的任务是要在全国范围内有效地执行技术和商业考试,颁发可信度高的考试证书,满足考试者的升学或就业之需。

2. 国家商业和技术考试委员会的职能

国家商业和技术考试委员会主要由7个部门和1个理事会组成。这7个部门分别是:管理部、计算机部、财政部、监管部、科研和数据采集部、人力资源管理部、考试管理部。7个部门的执行长组成管理团队,在理事会理事长领导下开展工作。国家商业和技术考试委员会的主要职能如下:

(1) 组织相关考试并颁发证书。证书包括:国家技术资格证书(NTC);高级国家技术资格证书(ANTC);国家商业资格证书(NBC);高级国家商业资格证书(ANBC)等。

(2) 接管原先由英国皇家艺术学会、伦敦城市行业协会和西非考试委员会负责的所有技术和商业考试,发布考试结果,颁发资格证书。

(3) 代表政府与其他考试机构开展合作,组织其他一些考试,如与伦敦商业协会、尼日利亚会计协会的合作等。

(4) 负责职业学校和相关学校的普通入学考试。

(5) 负责相关考试的试题开发、大纲制定、数据和信息发布、考试结果评估等。

(6) 向联邦和州教育部长递交考试标准和其他相关信息的年度报告。

3. 国家商业和技术考试委员会取得的成效和意义

国家商业和技术考试委员会自成立以来,取得了显著成绩,主要包括:

(1) 成为国际教育评价协会(International Association for Educational Assessment,IAEA)和非洲教育评价协会(African Educational Assessment Association,AEAA)的成员。

(2) 与国家技术教育委员会合作,开发模块式课程。

(3) 在全国范围内建立了工作基地。

(4) 对员工进行培训,提高其专业化水平和工作效率。

(5) 提高了考试管理能力,在考试操作环节已全部实现计算机管理。

国家商业和技术考试委员会的成立在尼日利亚具有重要意义。它不但接管了一直由英国皇家艺术学会、伦敦城市行业协会、西非考试委员会操纵的技术和商业考试,实现了尼日利亚职业教育考试评价体系的本土化,它还是尼日利亚职业教育课程改革的重要支持机构,为尼日利亚职业教育的发展、争取职业教育平等地位等做出了积极贡献。

(三) 工业培训基金会

1. 工业培训基金会的建立和主要职能

20世纪60年代,英国的工业培训法对尼日利亚产业工人的培训产生过积极影响。进入20世纪70年代后,尼日利亚联邦政府决定建立本国的工业培训基金会,以促进国家工业人力资源的开发。1971年,工业培训基金会(Industrial Training Foundation,ITF)成立,宗旨是促进"工业和商业知识的获得,培养本土人力资源,满足经济发展需求"。[①]

工业培训基金会是联邦政府第二个技术发展国家规划时期(1970—1974年)成立的三大人力培训和开发机构之一。为了保证工业培训基金会工作的顺利开展,联邦政府拨出一百万奈拉的启动资金。工业培训基金会的主要职能包括:

(1) 鼓励更多企业主特别是小企业主参与职业培训项目。

(2) 根据实际需要,工业培训基金会可代表国家建立自己的培训机构和设施。

(3) 组织与职业培训相关的研讨活动。

(4) 建立国家职业培训和学徒培训项目。

(5) 积极促进非正式培训项目及正规职业教育项目的开展。

上述职责的履行,将进一步提高人力资源开发能力,促进生产力的发展,促进毕业生就业和青年人的自主创业能力。

---

① http://www.itf-nigeria.com/about.htm. 2007-06-3.

2. 工业培训基金会的组织机构

工业培训基金会是一个比较庞大的运行机构，下设 11 个部门和 1 个管理委员会。其中，管理委员会是工业培训基金会的主心骨，指导其他部门工作。管理委员会由 1 位单独任命的主席以及 22 位从多个政府部门（如工业部、教育部、劳动部等）选出的成员组成。其他的 11 个部门分别是：执行部、培训和发展部、管理部、发展和研究部、合作部、职业和实习部、财政部、公共关系和出版印刷部、法律事务部、工业分配和拨款偿还部、审计部。其中，培训和发展部被认为是工业培训基金会的核心部门，工业培训基金会基本上围绕该部门开展活动。

工业培训基金会的成立对于尼日利亚工业技术人才的培养和培训起到了重要作用，它是尼日利亚政府依靠自己的力量促进本国职业教育和技术发展的重要组织。

第三节 尼日利亚职业教育改革进程

在尼日利亚，接受职业教育的学生除了学习专业课之外，还必须学习规定的基础性课程，主要包括英语、尼日利亚语，以及数学、物理、化学、生物中的任意一门，农村学生还需要学习一门农业科学。尼日利亚职业教育改革基本上都发生在政权交替后或国家教育重大变革时期，如《国家教育发展纲要》颁布后。尼日利亚《国家教育发展纲要》首次发布是在 1977 年，随后又分别于 1981 年、1998 年和 2004 年进行过三次较大幅度的修订。结合尼日利亚职业教育改革和发展的实际，可以将尼日利亚职业教育改革进程分两个阶段进行考察：一是 1960—1980 年，尼日利亚的职业教育如同其经济发展一样，经历了由起步、繁荣到衰败的过程，职业教育发展也经历过调整、改革和停滞的阶段；二是 1981 年至今，职业教育一直少有建树，但近年来有"整装再出发"的好转，尤其是世界职业教育发展对尼日利亚职业教育的影响也是十分明显的。

一、独立初期的职业教育改革

尼日利亚独立后，由于政局尚不稳定，新政府一时无力对教育体制进行大刀阔斧的改革。要在短期内对原殖民主义的教育制度包括课程体系等进行全面的改革，几乎是不可能的事。直到 20 世纪 70 年代，尼日利亚的职业教育改革才提到了议事日程。通过梳理独立初期国家教育领域所发生的几件大事件可洞观其变。

(一) 阿什比委员会的成立(1959年)

1960年,尼日利亚宣告独立,结束了长达几百年的殖民地统治。虽然从政治上获得了独立,但尼日利亚政府一时根本无力解决混乱和纷争的局面,军队把控着实权。1966年,尼日利亚发生政变,随后在1967—1970年爆发了比夫拉内战。战争的起因之一是石油财富的分配和占有问题。战争各方不仅争夺财产,也争夺人力资源。内战时期,联邦政府主要把精力放在如何把控经济、更好地为战争服务,而不是如何发展教育、解决民生问题。内战结束后,联邦政府积极恢复经济,促进生产发展。到了20世纪70年后期,尼日利亚政局相对稳定,经济快速发展,教育也得以扩展。

独立后的前10年,尼日利亚的职业教育基本上依照英国殖民地统治时期的模式进行。当时主要的职业教育机构为行业中心、技术学校、中等商业学校。根据1951年的麦克费逊(Mac Pherson)宪法的规定,职业教育课程设置权由学校掌握,这些学校或沿用英国的模式,或自行设计,课程标准和质量参差不齐。

国家独立后,尼日利亚的各级政府官员陆续由本国人接替。在这个转型时期,教育被视为培养人才以替代外国工作人员的重要途径。为了解决独立后的人才危机,过渡时期的联邦政府在1959年就成立了阿什比委员会(Ashby Commission),该委员会主要负责调研未来20年国家的人才需求,为独立后的教育发展计划做准备。阿什比委员会在1961年初公布了调查报告,内容分三大部分:一是对20世纪80年代尼日利亚国家发展的构想;二是预测到1970年时尼日利亚高水平劳动力的需求情况;三是对当前国家教育领域人才培养能力的估计。

阿什比委员会在调查报告中还提出两大建议:一是政府需为国内在职人员继续教育提供机会;二是要完善中学后教育体系,扩大中学后教育规模,以满足尼日利亚1980年前的人才需求。报告指出:尼日利亚教育的主要缺陷在于过于偏重文科和学术教育,而纠正这一偏向的最好方法是在初等和中等教育阶段开设技术科目(即"职业科"),并将其作为义务教育的学习内容。调查报告认为应该在中等教育阶段重视发展职业教育。调查报告还指出:"到1980年,尼日利亚需要培养500名工程师和2500名技术员,才能满足工业发展对人才的需求。"[①]这一时期尼日利亚的教育发展政策和规划,明显受到国际组织关于非洲国家要在中等教育阶段扩大发展职业教育思想的影响。

---

① EKPENONG L E. Foundations of vocational Education: New Directions and Approaches[M]. Benin City: Supreme Ideal Publishers Int. Ltd,1995:15.

联邦政府将阿什比委员会的调查报告作为尼日利亚 1960—1970 年 10 年教育发展的基本方向。从 1962 年起，原先的职业教育课程开始被修订，技工学校成为小学毕业生进入行业中心学习的过渡场所。行业中心后来改为技术培训学校，原先的技术教育机构改为技术学院。

实际上，尼日利亚建国初期的职业教育课程改革一直持续到 20 世纪 80 年代初。期间由于联邦政权经历多次变故，经济上也由盛到衰，职业教育的课程改革也是一波三折，成效并不显著。

(二) 全国教育会议的召开(1969 年)

几经波折后，1969 年 9 月尼日利亚全国教育会议终于在首都阿布贾召开。参加会议的代表十分广泛，包括来自行业企业、农村、妇女协会、宗教团体、教师委员会、大学教师、教育部官员等在内的数百名代表。会议集中讨论并审议通过了国家教育发展的九大议题。这九大议题分别是：(1) 国家教育方针和教育思想；(2) 初等教育发展目标；(3) 中等教育发展目标；(4) 高等教育发展目标；(5) 教师教育发展及教师的地位；(6) 科学教育、技术教育的作用；(7) 妇女教育的地位；(8) 生存教育问题；(9) 公共教育的管理。

全国教育会议的主要贡献是进一步明确了各阶段教育发展的目标。会议把发展职业教育提到了重要地位，对职业教育的重要性和急迫性有了更全面的认识。会议要求全国的普通中等学校都必须开设一定比例的职业教育课程，同时还要通过政府的力量建设一批新的职业学校。到 20 世纪 70 年代末，尼日利亚中等职业教育学校和学生数量都有了明显增加，中等后教育阶段，也发生了从过多强调文科教育，到越来越多开设技术性和职业类课程(如商业、家政、工程、农业技术等)的转变，高等教育的课程取向也更加多元化。

(三)《国家教育发展纲要》的颁布(1977 年)

1973 年，尼日利亚又召开了一次全国性的教育工作会议。会议对 1969 年全国教育会议提出的 65 项建议达成了一致意见，并起草了一系列文件。这些文件奠定了国家教育发展纲要的基础。4 年后的 1977 年，尼日利亚第一个《国家教育发展纲要》正式颁布。

该纲要的发布是这一时期国家教育发展最具影响力的事件，也成为职业教育改革与发展的纲领性文件。该纲要具体规定了国家教育发展的目标，强调要重视各阶段教育的质量，号召对初等、中等和高等教育进行全面的课程改革。

该纲要还首次确立了国家的基本教育体系为 6—3—3—4 学制。其中，初等教育6年,中等教育6年(初中3年、高中3年),高等教育4年。该纲要特别强调要发展职业教育,除了高等教育阶段的技术教育外,其他类型的职业教育有:(1)小学后的职业准备教育;(2)初中后的技术学院;(3)中学后的多科技术学院;(4)中学后的技术师范学院。

该纲要认为,各个教育阶段都应该提供"技术的"或"职业的"课程。在中学阶段,实行课程多样化改革,既开设学术教育课程,又需提供职业预备教育课程,帮助学生不仅拥有学术知识,同时也拥有职业和技术入门知识。这样安排的目的是为学生中学毕业后进入工作岗位或升学做准备。

在中等教育阶段,提供职业教育的重要机构还有技术学校。技术学校向学生提供3年制的课程,如土木和建筑工程、电子电气工程、机械和生产工程、工业科学、应用艺术、化学工程和食品技术等。

该纲要实施后,高等职业教育从无到有,有了一定的发展。自1972年第一所多科技术学院建立后,联邦政府、州政府先后新建了多所多科技术学院。到1980年,尼日利亚共有23所多科技术学院,招生数量大约为25006人。多科技术学院既开设全日制课程,也开设有非全日制课程,以满足社会经济发展对中高级技术人才的需求。

据统计,1970—1974年,联邦政府和州政府下拨的职业教育总经费为1200多万奈拉。1975—1980年,职业教育经费约占国家教育经费总支出的11%,合27730多万奈拉。其中,联邦政府承担了约50%的费用,其余由州政府承担。

在1960—1980年这20年,尼日利亚政局经历了从动荡走向稳定的过程,但经济发展却开始从繁荣走向衰退。期间,职业教育经受着严峻的考验,突出问题是毕业生就业愈发困难。于是,在1975—1980年,尼日利亚对原先的职业学校课程进行了改革,以便能更加适应劳动力市场需求。尼日利亚建立了一些5年制的中等技术学校,广泛开设学术性课程和技术类课程,希望能够与技术学院和多科技术学院的课程实现衔接。这一时期还建立了4年制的多科技术学院,但由于受综合性大学的影响,建立初期并没有体现出多科技术教育的特色。20世纪80年代初,尼日利亚开始对多科技术学院进行课程改革,希望使多科技术学院发展与经济社会发展的联系更加密切,并能充分体现技术教育的本质和特色。

二、20世纪80年代以来的职业教育改革

(一)职业教育改革的社会背景

像许多其他非洲国家一样,尼日利亚独立以后,新生政权在国家治理能

力方面的不足就暴露了出来,导致了类似政权频繁更迭、部族冲突不断、公共安全问题多、官员腐败严重等问题,给社会发展带来危机。也正是在这个时候,西方民主思想便被再一次嫁接到了非洲国家的治理层面上。在西方国家的支持下,尼日利亚新政府开始仿照西方资本主义国家的治理模式,开始立宪和选举。尼日利亚效仿美国的三权分立制度,希望通过新宪法的出台来巩固上层力量,将地方冲突降到最低。但事实上,美国的宪政体制并没有在尼日利亚取得很好的运行效果。相反,所谓的"西式民主"带给尼日利亚人民的多是动荡和不安,因为竞选中经常出现不公平竞争,法律常常被绝对权力所替代,象征公正的司法体系被搁置一边,"逢选必乱"似乎成为尼日利亚乃至非洲很多国家的"魔咒"。长此以往,导致尼日利亚出现了经济发展低迷、失业问题严重、消费品紧缺、通货膨胀严重、走私现象层出不穷等问题,使得政府名声扫地。1983年,刚成立没几年的民主政府便被推翻,取而代之的是长达10年的军政府统治。

军政府利用铁腕措施解决腐败问题,但在经济上并无大的起色,社会问题依旧存在。军政府在1988年推出的结构调整计划也以失败告终,使得尼日利亚外债一路飙升,通货膨胀率居高不下,人民生活水平严重下降,再次引起了国内政局动荡。于是,1993年11月,尼日利亚又建立了新的军政府。新政府为缓解国内矛盾,修改了《国家安全法》和《民事动乱法》,同时制定和颁布了新的宪法,规定尼日利亚实行多党制,分步进行地方、州和联邦三级政府的民主选举。新政府在恢复和发展经济方面也采取了一系列措施,如废除《企业本土化法》,颁布《外商投资法》和《外汇管理法》,允许外资在尼日利亚独资或合资经营、承包等。这些措施使得尼日利亚的经济有所回升。

1999年初的总统大选,选出了尼日利亚新总统,结束了军政府的长期统治。新的民选政府面对矛盾尖锐的国内形势,出台了多项措施,旨在巩固权力,稳定政局。这些措施虽然基本保持了政局稳定,但长期以来所积累的问题很难在短期内得到解决。

(二)《国家教育发展纲要》的修订(1981年)

1977年首次发布的《国家教育发展纲要》,从起草、颁布到实施并不顺利,中间拖了两三年才开始实施,但真正实施后不久又发现了许多问题和不足。于是,尼日利亚政府在1981年对《国家教育发展纲要》又进行了重新修订。1981年修订后的《国家教育发展纲要》明确职业教育的发展目标是:①

---

① Federal Ministry of Education. National Policy on Education. Abuja:FME.1981:298.

(1) 在应用科学、技术和商业领域，特别是在专业层面培养劳动力。

(2) 为农业、工业、商业和经济发展提供技术知识和职业技能。

(3) 培养能应用科学知识改善和解决环境问题的人才。

(4) 为工程技术和其他技术的专业化研究提供入门准备。

(5) 为那些自主经营、自力更生的手工业者、技术员和其他技术人才提供必要的技能培训。

(6) 使青少年和妇女对日益发展的技术有一个认识和学习的机会。

受英国教育体制改革的影响，尼日利亚也开始在初等教育和中等教育课程体系中设置核心课程模块，同时对初中阶段的学术性课程和技术性课程内容进行整合。在高中阶段，除了新设立的核心课程模块外，课程的综合化趋势更加明显。学生除要学习专业课之外，还必须学习规定的核心课程。这些核心课程包括：① 英语；② 一门尼日利亚本族语；③ 数学、物理、化学、生物中的任意一门；④ 历史或地理或文学作品中的任意一门；⑤ 农业科学或一门职业课程。核心课程旨在为学生进入更高一级的教育和职业生涯发展打好基础。

在尼日利亚，中等教育阶段课程体系调整之后，需要更多的职业教育教师。为缓解教师不足，政府部门决定新开设一些技术师范学院，扩大技术教师教育的培养和培训，同时鼓励引进当地的技术人员到学校任教，支持教师到企业实习锻炼。

三、20世纪90年代开始的职业教育课程改革

（一）职业教育的课程评价

尼日利亚职业教育改革必然伴随着课程的改革，课程质量是职业教育质量好坏的重要指标。在国家技术教育委员会成立之前，尼日利亚没有全国性的专业评价机构，各类学校以西非统一考试为评价标准。由于经济因素的制约，一些学校根本没有足够的设备开设课程，培养出来的学生也就无法达到就业要求。从20世纪90年代开始，国家技术教育委员会开始重视职业教育的课程评价，制定出全国统一的课程标准，课程实施逐渐规范起来，课程质量明显提高。

尼日利亚职业教育课程评价机构主要包括：国家技术教育委员会、大学委员会和国家教育学院委员会（National Commission for College of Education, NCCE）。这些机构负责各自领域的职业教育课程开发项目，并对所开发的各类课程进行评价。评价的主要指标包括：课程思想和教育目标、学习者要求、教学方式、教学设备、学业成绩等。不同类型的课程评价内容侧重点

也不同,如国家教育学院委员会开发的国家教育资格证书(National Certificate for Education,NCE)课程中,评价主要围绕以下指标进行:

(1) 开设本课程之前的教育发展情况。
(2) 教学、学生、课程评价组织和课程开发过程。
(3) 学生在不同阶段的学业成绩。
(4) 教师的工作时间和教学活动情况。
(5) 学生实践。
(6) 雇主在职业教育课程开发中的参与情况。
(7) 学生对待不同课程的态度,雇主对毕业生的接受程度等。

最终的评价结果是判断每项课程在学生入学要求、课程内容、教学设施、教学和非教学人员素质和数量、教学结果质量等方面是否达到了最低质量标准。

当然,评价也存在一些不足。首先,由于评价涉及课程项目中的诸多因素,因此,在一些评价环节中会有"走过场"现象;其次,一些办学机构教学实施不足,为应付评价工作,可能会临时从商店或其他机构借来设备,以达到评价合格的目的。尼日利亚教育部将根据评价中发现的问题,及时对课程评价方案和评价指标进行修改。

(二) 职业教育课程改革的成效与困难

独立后至今半个多世纪里,尼日利亚的职业教育无论是在办学规模、管理机制方面,还是在课程建设方面,都取得了一定的成效。

1. 课程管理体系基本完善

尼日利亚实行国家、州和地方三级教育管理体制。国家主要负责教育法律、标准的制定和监督实施,并管理各级教育中的国立教育机构。就不同类型的教育而言,教育部专门设置机构对其进行监管。国家技术教育委员会是尼日利亚教育部直属的职业教育管理机构,它的设立标志着尼日利亚职业教育独立体系的确立。国家技术教育委员会从决策高度,设立全国课程认证标准、课程评价标准、各级职业教育机构资格认证。该委员会在各州所设分会,负责对本属地所有的职业教育机构进行监督,形成了从国家到地方同一管理机构的分层管理,提高了管理成效。此外,联合入学考试委员会、国家商业和技术考试委员会等,与国家技术教育委员会一起构成了比较完整的尼日利亚职业教育考试评价体系。该体系有别于普通教育考试评价体系,体现出鲜明的职业教育特征。

2. 课程数量和类型增加

改革后的尼日利亚职业教育课程,不仅数量增多,类型也趋多样化。一开始建立的职业教育机构中,仅有少量工程、师范、农业等方面的课程;发展到现在,已涵盖了农业、商业、工业、师范、林业、畜牧业等各大专业的近200个课程模块。在2004年修订过的《国家教育发展纲要》中,明确规定技术学校开设的课程范围至少应包括11个专业大类的38个课程模块,并有全日制和非全日制之分,适应不同学习者的需要。一些学校还进行过学分制课程试点,引入过北美的模块式课程,课程的灵活性、实践性逐步提高。

3. 职业资格证书课程完整

尼日利亚职业教育学生在毕业时可以获得学历证书和职业资格证书,实现学生毕业即获得就业准入资格。为了促进学校课程的设计与职业资格的标准相一致、能衔接,由国家技术教育委员会、工业培训基金会等专门机构牵头,集合行业专家和教育专家,根据行业和市场需要,进行了职业资格证书课程的开发工作。

4. 职业教育与普通教育相衔接

尼日利亚高等职业教育机构——多科技术学院实行单独的入学考试,而且建立了国家职业资格证书体系,实现了学历证书与资格证书的等值互换,在很大程度上保证了各级职业教育的连贯性发展。

虽然,尼日利亚的职业教育改革取得了不少成就,但也存在诸多问题,面临种种困难。例如,职业教育发展的政治和经济环境并不理想,而且面临许多不利和不稳定因素。职业教育经费不足问题一直难有改观。以2004年为例,当年教育拨款大约为938亿奈拉,而实际发放给国家技术教育委员会的经费为5亿多奈拉,约占当年总教育拨款的0.5%。[①] 教育经费不足带来的不良影响是直接的,如教学设备落后、教师工资待遇低、基础建设投资不足等,最终影响职业教育的质量提高。

为了解决职业教育领域所面临的种种困难,尼日利亚政府积极与外国和国际组织建立合作伙伴关系,如与联合国教科文组织、世界银行、西非国家经济共同体等合作开展了多个行动计划项目,其中包括:① 引入企业职业学院和企业创新学院,以增强私立职业教育机构的管理能力,提高岗位培训的相关性;② 建立国家职业资格框架,为职业教育质量评价、技能(能力)评价提供指导;③ 更新职业教育机构的设备和设施,其中包括51所多科技术学院里的工程实验室和工作室的仪器设备购置等;④ 允许具有核心能力和特色学科的多科技术学院自主设立专业学位。

通过这些行动项目,进一步拓展了尼日利亚职业教育的办学路径,改善了职业教育的办学条件,促进了教师和培训员队伍的发展,增强了职业教育的社会影响力。

---

① 谢炎炎.尼日利亚职业技术教育课程改革与发展[D].浙江师范大学,2007:36.

第六章 南非职业教育改革与发展

南非是非洲大陆综合国力最强的国家。南非的国土面积只占非洲总面积的4%,2017年人口有5670多万,约占非洲总人口的6%。

1994年,南非实现民族和解,在废除长达300多年的种族歧视政策后,如何全面提高劳动者特别是黑人劳动者的素质,保护黑人在经济社会生活中的各项权利,成为新南非的一项紧迫任务。正是在这样的背景下,南非对发展职业教育给予了特殊关注,并取得了一定成效。但近几年来,南非的经济发展一直低迷,据国际货币基金组织统计显示,2012—2014年南非的经济增长呈下滑趋势,通胀、贫困、失业等问题一直困扰着南非的经济和社会发展。在此背景下,2012年,南非国家计划委员会向总统祖玛提交了《2030国家发展规划》。该规划旨在通过团结南非人民、释放南非国民的生产能量,到2030年实现消除贫困、减少不平等,确保南非到2030年达到发达国家水平。职业教育作为国家发展战略和发展目标之一,在该规划中占有一席之地。

第一节 20世纪90年代南非职业教育变革

20世纪90年代是南非社会政治的大变革时期,1994年成立的新南非政府废除了种族隔离的不平等教育制度,为南非教育事业的发展铺平了道路。职业教育改革也成为南非教育改革成果中最为显著、影响最为广泛的领域之一。

一、南非职业教育体系的主要特征

南非的正规学校教育基本分为三个阶段:义务教育与培训、继续教育与培训(相当于高中阶段教育)和高等教育与培训。各个阶段的教育与国家资格框架(National Qualification Framework)相对接,不同阶段的学习对应不同类别和级别的国家资格,获颁相应的资格证书、文凭和学历。

南非的职业教育体系有其特殊性,最显著的特点是正规的学校教育与非正规的职业培训并行,并且把培训贯穿于各个不同的教育阶段,比如"义务教育与培训""继续教育与培训""高等教育与培训"等。学校职业教育体现在义务教育、中等教育和高等教育三个层次之中,普通教育与职业教育既相互贯通又自成体系。而各类职业培训包含成人教育、开放教育、远程教育等,通常称为"学校后教育"。

南非教育的普通教育与职业教育分流是在继续教育与培训阶段(九至十二年级)。义务教育阶段的毕业生可以有三种选择路径:一是普通教育路径。学制3年,相当于高中,分别对应国家资格框架中的2级、3级、4级。完成学业后,参加国家高中毕业(National Senior Certificate)考试,通过者即可获得高中毕业证书。高中毕业证书是取得大学入学资格的前提。二是职业教育路径。职业教育路径由继续教育与培训学院实施,类似于我国的中职。职业教育路径主要包括六大领域:工程、商业、艺术、农业、工业及社会服务。这类学校课程的程度不一,以教授实用技术为主,开设了部分理论课和实践课。按照所选行业不同,学生的入学起点分别是十年级、十一年级和十二年级。中等技术学校的课程共分为六个等级,对应国家资格框架中的水平5。若完成全部课程再加上与之相关的两年实习,可以获得文凭证书,相当于国家资格框架中的水平6,可直接就业。三是各种非正规教育学习,同样可以获得国家认可的职业资格。

南非高等职业教育主要由6所公立的科技大学和6所综合性大学承担,其次是大学之下的继续教育与培训学院(Further Education and Training College,FETC),全国共有50所继续教育与培训学院。这50所继续教育与培训学院都是公立的,分布在全国各地,共设有254个校区。继续教育与培训学院属于一种综合性的教育服务机构,开设的教育项目主要有两类:国家证书(National Education,NATED)课程系列和2007年推出的国家证书(职业)[National Certificate(Vocational), NC(V)]课程系列。前者属于学徒式教育,而后者既可以升学,也可以就业。① 除此以外,还有一小部分是教育部门以外的其他政府部门开办的技术学院,也属于公立职业教育机构。

技能培训体系也主要包括两种:一是以获取某种职业资格为目的的正规技能培训,由劳动部负责,通过行业教育与培训局,借助技能税来推动。正规的技能培训统称"学习项目"(Learning Program),包括获取部分职业资格的短期"技能项目"(Skills Programs)和通向完全的职业资格的学徒教育与工作学习教育(Learnership)。二是短期的非正规技能培训,这类项目类型多样,形式不一,例如尚未就业的继续教育与培训学院毕业生到企业顶岗实习也是

---

① 王琳璞,徐辉.祖玛时期南非职业与技能教育改革[J].外国教育研究,2013(06):98-99.

其中的一种。① 上述两种技能培训,都可以导向完全职业资格的学习项目,但要想真正取得某种职业资格,学习者还必须具备实际的岗位工作和系统的理论学习这两个条件。

私立教育和培训机构在大学及以上层次的职业教育中影响较小,因为私立高校不仅规模不如公立高校那么大,而且总体质量不佳,且多半属于商业、教育和健康科学领域。但在大学以下层次,私立职业教育与培训机构获得了较大的发展空间。据推测,各类私立职业教育与培训机构的入学总人数超过了100万,远超继续教育与培训学院2009年38.5万人的规模。② 私立职业教育与培训机构无疑成为南非教育和培训发展过程中十分重要的可利用资源,但是对私立职业教育与培训机构的管理也存在许多漏洞,需要进一步完善管理和运行机制,同时也要进一步加强对公立教育和培训机构的改革,促进公立和私立教育和培训机构的共同发展。

二、南非职业教育的体制改革

1994年之前,南非共有152所公立职业技术学校,然而却分属于19个不同的种族隔离教育当局管辖。这种多头分治的管理体制造成南非职业教育体系成本高、效率低,教育管理杂乱无章,缺乏统一性和规范性。1994年新南非政府成立后,在政治上结束了种族隔离制度,为大范围的教育改革奠定了基础和条件,随即南非在职业教育领域掀起了一场从教育制度到课程内容的系列变革。

(一) 颁布新的职业教育法规

1994年种族隔离教育制度废除后,南非职业教育改革取得了许多突破性进展。政府及相关立法机构通过了多项新的教育法规,为职业教育体系的改革与重建奠定了基础。1995年,南非教育部颁布了《教育与培训白皮书》,明确了南非职业教育的发展远景,把职业教育定位于服务国家人力资源开发战略,并将终身学习列为职业教育发展的一项任务。同年出台的《南非资格认证法案》确立了资格认证框架制度,为政府宏观调控职业教育体系提供了重要准则。接着南非又于1996年颁布了《南非学校法案》和《国家教育政策法》,详细阐述了南非新政府对职业教育管理的规范化要求,规定了政府部门在立法、行政和监督等方面的具体职责,并确立部门间合作治理的相关原则。除了教育部门立法以外,南非还根据职业教育的独特性,同时制定出以劳工

---

① 王琳璞,徐辉.祖玛时期南非职业与技能教育改革[J].外国教育研究,2013(06):98.
② 同①:99.

部门为中心的相关法规,包括1998年的《国家技能开发法案》和2001年的《国家技能开发战略》,确立了劳工部与教育部的共同治理模式,有效弥补了单纯教育法令在构建职业教育体系中的不足。①

（二）成立新的职业教育管理机构

为了改变以前冗繁低效的教育管理模式,南非政府对国家职业教育管理机构进行了调整和改革,将种族隔离制度下各自为政的19个教育当局合并为一个全国统一的教育部。国家教育部与各省级教育部门对职业教育实施层级管理。国家教育部负责全国职业教育规划的制定、质量的评价和监管。同时将原先国内的152所职业技术学校合并为50所继续教育与培训学院,在办学规模、区域布局和服务对象、服务能力等方面都得到了显著提升,并确立了公平的教育资源分配机制。合并后的继续教育与培训学院享有更高的自治权,每所学校都独立设有首席执行官,全权负责学校教育质量监管工作,同时接受国家和省级教育部门的统筹安排。

除中央和省级教育管理部门外,南非新政府还成立了行业和劳工部门的职业教育管理机构——行业教育与培训专局,成为沟通中央和地方职业教育管理的中间职能机构。1995年成立的南非资格认证局由29名专家组成,他们由劳工部和教育部部长共同任命,负责对南非的职业教育质量水平进行监督。此外,南非政府还设立了教育厅长委员会、教育与培训质量保障团体、南非教育工作者理事会等教育社团机构,在南非职业教育发展过程中也起到一定的建言献策和评价监督作用。这样一来,南非的职业教育体系就形成了以国家教育部为核心、劳工部为辅助、其他相关教育机构为补充的立体式教育管理体系。各个部门拥有不同的分工和职责,进而能够全方位、多层面地确保职业教育政策的开展和实施。

（三）创建国家资格认证框架体系

1995年,南非成立了国家资格认证局(South African Qualification Authority),并同时创建了国家职业资格认证体系,将所有阶段的教育统一纳入国家资格认证框架中。南非的国家资格认证局作为职业教育的一个外部保障机构,代表国家制定资格认证框架标准,从宏观上监督和调控职业教育的运行,以保证学习者能接受到高质量的职业教育。国家资格认证框架是一种依照行业标准对学习者的专业水平进行考查的评价制度,主要负责职业教育的资格标准和质量保障,适用于包括职业教育、普通教育在内的所有教育

---

① 朱守信.南非职业教育体制的重建改革与进展[J].当代教育科学,2012(3):46-47.

系统。实行国家资格框架制度是南非职业教育改革最具影响的一项举措,它确立了南非新学制的基本模式和母版,不仅对职业教育体系产生了巨大影响,而且也对普通教育乃至整个国民教育体系进行了重构。[①] 南非各阶段教育与资格等级参见表 6-1。

表 6-1 南非各阶段教育与资格等级

资格框架等级	阶段	年级	资格类型
10	高等教育与培训		博士学位 专业博士学位(Professional Doctoral's Degree)
9			硕士学位 硕士学位(职业)(Professional Master's Degree)
8			荣誉学士学位(Bachelor Honors Degree) 研究生文凭(Post Graduate Diploma) 专业资格证书(Professional Qualification)
7			学士学位 高级文凭(Advanced Diploma)
6			文凭(Diploma) 高级证书(Advanced Certificate) 职业证书 6 级(Occupational Certificate Level 6)
5			高等证书(Higher Certificate) 高级国家职业证书(Advanced National Vocational Certificate) 继续证书(Further Certificate) 职业证书 5 级 国家证书 4—6 级
	继续教育与培训	继续教育与培训证书	
4		十二年级	国家证书 国家证书(职业)4 级 国家高中毕业证书 国家证书 1—3 级 职业证书 4 级
3		十一年级	中级证书(Intermediate Certificate) 国家证书(职业)3 级 职业证书 3 级
2		十年级	初级证书 国家证书(职业)2 级 职业证书 2 级

---

① 朱守信. 南非职业教育体制的重建改革与进展[J]. 当代教育科学,2012(3):47.

续表

资格框架等级	阶段	年级	资格类型
普通教育与培训证书			
1	义务教育与培训	一至九年级	普通证书（General Certificate） 国家证书（职业）1 级 职业证书 1 级

资料来源：Government Gazette. (2012). Determination of the Sub-framework that Comprise the National Qualifications Framework. http://www.saqa.org.za/docs/policy/determination.pdf

根据国家资格认证框架确立的新学制，学生完成九年义务教育（达到资格框架等级 1 级）后可以有三种不同的选择：一是升入普通学校，继续完成十至十二年级的学习，对应资格框架中的 2—4 级；二是进入职业学校学习；三是直接进行职业训练，在校外工作场所进行以实践为主的学习。三种选择的结果殊途同归，学生通过这三种途径都可以取得国家资格认证框架的 4 级水平。这样一来，国家资格认证框架就将教育和培训纳入到统一的学制体系中，有效地整合了教育和培训两大领域。国家资格认证框架的另一个贡献是创立了学分累积制度，即学习者在远程教育、工作场所及非全日制学校中所受的教育及其学习成果均能得到认可，并可以学分的形式在国家资格认证框架中获得一定的级别。通过国家资格认证框架的实施，南非政府将职业教育更好地嵌入新国民教育体系中，实现了南非旧教育制度向新教育体系的转型。

（四）实施"结果本位"的课程改革

在进行职业教育体制改革的同时，南非政府也开始逐步实施新课程改革计划。1997 年，南非政府出台了《2005 课程：21 世纪的终身教育》，在借鉴欧美发达国家课程模式的基础上，引入了"结果本位"的核心理念。南非职业教育新课程改革以"结果本位"为指导思想，通过技能测量的方式规定学生所需掌握的内容，明确了学生在接受完职业教育后应该且必须达到的知识水平和技能程度。新课程强调经验学习、参与学习与合作学习，培养了一批具有批判精神、创新能力和有责任感的新南非公民。整个职业教育的课程设置以学习者为中心，围绕学习者在学习过程结束时能取得何种职业技能而展开，通过结果的设定来引导教育内容和教学过程。这标志着南非职业教育的课程范式开始从"内容本位"向"结果本位"的转变。

在此基础上，南非教育部门还将"结果本位"的课程组织形式纳入国家资格认证框架中，力求使职业教育能够满足南非社会经济转型对技术型人才的迫切需求。国家教育部制定国家资格认证框架的初衷就是用来评定学生的学习结果和水平,通过国家资格认证框架设定的标准对学习结果进行级别评审,为"结果本位"目标的实施提供了可行依据。因此,可以说"结果本位"的课程改革与国家资格认证框架共同塑造了南非职业教育,一个是微观领域的实施,另一个是宏观领域的规划。两者相互配合,相得益彰,构成南非新职业教育体系的双重基石。①

三、南非职业教育改革取得的成效

(一)依靠政府力量,推动职业教育发展

依靠行政手段和政府力量驱动是南非职业教育改革的首要特征。为了实现职业教育的跨越式发展,南非政府颁布了多项职业教育政策,制定出系统化的职业教育管理体制并成立了相关责任机构。南非政府还从立法上给予职业教育充分保障,以法律的形式规范和促进职业教育的发展,使各级行政部门能够依法对职业教育实施监督管理。在此基础上,南非政府从增强国家综合竞争力的角度及时提出了国家技能开发战略,将职业教育提升到人力资源开发的战略高度,并给予大量的政策支持和资金扶助。为了配合这一战略的实施,南非政府还专门增设了国家技能局和国家人力资源发展合作委员会,协助教育部门共同商议职业教育改革事业。南非政府积极参与职业教育体系的重建,通过自上而下的法律和政策推动了职业教育改革,而不是完全由市场决定职业教育的发展,这成为南非职业教育能够在短时期内通过变革摆脱旧体制束缚的主要原因。

(二)规范过程管理,保证职业教育的质量

南非职业教育的另一个重要特征是创立了严格规范的质量保障制度。教育部、劳工部以及其他相关管理机构共同负责监督职业教育的教学质量和成果评价,通过学校注册、教师资格和学生考评三重措施保证职业教育的质量。南非政府对学校和教师实行严格的准入制度,而对学生则实施"宽进严出"的学业制度。所有的职业教育机构必须经过注册才能进入国家资格认证框架获取办学认可,教学人员只有取得教育从业资格证书才能上岗,学习者的知识和技能也必须经过严格的考核才能够获得国家承认。南非职业教育的规范化还表现在教育和培训共用同一资格认证框架,学生在不同的教育体

① 朱守信.南非职业教育体制的重建改革与进展[J].当代教育科学,2012(3):47.

系(包括正规和非正规教育)中的学习成果能够相互承认。这使得原先未受过正规教育和培训的人群也能够进入职业教育系统进行学习,从而扩大了职业教育的对象范围,也从另一方面提高了弱势群体的受教育质量。严格规范的质量保障体系使南非的职业教育在改革过程中没有以牺牲教学质量为代价,确保了南非职业教育十多年来平稳快速的发展。

(三) 强化资源整合,建立起开放的职业教育体系

南非不是单纯地发展职业教育,而是在发展职业教育的同时注重基础教育和高等教育的发展。在新资格认证框架下,南非的职业教育不再是一次性、终结性的教育过程,转而成为整个教育系统中的一个开放式教育环节。资格认证框架确立了一种开放性的、由低到高的学业晋升体制,学习者可以通过不断学习获得更高一级的国家资格,确保了职业教育内部的上下流动和贯通。国家资格认证框架为教育和培训制定了统一的评价标准和管理原则,将学校教育和职业培训融为一体,形成了一个完整的体系,不仅改变了职业教育原有的弱势地位,而且也利于促进学习者在职业教育和普通教育两个系统之间自由转学和升学。职业教育向普通教育靠拢已经成为当今全球职业教育发展的主要趋势,职业教育如果完全独立于普通教育,其发展必然会走入死胡同。南非政府将职业教育置于更广泛的教育系统中,并且注重次级系统之间的交流互动,形成了一套纵向递进和横向连接的制度设计,有效避免了职业教育体制内部的自我僵化。

(四) 人才培养既体现学术性,更注重应用性

南非职业教育的课程特征表现为学术性和应用性并重。1995年颁布的《教育与培训白皮书》就反对在职业教育中对学术和应用、知识和技能、理论和实践做出过度区分。新课程改革一方面要求职业教育充分贯彻"结果本位"的课程思想,注重理论知识的传授;另一方面又要尊重职业教育的办学规律,在课程设置、师资配备和人才培养等环节突出职业教育与其他教育类型的差别,强调应用型职业人才的培养。虽然南非的职业技术学校的主要任务是培养大批中高级的技能型人才,但并未因此而降低学术性课程的教学,反而将学术性课程的教学提高到与普通教育相近的程度,尤其在数学和语言这两门基础学科的考核上与普通教育的差距很小。南非职业教育改革实际遵行的是学术性与应用性并行的发展路线,不断地弥合传统职业教育中理论性与实践性的分裂状况,改变了以往的单一化课程模式。

经过多年努力,南非的职业教育改革取得了显著成效,但南非职业教育

的未来同样面临着诸多不确定的因素和挑战,职业教育培养出的人才能否顺利地实现就业,社会经济发展与技能型人才的供需矛盾能否得到缓和,以及如何在经济全球化的背景下开展职业教育,这些问题还有待长期的教育观察和实践检验。同时,我们也可以看出,贯穿南非职业教育改革始终的一条主线就是"平等",因为在经过长期的殖民地统治之后,南非政府在出台每一项教育改革政策时都必须高举"平等"的大旗,而这种过分突出平等的"绝对公平"在现实中是很难达到的,相反却可能导致效率的低下和所谓"贫穷下的公平",从长期来看也不利于教育的稳定持久发展。

第二节 21世纪以来南非职业教育改革

尽管新南非成立后,进行了一系列的改革,建立了国家新教育体系,但并没有带来南非职业教育的持续健康发展。相反,职业教育新体系的种种不适应性也凸显出来。自祖玛政府掌权以来,南非重整教育管理体系,优化职业教育的体系结构,扩大教育与培训的规模,尝试在学校后教育的框架下探索职业教育的发展道路,寻求失业与人才短缺困局的破解之道。

一、南非职业教育改革的主要内容

祖玛时期南非职业教育改革主要从提高管理效能、优化管理体制、扩大教育规模三个方面展开。

(一)提高管理效能

1. 优化教育管理体系,提高继续教育与培训学院的地位

祖玛执政后,对南非教育管理体系进行了改造。2009年,中央教育部被一分为二:基础教育部和高等教育与培训部。职业教育从多头管理转向由高等教育与培训部统一管理。高等教育与培训部不仅管理高校、FETC和成人教育中心,而且还接管了原先由劳动部负责的行业教育与培训局、国家技能基金(National Skills Found,NSF)和国家技能局(National Skill Authority,NSA)的管理工作。就FETC而言,继2006年结束双重管理的局面之后,获得与大学相似的地位,直接隶属于高等教育与培训部。对FETC的"提级"和放权是与其职能定位和服务对象的多样性相称的。在管理上,FETC与普通中学的差异将会进一步拉大,而与大学的差异将会缩小。

2009年出台的南非人力资源战略Ⅱ(HRD-SA Ⅱ),决定在副总统的领导之下,由高等教育与培训部牵头,联合各相关部委和合作伙伴协同推进国家

技能开发工作。随后的2011年,南非就出台了技能开发国家战略Ⅲ(NSDS Ⅲ),它与2005年的Ⅱ期战略相比,视野更加宽阔,突破了仅仅涵盖技能培训的局限,对学校职业教育、技能培训、基础教育、生涯指导、公众参与和能力建设等一系列问题进行综合讨论。

2. 加强能力建设,建立和完善技能发展规划机制

由多部门联署的《行动共识之五:培养具有技能的劳动力来推动包容性增长》的首要目标是建立可靠的技能发展规划机制。这在国家技能开发战略Ⅲ中也得到了回应。为此,除了要加强能力建设,完善信息披露外,最为关键的两点:一是建设技能人才的供求信息体系;二是发展南非资格局(South Africa Qualification Authority,SAQA)主导的生涯指导服务。

南非一贯重视对教育的规划,但是信息掌握的欠缺制约了规划的实施效果。由于先前教育与培训管理职能的分割,南非资格局(SAQA)的学习者数据库不健全,有关人才需求的信息统计来源混杂,标准不一、缺乏可信度等都是造成这个问题的具体原因。高等教育与培训部的成立为跨部门进行信息整合创造了条件,而其中最主要的工作是要建立统一的数据收集与整理的标准和框架,形成将各个不同的信息网络整合到一起的工作机制。

生涯指导服务是依托人才供求信息体系发展起来的。在高等教育与培训部和南非资格局的主持下,整个生涯指导体系将教育、培训、资格以及与就业相关的信息聚合在一起,以系统对个人的方式,在学习者/求职者选择教育与培训项目的时候提供全面的职业生涯规划方面的帮助。这对于教育体系复杂、结构性失业问题非常严重的南非来说是非常必要的。当前,"国家资格框架与职业指导服务网"已经上线运行,学习者也可以拨打热线或是亲赴南非资格局、行业教育与培训局、FETC、各地青年发展中心以及劳动部的分支机构寻求帮助。

3. 建立职业教育教师专业资格标准,促进师资队伍建设

2013年6月,南非高等教育与培训部颁布《关于TVET教师的专业资格政策》。这是南非历史上第一个关于职业教育教师专业资格标准的政策文本。长期以来,南非职业教育领域教师专业的资格标准比较混乱,既影响了职业教育的质量,也不利于职业教育教师的自我发展,对职业教育与培训机构的教师专业资格加以规范已经非常必要。新政策制定了一套适合职业教育与培训教师的任职资格和在职期间的资格变化标准,有利于增强职业教育机构办学,促进职业教育师资质量的提高。

(二) 优化管理体制

依托新的管理体制,南非政府对职业教育体系结构进行了调整:从之前强调教育的阶段分层,转向更加注重教育与培训的实际效用,具体措施涉及以下三个方面:

1. 建立学校后教育与培训体系

高等教育与培训部成立后,南非在 2010 年相继召开了高等教育、继续教育与培训、技能开发三个峰会,2012 年形成了《学校后教育与培训绿皮书》,致力于建立一个"统一、协调、多样化,且高度互通的学校后教育与培训体系"。这意味着南非的教育体系沿着学校教育和学校后教育这两条线进行了重新规划。基础教育部主抓普通学校教育,提高公民素质,奠定职业发展的基础。高等教育与培训部及其所辖的各类教育机构在开展正规教育的同时,更加重视岗位技能培训,促进劳动就业,直接对国家的人力资源、经济发展战略和就业问题做出回应。整个学校后教育体系涵盖了义务教育(9 年级)之后,除普通的中等学校之外的所有类型和层次的教育与培训,突出了教育与培训和就业之间的关系。从宽泛的意义上来看,学校后教育就是一个庞大、开放的职业教育体系。除大学还承担着科技与文化创新的职能之外,当前对"系统学习/在岗培训→正式就业"这一目标导向的关注,已经超过对升学的关心。在此基础上,借助国家资格认证框架体系,尤其是职业资格框架(Occupational Qualification Framework,OQF)和先前学习认证(Recognition of Previous Learning,RPL)制度的完善,学校后教育体系将为所有学习者实现教育和培训机构与工作岗位之间的对接提供服务,并希望在不同层次教育与培训之间建立起迁移通道。[1]

2. 增强教育与培训的适切性

为提升教育与培训的适切性,祖玛政府对 FETC 所开展课程项目的类型、层次根据需要进行了调整,在职业技能人才的培养上强调理论与实践的结合。其调整内容如下:

(1) 停止 FETC 国家证书课程项目。姆贝基时期,继续教育和培训推行的是用工作学习逐步取代种族隔离时期沿袭下来的岗位学徒。因此,原来与学徒相配套的国家证书课程,在国家职业教育证书课程推出以后就开始削减。但是,就技术工人的培养而言,雇主们更喜欢学徒制教育,而不是灵活性更强的工作学习教育。另外,国家职业教育证书课程虽然内容新,但是学习

---

[1] 王琳璞,徐辉.祖玛时期南非职业与技能教育改革[J].外国教育研究,2013(06):100.

难度大,学生实践的机会少,这样不仅造成了严重的复读和辍学现象,而且毕业生的就业能力不被看好,在就业市场上缺少竞争力。所以,尽管带有殖民地印记的国家证书课程被祖玛政府直接淘汰,但国家职业教育证书课程的实施效果和质量,以及如何更好地与劳动力市场实现对接,则是南非现政府必须面对的实际问题。

(2) 扩大中等后职业教育的路径。按照先前的设计,在教育层次上,FETC 属于中等教育,而不是中等后教育阶段。然而,在竞争日益激烈的南非就业市场中,高中毕业生已经没有什么优势了,FETC 证书的吸引力在下降。于是,在 2010 年的继续教育与培训峰会上,南非政府特别强调了 FETC 职能的多样化,鼓励 FETC 在大学的指导下开设中等后各类职业教育课程,并且在原先国家职业教育证书 2—4 级(与国家证书 1—3 级同级)的基础上,增设中等后国家职业教育证书 5 级,并将其纳入国家资格认证框架。与此同时,高等教育与培训部还考虑将 FETC 更名为"职业教育与培训学院"(VETC)。无论名称最终是否改变,FETC 跨界发展的趋势已是确定无疑。[①]

(3) 增加学生实践机会。虽然祖玛政府强调实践在职业教育过程中的重要性,高等教育与培训部也要求加强与产业界的沟通,为 FETC 学生争取更多的实践机会,还计划在技能税的分配中压缩固定经费(Mandatory Fund)的比例,增加非固定经费(Discretionary Fund)的比重,为职业教育实践项目提供经费保障,以资助愿意承担此类项目实践环节的雇主。该项目实际上是对先前技能行动计划的升级,其定义的三个条件是:人才紧缺领域;项目必须导向完整的职业资格;项目必须包含在校(FETC、技术学院、各类大学或培训机构)的课程学习和有指导的岗位实践。项目的主要形式是工作学习教育和学徒教育。为了探索教育与培训机构和产业界联合培养技能人才的模式,高等教育与培训部还提出了职业技能合作计划(COSE)。该计划每轮选取技能人才最为短缺的 10~15 个中等职业技能领域作为工作对象,由高等教育与培训部牵头教育系统和技能培训系统的相关各方,协商建立长效的人才培养合作机制。这有点类似近年来中国政府倡导的职业教育集团化办学实践。通过该计划的逐轮实施,合作模式最终将在整个学校后教育系统中推广。

3. 完善职业教育质量保障

南非 2008 年的《国家资格框架法》规划了由普通和继续教育与培训资格框架(GFETQF)、高等教育资格框架(HEQF)和职业资格框架(OQF)组成的国家资格认证框架体系,分别针对普通学校和 FETC 教育、高等教育,以及通

---

① 王琳璞,徐辉. 祖玛时期南非职业与技能教育改革[J]. 外国教育研究,2013(06):101.

过技能培训获得的职业资格。前两个框架起步较早,相应的质量委员会均早已建立。而行业与职业教育质量委员会(QCTO)一直到 2010 年才投入运转。该委员会的建立并不取代设在各行业教育与培训局里的教育与培训质量委员会(ETQC)。但是,此后这些委员会在职业资格的制定、认证,以及在培训项目的质量保障方面的职能,都将在行业与职业教育质量委员会的授权之下进行。由此,各委员会各自为政、资格重叠、标准混乱、尺度不同的弊端有望革除。在此基础之上,由行业与职业教育质量委员会领导的统一的职业资格框架将与另外两个框架中的教育资格体系建立联系,从而推动学习者和劳动者在教育机构和劳动岗位之间的双向流动。出于对技工培养的重视,同一年南非还建立了负责协调技工教育质量保障的国家技工评价协调组织。该组织为技工培养订立标准,监督和规范行业考试,并负责向行业与职业教育质量委员会提交设立技工类职业资格的建议。需要指出的是,南非对国家资格体系的讨论仍未结束。今后是否会对国家资格认证框架进行调整尚未可知。

(三)扩大教育规模

为了满足产业发展的需要,南非推出的"新增长道路"经济政策要求从 2013 年起每年提供 120 万个经认证的岗位技能培训机会,到 2014 年新增 3 万名工程师,将 FETC 的学生规模扩至 100 万,到 2015 年新增 5 万名技工。而为了降低年轻人的失业率(2010 年 15—24 岁年龄段的失业率仍达 51.3%,25—34 岁为 29.1%),促进减贫和社会稳定,也需要将大量已经离校或是未能完成普通学校教育的无业青年纳入到教育与培训体系中来。高等教育与培训部计划在 2030 年实现高等教育 23%的入学率(150 万人),其他各类学校后教育机构实现 60%的入学率(400 万人),而职业教育将成为吸收入学的主体。①

阻碍办学规模扩大的因素主要来自三方面:一是基础教育质量堪忧,对生源数量和质量产生了不利影响;二是弱势群体经济上困难,许多家庭无力承担教育支出费用;三是符合人们需要的教育与培训项目不足。为了缓解教育基础的制约,南非政府在国家十二大优先战略目标中将"基础教育的质量提升"列于榜首,基础教育部为此采取了一系列措施。为了缓解弱势群体的经济压力,祖玛政府将原本仅面向大学生的"国家学生资助计划"(National Student Financial Aid Scheme,NSFAS)向在 FETC 接受国家证书课程和国家职业教育证书课程的学生开放。与此同时,获得资助的国家职业教育证书课

---

① 王琳璞,徐辉.祖玛时期南非职业与技能教育改革[J].外国教育研究,2013(06):102.

程的学生还能进一步享受免交学费的待遇。按照计划,国家职业教育证书课程最终会向所有学生免费提供。

对于教育与培训机会的问题,南非已经从三个方面入手:一是鼓励FETC开设中等后职业教育课程,为那些完成中等教育但是无缘进入大学的人提供继续学习的机会;二是以社区教育与培训中心(Community Education and Training Centers, CETC)为主体建立新的成人教育机构,取代以扫盲和复读为主要任务的旧成人学习中心(Prior Adult Learning Centers, PALC)。将成人教育的职能从扫盲和学历补偿教育延伸至职业教育,为成人和辍学的年轻人提供适合他们的第二次发展机会。FETC将采取夜校、培训班和延长工作日等措施,为更多人提供服务。三是发展远程教育,向更多的人提供学校后教育机会。南非在高等教育领域拥有实施远程教育的丰富经验。高等教育与培训部计划在大学层次以下,依托各成人教育点、各类学院以及拟议中的一批国家开放学院(National Open College)来提供远程教育服务。

二、南非职业教育改革的特点

祖玛执政时期南非职业教育改革的特点可以用大联合、大融合来概括。"大联合"指的是在理顺权责基础上的合作治理。职业教育涉及的部门、机构和利益相关方非常多,教育与培训的类型也多种多样。南非政府虽然一直强调合作治理,但是由于政出多门,教育与培训分离,在政策的制定与实施中开放有余、合作不足,曾经制定出《继续教育与培训:变革战略》却又很快束之高阁。职业教育的重要性毋庸置疑,但在教育体系内部,其改革与发展的进程,由于缺乏合力而落后于基础教育和高等教育。建立高等教育与培训部来统摄人力资源和技能开发全局,有助于消除相关各方合作的障碍,搭建平台,为战略的制定和实施提供一致的决策,而这也是祖玛执政时期职业教育改革的基础。"大融合"指的是学校职业教育与技能培训双轨的融合。双轨的形成源于职能上的分割。虽非有意为之,但却导致了公立职业教育发展的滞后,阻碍了统一的技能战略的形成和实施。尽管要断言双轨问题已经得到了彻底的解决还为时尚早,但是通过管理权的逐步收拢,视野更加宽阔的技能规划的制定,行业教育与培训局服务对象的扩大(从服务于技能培训到服务于整个职业教育体系),技能税资助重点的调整,以及由高等教育与培训部直接牵头的带有破冰性质的职业技能合作计划的实施,祖玛政府已经为此采取了积极的措施。[1]

---

[1] 王琳璞,徐辉.祖玛时期南非职业与技能教育改革[J].外国教育研究,2013(06):103.

第三节　南非职业教育发展规划及愿景

为了消除贫困、增加社会公平,南非政府于 2012 年发布了《2030 国家发展规划》,为未来社会发展描绘了宏伟蓝图。该规划对职业教育发展寄予厚望,明确了职业教育的发展目标、功能和使命,同时对职业教育管理和质量提出了要求。

一、职业教育发展的社会背景

由于经济增长放缓,南非青年的就业问题日益突出,直接影响到南非政治社会的稳定性。因此,在该规划中着力提出要加强青年的教育与技能培训,解决青年就业问题,确保南非就业人口从 2010 年的 1100 万增加到 2030 年的 2400 万。但南非政府也清晰地认识到,这些目标的实现还面临着一系列的挑战,如低就业率、黑人学校教育水平低、种族差异阻碍包容性增长、产业结构不合理、公共卫生体制不健全、公共服务质量低下、腐败及社会分化严重,等等。[①]这些挑战所带来的核心问题就是贫困和低就业。南非政府一方面通过积极的就业政策和经济发展来削减贫困,另一方面则寻求通过劳动技能培训、扩大职业教育规模、提高教育质量和公平等措施促进就业。

(一) 教育与经济之间的掣肘效应明显

教育和培训是进行人力资源开发的重要手段。然而,多年来南非政府在发展教育和技能培训上却相对不足,教育质量低、发展不平衡等问题突出,致使大批青少年辍学或失学,近而涌入劳动力市场,使得政府在解决就业问题上少有成效,教育对经济影响、教育与经济发展之间的掣肘关系十分明显。

1. 劳动力供给与产业结构失调,贫困与失业人口居高不下

1995 年,南非总人口中生活在贫困线以下的占到 53%,但到了 2008 年,这一比例仍然高达 48%。同时,南非的贫富差距也非常严重,最富有的 20% 人口拥有 70% 的国民收入,而最贫穷的 20% 人口只能赚取 2.3% 的国民收入,种族间差异尤其明显。而造成贫困和贫富差距的一个重要原因就是失业人口过多。1994 年以来,南非的失业率一直在 20% 以上,青年群体失业率更

---

① National Development Plan 2030: Our Future-make it work[R]. Pretoria: National Planning Commission, 2012.

高。2002年,15—24岁未就业人口占比为56%,到2008年有所下降,为47%,①但在2013年南非劳工部发布的题为《南非劳动力市场的就业机会(2012—2013)》的报告中显示,这一比例却保持在52.9%。②国际劳工组织发布的报告称,2017年南非的经济增长率仅为0.9%,失业率却在24%—28%之间,就业形势依旧严峻。

  造成失业的原因很多,有研究者认为:南非高失业率的深层原因是劳动力的供给与经济结构对劳动力的需求匹配度过低。早在民主化之前,南非白人政府就鼓励企业以资金投入代替劳动力增加来带动产业发展,采矿业、制造业、农业等生产部门纷纷通过资金投入来提高生产的机械化水平,导致市场对劳动力的需求总量在不断减少。从20世纪60年代开始就出现雇佣率不断下降的趋势,1994年以后这种趋势更加明显。据统计,1967年南非每100万兰特产值中工人雇佣数为8.2人,到2001年,这一数字下降为4.9,1994—2012年,雇佣率下降了28%。③ 与此同时,南非的总人口和就业人口都有了大幅增长,加之种族隔离时代沿袭下来的贫富差距,使得许多本土居民很难有机会去接受高质量的教育和培训,也就很难胜任现代生产和服务对技术的需求。

  在产业结构方面,自2000年以来,农业和工业在南非国民经济中的比重相较于20世纪八九十年代在逐渐降低,对劳动力需求比较旺盛的制造业同样呈下降趋势,同时服务业的贡献率不断增加(参见表6-2)。一方面,服务业的增长说明南非的产业结构得到了一定的改善,另一方面,制造业比重的下降意味着南非的经济发展缺乏强有力的实体经济支撑。而这种产业结构难以有效地促进南非就业率的增长和经济的持续发展,虽然服务业所占的比重较大,但其中发展较快的是金融中介服务、保险、房地产,以及商业服务等部门,在职业技能方面要求较高,对非熟练劳动力的吸纳有限。

表6-2 1980—2012年南非产业结构变动情况④ 单位:%

各产业贡献率	1980年	1990年	2000年	2005年	2006年	2007年	2008年	2009年	2010年	2011年	2012年
农业	6.2	4.6	3.3	2.7	2.9	3.0	3.0	2.9	2.6	2.5	2.6
工业	48.4	40.1	31.8	31.2	31.2	31.3	32.3	31.0	29.8	29.2	28.4
制造业	21.6	23.6	19.0	18.5	17.5	17.0	16.8	15.2	14.2	12.8	12.4
服务业	45.4	55.3	64.9	66.2	66.0	65.7	64.7	66.1	67.2	68.3	69.0

---

  ① INFOGRAPHIC:Diagnostic analysis for National Development Plan[EB/OL].[2015-1-17]. http://www.bdlive.co.za/indepth/ndp/2013/12/03/infographic-diagnostic-analysis-for-national-development-plan.
  ② Slow growth means unemployment rate won't change[EB/OL].[2015-3-17]. http://www.citypress.co.za/business/slow-growth-means-unemployment-rate-wont-change/.
  ③ 刘兰.白人政府干预政策与南非劳动力市场供求结构的变化[J].西亚非洲,2012(4):129.
  ④ 姚桂梅.南非经济发展的成就与挑战[J].学海,2014(3):36.

2. 教育和培训发展不足、质量低，人力资源开发滞后

截止到 2013 年，南非 5 岁儿童的入学率约为 81%，但很多学生在 12 年级前就辍学了，并且缺乏必要的就业技能，政府无力顾及而企业又不愿意花费过高的成本来对他们进行培训，所以许多青年辍学后长期处于失业状态。由于基础教育质量差，那些即使完成 12 年级进入大学的青年，其中很大一部分也不能顺利地完成大学学业。另外，南非的教育发展也极不平衡，教育投入存在结构性缺陷。例如到 2006 年，南非还有 5000 所学校没有通电，也没有厕所。同时，教育的种族间差异也很明显，非洲黑人学校的老师每天的平均教学时间只有 3.5 小时，而白人学校则为 6.5 小时。[①] 因此，南非教育整体上面临着水平低、发展不平衡、青年人缺乏必要技能等问题，尤其是黑人受教育水平更低。目前，南非人达到 15 年受教育水平（相当于大学毕业水平）的只有不到 5%，并且大学毕业生人数只占到适龄工作人口的 3%。[②]

实际上，相比 1994 年以前，新南非成立后的教育质量不升反降，高中毕业要求学业成绩达到总成绩的 30%~40%即可。即便如此，2012 年，新南非第一代出生的青年还是有 2/3 左右的学生没能达到毕业标准。因此，南非高等教育的辍学率很高，综合大学里大约有 45%的学生无法完成学业，而在技术学院这一比例更是高达 66%，这其中多数是黑人学生。这些未能接受高质量的教育的南非青年，在一定程度上成为经济社会发展的负担。南非政府不得不投入经费加强对他们的继续教育与培训，使他们能够实现就业、摆脱贫困，从而缩小贫富差距，保障社会的长治久安。

（二）南非政府改革职业教育的行动

职业教育在南非被称为"继续教育与培训"（Further Education and Training，FET）。南非政府确定发展职业教育的目标是建立一个转换灵活、反应及时的职业教育质量体系。南非政府希望通过这个体系来促进教育和培训，并增强学习者广泛的适应性和学习的持续性，最终满足国家对人力资源的需求。职业教育系统的建立，不但可以满足国家人力资源的需求，而且将进一步促进个体、社会、公民和经济的发展。在南非，职业教育的使命是帮助人们掌握中高层次的技能，从而为接受高等教育奠定基础，同时为人们从学校到工作过渡以及实现终身学习提供机会。

[①] INFOGRAPHIC: Diagnostic Analysis for National Development Plan [EB/OL]. http://www.bdlive.co.za/indepth/ndp/2013/12/03/infographic-diagnostic-analysis-for-national-development-plan.shtml, 2013-12-03.

[②] 王霞. 内生增长理论框架下投资增长效应的理论及实证研究：对南非新增长战略的政策思考[J]. 经济与管理评论, 2014(3): 30-31.

贫穷、不平等以及人力资源开发困境等早已引起南非政府的重视,并在职业教育方面实施了一系列的改革发展措施:1997年南非教育部出台了以结果评价为理念的《2005课程:21世纪的终身教育》,旨在取代分化、不平等以及具有歧视色彩的种族隔离课程,以塑造新南非的形象,并在课程结构中加入技术领域的学习目标。现在,南非已基本建成了体现公平、民主的教育体制,所有南非公民无差别地享有受教育权;①1995年,南非政府颁布了《南非职业资格授权法案》(the South African Qualifications Authority Act),规定成立南非资格署,实施国家职业资格框架,旨在建立一体化的国家职业标准与资格框架,增加教育和培训机会,促进生涯发展,提高教育和培训质量,矫正教育、培训和就业机会的不平等,为每个学习者的个性充分发展、社会和经济进步提供支持;2009年,南非政府又颁布了《国家资格框架法》,对上述发展目标再次进行了强调,同时还对资格等级的设置、框架结构的安排、管理体制等重大改革问题作了规定。② 同年,南非政府将教育部的职能一分为二,成立基础教育部和高等教育与培训部,由后者负责管理职业教育,并于2010年召开了关于高等教育、继续教育与培训、技能开发的高端会议。祖玛总统执政以来,南非政府又进一步调整了职业教育管理体制,优化了职业教育的体系结构,扩大教育与培训规模,推进学校后(post-school)③职业教育的发展,以期突破贫困陷阱与人力资源困境。④ 2012年年初,《学校后教育与培训绿皮书》发布,为建成统一、协调、多样化,且高度互通的学校后教育与培训体系搭建路径。

总体来看,在民主化之前的经济发展提速时期,白人政府为了保持在南非的优势地位而一味地排斥非洲本土劳动力,使得大多数非洲人丧失了掌握和提高劳动技术的机会,并致使新南非时期缺乏社会经济发展所急需的技术劳动力。此外,高失业率也是导致贫困的主要原因,过度贫困必然会制约社会消费能力,经济发展也失去了内需动力。因此,现阶段的南非政府正积极需求通过发展职业教育和培训来缓解人力资本开发不足的问题。

二、南非职业教育发展的愿景

南非政府在上述行动的基础上,结合国家发展目标,在《2030国家发展规划》中对职业教育发展提出了新的愿景和规划。该规划提出,到2030年,

---

① 唐晓明.论南非C2005课程改革[J].教育评论,2011(3):166-168.
② 李建忠.南非国家资格框架的发展与改革[J].比较教育研究,2010(4):18-21.
③ 南非的"学校后教育"是指基础教育后的高等教育、继续教育与培训(FET)。
④ 王琳璞,徐辉.祖玛时期南非职业与技能教育改革[J].外国教育研究,2013(6):98.

要让所有南非人都能接受到高质量的教育和培训,教育培训制度应满足高技能人群的需要和生产要求,南非大中专院校毕业生应具备当下及未来经济和社会发展要求的知识和技能。南非政府认为,教育制度的建设对包容性社会建设的意义重大。因此,政府将努力为所有南非人提供平等的受教育机会,帮助所有南非人发挥他们的所有潜力。该规划的目标还包括,使教育体制的不同部门协力合作,保障学习者可以通过不同方式获得高质量的学习机会。学校、FET学院、技术院校、大学及其他教育和培训院校应相互联系,同时还强调建立教育和培训与工作场所之间的密切联系。

(一) 学校后教育的使命

南非国家规划委员会认为,现行南非学校后教育体系尚不能满足年轻一代以及社会民众对于技能发展的需求。平均每年大学入学人数大约是学院入学人数的3倍。2010年,进入大学学习的学生为95万人,进入学院学习的学生为30万人。在公立成人学习中心中,利用业余时间完成12年学制和接受成人基础教育的学员为30万人。而在私立高等教育机构注册的学员约在8万~12万,并且许多私立教育培训机构都能提供FET课程。虽然有些公立机构运转良好,基础设施完善,但是仍有很多机构实力较弱、资源短缺、效率低下。私立教育机构学生的增多,同时意味着公立教育与培训系统不能满足所有学生的需求。

《学校后教育与培训绿皮书》倡导把高等教育作为一种具有扩展性、高效、连贯、综合的体系。因此,该规划指出,学校后教育体系应为年龄较小以及较大者提供机会,使他们能够接受相应的教育。该规划还强调,学校后教育体系应能够应对技术、工业、人口流动和全球趋势带来的挑战。同时,为促进终身学习和学校后教育机构的发展,学校后教育系统还应该接收那些尚未做好继续学习准备的人,并帮助他们树立目标。具体而言,学校后教育体系应发挥以下作用:为学前教育至高等教育整个教育系统的学习和教学质量做出贡献;为学校、ECD(Early Childhood Development)中心和学院的教师提供培训;为包括商业、工业和政府在内的社会各行业提供所需要的技能;提高教育与培训水平,培养更多高技能的专业人员和技术人员;为尽可能多的人提供终身学习机会;发展协作关系,为国家和地区发展提供动力;通过研究学习,加强与本国和外国企业的合作,促进技术转移;为国民参与国家的社会、经济和政治生活打下坚实基础。

(二) 技术学院发展的目标

在南非,技术学院(Colleges)是其职业教育和培训体系的核心,是为不适合走学术路线的学生提供的教育路径,目标群体包括:(1)在 FET 教育阶段选择职业教育方向的年轻人;(2)想要转行或者提高职业能力的成年人;(3)需要重新开始职业生涯的失业人员等。学生毕业后授予技术文凭(National Technical Diplomas,也称"N 文凭")。

为了给更多的人提供教育和培训机会,该规划提出要进一步扩大技术学院的规模,同时更要加强技术学院的教学和学习质量管理,增强其服务社会的能力。该规划对技术学院的办学定位是进行技术工人培养和中等技能的培训,提出到 2030 年要有 75% 的学生参加过相关技术的培训。该规划还制定了技术学院发展的具体目标,内容包括:(1)到 2030 年,每年培养 3 万名工匠。(2)不断推进终身学习,以补充学校后的继续教育。(3)为技术学院提供足够的资金支持,确保其可以聘请教职员工,能吸引并留住经验丰富的职员。(4)为技术学院中的讲师提供特定技术培训的机会,并对职业技术教育研究提供一定的资金支持。(5)不断提升 FET 机构的办学能力,使其成为职业教育与培训的领跑者。扩大 FET 机构的分布范围,以确保学习者在其职业生涯中能有机会接受优质的职业教育与培训。同时发展远程教育,为学习者提供更多机会。(6)把提高质量作为技术学院发展的重点,因为只有好的教学质量才能提高技术学院的吸引力。(7)加强技术学院与行业企业之间的联系。这有助于提高技术学院的培训质量,促进毕业生找到工作。通过校企合作,企业在技术学院课程建设以及为学生提供实习机会方面可以发挥更好的作用,技术学院也可以更好地了解企业的需求。

《2030 国家发展规划》发布时,南非全国大约有 300 万 18~24 岁的年轻人没有参加过职业技术教育与培训,南非政府希望这一数据到 2030 年能够大幅度下降。因此,该规划提出技术学院的入学率要逐步提高到 25% 时,招生人数将达到 125 万人,而目前的入学人数只有 30 余万。但是,近年来过低的毕业生就业率影响了技术学院的声誉。据统计,有大约 65% 的大学生找不到工作,其中大部分是技术学院毕业的学生。

(三)技能发展的政策建议

南非于 1997 年建立了行业教育与培训管理机构(Sector Education and Training Authorities,SETAs),目的是为一些部门提供技能支持,以促进"国家技能发展战略"目标的实现,同时满足雇主对技能人才的需求。目前,南非有 21 个行业教育与培训管理机构,提供的培训形式以短期课程为主,而且在很多方面已经不能适应劳动力市场的需求。除此之外,行业教育与培训管理机构还存在着管理不善、人力资源不足、行政和财务管理困难、缺乏有效的监督与评价、与学校后教育系统缺少联系与沟通等问题。由于其自身面临的问题以及南非技能发展的不平衡,技能短缺仍然是制约南非经济发展的瓶颈。为此,该规划提出了关于技能发展的一些建议:

第一,改善教育机构与雇主之间的关系,发挥 SETAs 在教育机构与雇主建立联系过程中的关键作用;第二,充分发挥技能发展税(Skills Development Levy)的作用。该规划中提到,最新数据显示 SETAs 有 30 亿兰特的盈余,而其他机构(如 FET 学院和大学)却面临着财政紧张,说明南非技能培训机构发展的不平衡,有待进一步完善;第三,明确 SETAs 的使命、目标和运作模式。目前,该系统除了由 SETAs 和国家技能基金资助的技能机构外,未能把其他公共教育与培训机构(如继续教育与培训学院、大学)吸收进来。而且 SETA 基金主要是为公司在职员工的技能提升提供支持,而很少资助新员工和潜在的雇员。在这种情况下,SETAs 与 FET 学院和大学之间很难建立起紧密关系。因此,该规划建议 SETAs 可以优先考虑对潜在的员工进行培训。该规划还建议民营企业和 SETAs 在制订发展计划和培训项目时应优先考虑国家整体的技能需求。

(四)学校后教育的质量保障

目前,南非学校后教育的质量管理机构主要有四类:一是全国高等教育委员会(CHE);二是行业和职业质量委员会(QCTO);三是行业教育与培训管理部门;四是一些专门性机构。其中,全国高等教育委员会主要负责高等教育办学机构的质量监督和管理;行业和职业质量委员会主要负责公立教育和培训机构的质量保障与管理;行业教育与培训管理机构主要针对私立培训机构行使质量保障的功能。此外,还有一些专门性的机构,如南非工程委员会,主要负责具体行业技能培训的质量保障。除了上述管理机构之外,南非学校后教育的管理体系还包含众多的法律法规和制度。但是,貌似健全的质量保障体制,因其复杂多元的管理,又缺乏有效的协同,经常出现重复管理、职能交叉的弊端,管理无序和相互矛盾的情况时有发生。因此,国家规划委员会希望通过该规划的实施,能够推进并最终解决南非学校后教育管理和质量保障体系中错综复杂的问题。只有先解决管理体制的痼疾,才有可能实现管理成效和教育质量的提升。

三、结语

南非国家规划委员会副主任西里尔·拉马福萨表示,失业和教育水平低是南非面临的主要难题,如果这两个问题不能得到妥善解决,南非的经济发展、人民生活提高以及社会稳定都将出现问题。从该规划中关于职业技术教育的主要内容可以看出,这些发展目标和建议紧紧围绕着如何应对贫困、失业问题而提出,反映出南非政府的务实态度和解决问题的决心。

1994年以来,新南非政府就出台过《南非资格管理法》《继续教育与培训法》《技能开发法》《技能发展税收法》《成人基本教育和培训法》等一系列促进和保障职业技术教育发展的法律法规,虽然从实施效果来看,很多法律并没有发挥应有的效用,但却为职业技术教育的持续发展提供了比较完善的法律体系基础。并且在该规划之后,新南非政府先后出台了《学校后教育与培训绿皮书》《战略整合项目的技能需求与发展》(*Skills for and through Strategic Integrated Projects*)等战略计划推进职业技术教育的发展,以实践来确保该规划愿景的实现。

在该规划中我们也可以看出,南非职业技术教育的发展非常强调政府的责任,同时也注意社会力量的参与和评价,在教育过程中企业的作用越来越被重视,校企合作成为职业技术教育发展的选择之一,在质量保障环节更是注重行业协会的参与。但由于政府办事效率低下、腐败问题严重,加之经济不景气、教育欠债多等问题的存在,如何保障该规划总目标的达成将拭目以待。不管是职业技术教育的健康发展,还是经济与社会的全面进步,南非政府都需要大刀阔斧地进行社会改革和能力建设。

第七章　坦桑尼亚职业教育的发展变化

坦桑尼亚全称"坦桑尼亚联合共和国"(The United Republic of Tanzania)，由大陆部分的坦噶尼喀和桑给巴尔群岛两部分组成。坦噶尼喀于1961年12月9日宣告独立，一年后成立坦噶尼喀共和国。桑给巴尔于1890年沦为英国"保护地"，1963年6月24日获得自治，同年12月10日宣告独立，成为苏丹王统治的君主立宪国家。1964年1月12日，桑给巴尔人民推翻苏丹王统治，成立桑给巴尔人民共和国。1964年4月26日，坦噶尼喀和桑给巴尔组成联合共和国，同年10月29日改国名为坦桑尼亚联合共和国。

坦桑尼亚位于非洲东部，东临印度洋。面积94万多平方公里。截至2017年7月，坦桑尼亚总人口有5700多万。全国有近130个部族，主要有库马族、马康迪族、查加族等。斯瓦希里语为国语，与英语同为坦桑尼亚官方通用语言。坦桑尼亚实行小学、中学、大学的三级教育制度，其中小学7年、初中4年、高中2年、大学3年，实行10年义务教育制(小学7年、初中前3年)。坦桑尼亚的经济以农业为主，工业生产技术低下，旅游服务业有一定发展。为了推动本国经济的发展，推进城镇化进程，减少贫困，近年来坦桑尼亚政府积极发展职业教育。

第一节　坦桑尼亚职业教育发展轨迹

坦桑尼亚的职业教育历史十分悠久，其发展过程经历了多个不同阶段，各个阶段都有其不同特征。

一、独立前的职业教育

在西方传教士与殖民者侵入之前，撒哈拉以南非洲就存在着原始而古老的教育，这就是非洲的本土教育，目标是使儿童成长为一名合格的社会成员。本土教育特别注重在族群内部对儿童进行生活技能、劳动技能或某项特殊技能的训练，儿童通过年长者的言传身教获得实践经验是本土教育的最大特征。在德、英等殖民统治时期，坦桑尼亚的职业教育开始引入西方职业教育的成分。

1884年,坦桑尼亚大陆被德国侵占,成为德国的殖民地,坦桑尼亚的正规教育便始于这个时期。殖民地统治者为了培养所需要的人才,建立了几所初中、高中和商业学校,[1]有效地缓解了人才短缺的问题。

第一次世界大战期间,英军占领了坦噶尼喀,并逐步建立起一套殖民主义的教育体制。英国统治者实行种族歧视教育,教育的目的是培养为殖民地统治服务的人员。1923年,英国政府颁布《热带非洲教育政策》,提出政府应该建立实习场地,提供工业技术培训,并配备足够的教学人员进行培训指导。这一时期属于职业教育的萌发时期,殖民者开办职业教育的主要目的是为了训练工业生产所缺少的技术劳动力,根据训练内容的不同归口于不同的政府部门管理。[2] 1957年,英国殖民者在达累斯萨拉姆建立技术学校,所授课程包括工程、商业、建筑、社会学、家政等,它的学生主要来自伊丰达商业学校(Ifunda Business School)和莫希商业学校(Moshi Business School),提供中等技术教育课程。[3] 该技术学校于1962年升格为达累斯萨拉姆技术学院,成为坦桑尼亚第一所正规的高等技术学校。

在英国殖民地时期,统治者对坦桑尼亚大陆提出了四个教育原则,其中之一是"初等教育学校要加强农业教育和职业教育",[4]以保证学生在接受完初等教育后可以顺利就业。同时在乡村学校开展职业教育和农业培训之类的课程,强调职业教育培养的质量,增加对精英人士的培训,使他们在商业、工业、行政等方面能够胜任某些重要岗位,以促进社会的发展。

这一时期坦桑尼亚的职业教育具有以下特点:第一,殖民地前的教育形式以家庭和族群内教育为主,缺少正规的教育机构。教育内容缺乏系统性,不利于教育内容的传播和发展。本土教育手段也比较落后,对于外来的先进技术和知识的接受程度低。第二,殖民地时期实行的是殖民地教育,带有明显的种族歧视和奴化。殖民者除向非洲人灌输等级观念,如宣扬欧洲人最高贵、非洲人最卑贱等,在职业教育方面也只是传授最基础的技能培训,缺乏完备的教学设施和培训内容,教学过程随意性大。

二、尼雷尔时期的职业教育发展

1964年,坦桑尼亚联合共和国成立时,朱利叶斯·坎巴拉吉·尼雷尔任开国总统,后两度连任,直至1985年主动辞职。

---

[1] 裴善勤.坦桑尼亚[M].北京:社会科学文献出版社,2008:435.
[2] 李建忠.战后非洲教育研究[M].南昌:江西教育出版社,1996:37.
[3] 许序雅.坦桑尼亚高等教育研究[M].北京:中国社会科学出版社,2009.
[4] 同[2]:38.

由于尼雷尔的努力,坦桑尼亚独立后取得了许多成就,尤为突出的是在教育、卫生和社会事务领域,小学入学率从25％增加到95％,成人识字率从10％增加到75％。4/10的村庄有了清洁自来水,3/10的村庄有了诊所,人均寿命也从41岁增长到51岁。①

(一)坦桑尼亚大陆的职业教育发展

坦桑尼亚大陆于1961年宣布独立,同年坦桑尼亚大陆政府接管了独立前伊林加市(Iringa)和莫希市(Moshi)的两所职业学校,由教育部管理。这两所公立职业学校均采用三年的学制计划,招生对象为8年制的小学毕业生,能同时容纳1200名学员。② 截至1967年,共有2634名学员从这两所职业学校毕业。

在经济得到恢复和一定发展之后,尼雷尔政府将关注点转向青少年的成长,希望培养更多的高素质人才。于是,政府着手制定统一的教育体制,于1969年颁布《教育法》,义务教育、扫盲教育、职业教育和技术培训成了这个时期的教育重点。截止到20世纪80年代中期,坦桑尼亚先后建立了20多所职业教育和技术培训学校。各个学校根据自己的特点,对职工或技术人员进行教育,包括开办夜校、半脱产或脱产培训等,对农村地区的一些技术人员进行短期培训或提供函授教育。

在尼雷尔统治时期,坦桑尼亚大陆的职业教育有了显著发展,属于职业教育类的学校主要有三类:一是技术学院。到20世纪70年代,坦桑尼亚大陆已有3所技术院校,包括达累斯萨拉姆技术学院、莫希技术学校(Moshi Technical School)和伊丰达技术学校(Ifunda Technical School)。1970年,这3所学校的在校生人数有1546人,教师145人。二是卫生技术学校。卫生技术教育也是这一时期发展的重点。尤其是在国际社会和外国专家的帮助下,坦桑尼亚大陆成立了很多卫生学校和卫生服务中心。全国有各类卫生学校43所,其中包括6所高级医助学校(招收初中毕业生,学制4年)、12所农村医助学校(招收小学毕业生,学制3年)、3所甲级护士学校(招收初中毕业生)、20所乙级护士学校(招收小学毕业生)、1所助产学校和1所助产护士学校。三是农业学校。农业学校有莫希合作学院(Moshi Cooperative College)、姆特瓦拉农业学校(Mtwara Agricultural School)、达累斯萨拉姆渔业学院(Dar es Salaam Fisheries College)和阿鲁沙奥尔莫托尼森林学校(Arusha

---

① 马丁・梅雷迪思.非洲国:五十年独立史[M].北京:世界知识出版社,2011:238.
② Jon Lauglo. Vocational training in Tanzania and the role of Swedish support[R]. The Swedish International Development Authority,1990:40.

ao'er Motuoni Forest School)等,①为国家发展培养了一定数量的专业人才。为了更好地对职业教育进行管理,这个时期还成立了全国职业培训委员会,负责全国职业培训工作。

坦桑尼亚城乡差距较大,许多农村年轻人为了得到更好的发展,纷纷从农村向城市迁移,这就对城市的教育、交通、住宿等公共服务带来了巨大的挑战,同时使得农村大量劳动力流失,对城乡经济的协调发展造成了不利影响。为了减少青少年向城镇的迁移,促进农村地区的发展,1973年政府建立了初等教育后技术中心(After Primary Education Technology Center),对农村地区小学毕业生提供必要的技能培训,以使他们能够获得就业或创业的能力,从而促进当地经济和社会的发展。初等教育后技术中心学制2年,结业后可获得由教育部颁发的工艺证书。② 这对促进农村地区经济发展、缩小城乡差距、减少社会矛盾、促进城乡共同发展起到了一定的积极作用。

1974年,坦桑尼亚成人教育委员会在对瑞典民间高中学校体制(Folk High School System)进行考察后,建议将其引入坦桑尼亚,从而促进本国技术教育的发展。当时的意图是在全国各个地区建立民间发展学院(Folk Development Colleges),并计划将已有的地区培训中心、社区发展中心、教会学校、小学和农民培训中心转化成民间发展学院。它们作为"扫盲后教育计划"的工具,最初的任务是向坦桑尼亚青年和成人传授适当的职业所需的技术和技能,扫除坦桑尼亚的文盲,推动坦桑尼亚文化发展等。到1980年,在瑞典国际开发署的资助下,坦桑尼亚已经建立了53所民间发展学院,③极大地促进了本国职业教育的发展,使得技术型人才数量不断上升。

(二)桑给巴尔岛的职业教育发展

在桑给巴尔岛上,职业教育起步较晚。桑给巴尔与坦喀尼喀统一后,为了培养更多的专业人才,桑给巴尔的职业教育进入一段较快的发展时期。据不完全统计,截止到1974年,桑给巴尔有3所初等专业学校,分别是:① 米贡古尼职业学校(Migongguni Vocational School),主要招收高小毕业生,学制3年。② 桑给巴尔技工学校(Zanzibar Technical School),设电工、地下管道和金属焊接三个专业,招收小学高年级毕业生,学制3年。③ 卫生学校(Health School),设护士与助产专业,招收小学高年级毕业生,学制3年。另

---

① 裴善勤.坦桑尼亚[M].北京:社会科学文献出版社,2008:440.
② Monika Redecker, FAKT Germany. Anne Wihstutz, GTZ Dar es Salaam. Joyce Mwinuka, VETA Dar es Salaam: Vocational Education and Training by Ministries in Tanzania, Examples of FDCs. 2000:14.
③ 同②:21.

外还有4所中等专业学校,其中卢蒙巴学院(Lumumba Academy)在温古贾岛,菲德尔·卡斯特罗学院(Fidel Castro College)在奔巴岛。这两所学校不分专业,文理兼收,若招收小学初年级毕业生,学制6年,若招收小学高年级毕业生,学制2年,毕业后成绩优良者可去达累斯萨拉姆大学继续深造或者出国留学。另2所学校为:恩克鲁玛师范学院(Nkrumah Normal College),若招收初小毕业生,学制4年,若招收高小毕业生,学制2年,毕业后将分配到中学或小学任教;姆布威尼技术学院(Mbusa Sweeney Technical College),设电工、机械工程、动力机械和金属板焊接四个专业,若招收初小毕业生,学制7年,若招收高小毕业生,学制4年。①

这一时期,桑给巴尔的成人职业教育也得到了较好发展,基本上保持了与大陆同步发展的趋势。1978年,桑给巴尔颁布了第一部教育法,决定在教育、文化和体育部下设成人教育司,并在全国范围内开展扫盲运动。总体上,桑给巴尔的教育水平较坦桑尼亚大陆低,因此桑给巴尔地方政府当时计划到2000年使桑给巴尔的识字率从1978年的21%增加到85%。到1986年,桑给巴尔识字率已提高到61%,但因受20世纪80年代经济发展衰退的影响,许多扫盲班由于人员和经费缺少而停办,导致后来的成人文盲率不仅没有下降,反而上升,到1990年增加到40%以上。②

(三)尼雷尔时期的职业教育发展特征

(1)政府主导职业教育发展。政府建立了专门的职业教育管理机构,促进职业教育的制度化建设。例如,1968年成立了坦桑尼亚国家职业培训部,1974年建立了成人教育委员会等。这些机构的建立为职业教育发展提供了有效管理,有利于职业教育的健康协调发展。

(2)职业教育的课程更加多样化。坦桑尼亚建立的职业教育院校类型多样,包括卫生学院、师范院校以及普通职业院校等,开设的课程涵盖木工、电工、机械维修工等多个职业领域。这些不但为坦桑尼亚经济和社会发展提供更多的专业技术人才,而且有效促进了当地人口素质的提高。

(3)成人扫盲教育和农村职业教育取得很大成就。相对于非洲其他国家而言,坦桑尼亚的教育有自己的特色,尤其是在开展扫盲教育和农村职业培训方面,取得过显著成绩,产生了广泛的影响。例如,在尼雷尔时期开展的"乌贾马"运动,主要是针对农村发展、农民教育而进行的,在针对农村成人脱

---

① Jon Lauglo. Vocational training in Tanzania and the role of Swedish support[R]. The Swedish International Development Authority,1990:40.
② 裴善勤.坦桑尼亚[M].北京:社会科学文献出版社,2008:449-450.

盲、农村生产教育、农业生产合作等方面开展得有声有色。

尼雷尔时期职业教育的发展也同样得到了国际组织和一些国家的支持。如1968年在联合国开发计划署与国际劳工组织的援助下,坦桑尼亚成立了国家职业培训部;1973年在加拿大国际开发署的援助下,成立了达累斯萨拉姆职业培训中心。外部援助在一定程度、一定时期内促进了坦桑尼亚职业教育的发展。但也正是受其影响,坦桑尼亚的职业教育对外依赖性较强,自主发展能力受限。

三、后尼雷尔时期的职业教育发展

从20世纪70年代后期开始,受内外因素的影响,坦桑尼亚的职业教育发展遇到了困难,主要表现为办学资金严重不足和教育质量没有保障。加之国家经济一落千丈,导致很多毕业生找不到工作。进入21世纪以后,在联合国"千年发展目标"的激励下,坦桑尼亚的教育开始有了发展新气象,职业教育也重新受到重视。

在后尼雷尔时期,坦桑尼亚国民经济一直不景气,并影响到教育事业的健康发展。随着私营经济的发展,非正规劳动力市场吸引了越来越多的人,大多数人在小学毕业后就直接选择到企业就业或当学徒工,而不愿到职业教育机构继续学习,职业教育难有较大发展。加之坦桑尼亚政府部门能够提供的稳定就业岗位十分有限,接受过职业教育的青年很难找到满意的工作,大大降低了人们对职业教育的热忱和信心。所有这些,都限制了职业教育的可持续发展。

进入20世纪90年代,世界科学技术日新月异,知识经济、信息技术的快速发展为久已沉寂的坦桑尼亚国民经济带来了新希望。1990年,坦桑尼亚政府首次设立科学、技术和高等教育部,旨在推动坦桑尼亚科学技术的发展,培养更多的能够满足坦桑尼亚社会经济发展所需要的科技人才。科学、技术和高等教育部下设三个主要司局,即高等教育司、科学教育司、技术和职业教育司。职业教育被提到了很高的地位。政府在促进正规职业教育发展的同时,积极鼓励非政府组织发展职业教育,促进宗教团体、私人机构对职业教育的投资,这在一定程度上促进了坦桑尼亚职业教育的发展,促进了教育公平。

在同一时期,桑给巴尔的职业教育也有了一些发展。从1991年开始,桑给巴尔政府、宗教团体和私人先后为未能升入高中的青少年建立了大约30所基础教育后学校(After Basic Education Schools)或职业培训中心,提供基础教育后的课程学习,进行各类职业教育培训。① 这些基础教育后学校或职业培训中心每年招生在 5000 人以上。除原有的 3 所初等专业学校外,政府还于 1990 年建立了旅馆和旅游业管理学校。1992 年,桑给巴尔政府开始鼓励私人、社会团体、社区以及地方当局办学。1993 年,桑给巴尔代表会议对 1982 年的《教育法》做了修订,实施全社会办学的战略。②

第二节 坦桑尼亚的扫盲教育与职业培训

仅就非洲大陆国家教育发展的状况来看,坦桑尼亚政府在发展教育中有两个突出的成就和特色值得关注:成人扫盲教育和职业培训。由于教育基础十分薄弱,独立初期的坦桑尼亚的成人文盲率非常高。尼雷尔执政以后,强调教育公平,突出社会平等,开始了大规模的扫盲运动。尤其是在农村开展的识字教育,不但教会成人识字,而且也教给他们必要的生产劳动技能和卫生健康知识,取得了显著成绩,受到国际社会的高度赞誉。进入 20 世纪 90 年代以后,受世界银行教育规划政策调整的影响,职业培训得到了较快发展。

一、成人扫盲教育的巨大成就

坦桑尼亚在 1961 年独立时,文盲数量占全国人口的 80%,大量文盲的存在是造成坦桑尼亚贫穷落后的根源之一。因此,在广大民众中开展识字运动、扫除文盲、消除愚昧,是坦桑尼亚政府为促进国家发展所制定的基本方针。尼雷尔总统于 1964 年 5 月在国会致辞中指出:"我们必须教育成人,在成人中进行扫盲运动,促进他们学习更多的农业技术知识,以增进产量。"此后,坦桑尼亚的扫盲教育便进入了大规模开展阶段。

坦桑尼亚的扫盲教育是在各级成人教育委员会的领导下进行的,并于 1968 年开展了农民成人扫盲试点工作。在城市,教育工作者深入到每个厂矿企业,为工人设立扫盲学习班。而在农村,扫盲教育主要通过"乌贾马"③的形式组织实施。"乌贾马"乡村委员会根据成人教育委员会的需求,制订本村的学习计划,组织本村的文盲进行学习。这种教学形式,使坦桑尼亚扫盲

---

① 张斌,等. 桑给巴尔-坦桑尼亚教育发展概况[EB/OL]. http://doc.qkzz.net/article/c0f903f9-71be-42d1-94cc-71ad95da3b21_2.htm. 2015-04-14
② 裴善勤. 坦桑尼亚[M]. 北京:社会科学文献出版社,2008:451.
③ "乌贾马":斯瓦西里语,意为"非洲部族传统社会中集中劳动、相互合作、共享成果的家族社会关系",是非洲部族社会长期形成的一种合作、互助和友爱精神。1967 年初,坦桑尼亚政府宣布在全国推行"乌贾马运动"。

教育得以有计划、有组织地进行。与此同时，各级成人教育委员会还在政府官员、小学教师以及各地志愿者中选拔扫盲教师，组成扫盲工作队。扫盲工作队通常要深入厂矿企业和农村，以协助当地的成人教育工作者开展扫盲教育。例如，距离达累斯萨拉姆42英里（约67.6千米）的鲁伏国民服务队曾主动为当地村民组织学习班，每周3次，每次2小时，人们十分踊跃地参加扫盲学习。这种形式得到了各地区的争相效仿。很快，全国各地也相继出现了各种类型的服务队，鲁伏国民服务队为推动坦桑尼亚扫盲工作的深入开展做出了巨大贡献。据1965年相关统计数据显示：当时坦桑尼亚各种类型的识字班共计7000多个，有超过54万人参加了扫盲培训班的学习。在对成人开展扫盲的同时，坦桑尼亚政府还不断加强基础教育的发展，防止青少年和儿童中出现新文盲。1975年，坦桑尼亚大陆13岁以上的人口识字率为26%，到1986年增加到90.4%。

经过20年坚持不懈的努力，坦桑尼亚的扫盲教育成绩斐然，文盲占全国总人口的比例已由1965年的75%下降到1986年的9.6%。[①] 但由于坦桑尼亚的教育质量不高，中小学辍学率较高，加之人口增长过快，坦桑尼亚的识字率自20世纪90年代以来不升反降，文盲率开始升高。据统计，坦桑尼亚的识字率从1985—1995年的81.8%下降到1995—2005年的78.4%，2010年文盲率为27.1%。[②] 2011年，坦桑尼亚15岁以上成人识字率为68%，在非洲国家中居于前列。坦桑尼亚为第三世界国家开展扫盲教育树立了榜样，也因此受到了世界各国的称赞，被誉为"非洲扫盲之冠"。

经过多年的努力，桑给巴尔的识字率也从1978年的21%增加到1986年的85%，但之后有所回落。

尼雷尔政府在1967年颁布《阿鲁沙宣言》（Arusha Declaration）之后，又发布了《自力更生的教育》（Education for Self-reliance）的报告，大力提倡开展成人教育。1972年，中央政府将成人教育管理权限下放给地方政府，强调各地要根据实际情况开办各类成人教育机构。同时为了更好地扫除文盲，发展成人教育，尼雷尔政府于1975年颁布了《成人教育法》。《成人教育法》规定：13岁以上的文盲和半文盲都要参加扫盲班学习，同时还规定由成人教育司接管在1963年成立的成人教育研究所。[③] 当时的成人教育分为三个层次：扫盲班、半扫盲班及农村发展学校。整个20世纪70年代，特别是在"乌贾

---

① 国家教育发展研究中心.三十五国教育发展（1986—1988）[M].北京：人民教育出版社，1990：680.
② 李湘云.当代坦桑尼亚国家发展进程[M].杭州：浙江出版联合集团，2014：240.
③ 裴善勤.坦桑尼亚[M].北京：社会科学文献出版社.2008：438-439.

马"运动时期,坦桑尼亚各类成人教育机构达到 1 万多所,形成了一片学习热潮,并成为世界上文盲最少的国家之一。

据统计,到尼雷尔执政结束的 1985 年,坦桑尼亚虽然只有 2 所技术学院,学生也只有 1449 人,但成人教育中心却有 9928 个,学生有 4912511 人,成人识字班学员达到 4079531 人,实用技术识字班学员 2493234 人,村民发展学院有学员 16419 人,短期课程班 13922 人,长期课程班 2497 人,①成人教育取得了长足发展。

二、职业培训的健康发展

坦桑尼亚的职业学校分为初等技校(中专)、中等技术(专科)学校和高等技术(专科)院校,学制均为 3 年,学生毕业后可以获得专业证书和文凭。坦桑尼亚的职业教育机构类型多样,包括政府部门、非政府组织、宗教组织以及一些个人组织建立的机构等。各级教育均设有技术培训课程。教育和职业培训部负责制定政策和监督管理。由于坦桑尼亚中等和高等教育的入学率比较低,因此职业教育的规模很小。但长期以来,坦桑尼亚几届政府都比较重视短期的职业培训,而且成效颇丰,主要表现在以下几点:

一是加强对职业培训的行政管理和指导监督。坦桑尼亚政府的教育主管部门叫"教育与职业培训部",由此可以看出当地政府在职能管理上十分重视职业培训。教育与职业培训部负责国家教育政策的制定,监测与评估所有教育子部门的绩效、协调与规划各级各类教育项目,其下属的"技术和职业培训司"专门负责职业培训的行政管理和指导监督。

二是出台一系列政策推动职业培训的发展。如 1994 年出台了《职业教育与培训法》,1995 年出台了《教育与培训政策》,以及其后出台了《1996—1999 战略行动计划 1》《1999—2004 战略行动计划 2》等。其中,1995 年出台的《教育与培训政策》是坦桑尼亚各级各类教育发展的重要政策性文件。该政策明确了本国教育与培训的任务是建立一个公民受教育程度较高的社会,从而为个人、社会以及经济发展做出贡献,并且鼓励国家同其他教育机构、企业等建立伙伴关系。此外,该政策还强调要让本国所有的儿童、青年与成人都有接受教育的机会,发挥地方教育管理部门的积极性,努力扩大教育资源,以支持国家各级各类教育事业的发展。

三是积极争取国际社会的援助。如瑞典国际开发署曾对坦桑尼亚的成人职业培训给予了多方面援助。1990 年的一份报告表明,坦桑尼亚在继承

---

① 李湘云.当代坦桑尼亚国家发展进程[M].杭州:浙江人民出版社,2014:115.

传统职业培训框架（基础培训、商业培训、工厂培训、夜校培训、职业测验）的前提下，还与瑞典国际开发署合作共同建立了教会职业学校、企业培训中心、中等技术中心与民间发展学院等职业培训机构。培训中心一般附设在中小学校里，为没有接受过基础教育的青少年或中小学辍学者提供职业技能培训。小学毕业不能升入普通初中的学生，也可以到职业技术培训中心接受2年的职业技术课程学习。

第三节 坦桑尼亚职业教育的发展趋势

世纪之交，在达喀尔行动目标①的驱使下，非洲各国都制定了教育发展规划和远景蓝图。1999年，坦桑尼亚政府制定了《坦桑尼亚2025发展愿景》(Tanzania Development Vision 2025)。该愿景从全面发展的角度，提出了教育发展的远景目标，希望到2025年能够普及初等教育，消除文盲，并希望通过加强高等教育和职业培训等手段，保障本国人力资源的质量，充分提高每个坦桑尼亚公民的生活水平，从而应对国家各个层面的挑战。

一、世纪之交的职业教育发展

1995年10月坦桑尼亚举行首次多党大选，本杰明·威廉·姆卡帕当选坦桑尼亚联合共和国总统，萨勒明以微弱优势连任桑给巴尔总统。在联合政府的坚决支持下，桑给巴尔政府采取强硬措施压制反对党活动，坚决维护联合体制。自此坦桑尼亚进入了一个相对稳定的发展时期，国家发展开始艰难转型，努力消除因推行经济自由化所带来的一系列消极影响。为此，联合政府对社会各领域都推出了一系列具体的改革举措，包括职业教育领域。

1995年，联合政府颁布并实施《职业教育和培训法》(Vocational Education and Training Act)，目的是提高职业教育的质量，改善职业教育管理效率。该法律的核心是废除前国家职业训练局，创建职业教育与培训局，作为劳工和社会福利部下属的一个自治机构，主导职业教育政策的执行和监督。其主要职责包括：实施职业教育和培训；制定国家层面的策略；实施培训监测；统筹国家和区域层面的基本技能培训，以满足正规和非正规部门的需要。此外，职业教育与培训局还负责统筹国家和地方的职业教育与培训，

---

① 达喀尔行动目标：2000年4月，由联合国教科文组织、世界银行、联合国开发计划署等国际组织共同主办的世界全民教育论坛在塞内加尔首都达喀尔召开，182个国家的代表团出席了此次会议。会议通过了2015年的《全民教育行动纲领》，即《达喀尔行动纲领》，提出了六项具体目标，这就是通常所说的"达喀尔行动目标"。

促进职业教育的整体发展。①

　　为了进一步明确教育改革与发展目标,1995年坦桑尼亚政府推出了《教育与培训政策》(Education and Training Policy),其主要内容包括:① 改变中央政府一抓到底的做法,将教育和培训权下放到省、地区、社区和相关教育机构,发挥中央和地方的积极性,办好教育事业;② 实行开放政策,支持和鼓励非政府组织和私人兴办各类教育,加快发展正规和非正规、远程和校外教育;③ 加强职业教育和技术培训,发展高等职业教育,加强对高等技术人才的培养;④ 创造条件使女子享有与男子同样的受教育权利,残疾人享有同正常人一样的受教育权利,办好特殊教育;⑤ 借鉴其他国家的经验,促进本国职业教育的健康发展。②这项政策的颁布,为职业教育发展提供了方向,奠定了职业教育发展的政策基础。

　　世纪之交,桑给巴尔的职业教育也得到恢复和发展。1996年政府提出《桑给巴尔教育总体计划(1996—2006)》,并于1997年10月得到议会的批准开始实施。其主要内容是:提高基础教育水平,发展成人教育和技能培训;提高成人的识字率,每年增加5%的人均识字率,争取到2006年达到85%;对10—16岁辍学青少年和初等教育结业生进行技术培训,争取到2006年对培训覆盖率达到50%以上,提高桑给巴尔职业教育总体水平。根据《桑给巴尔教育总体计划(1996—2006)》,近年来地方政府、社区和宗教团体等在许多地方(特别是乡村)都办起了识字班,这些措施进一步提高了桑给巴尔的识字率。据统计,桑给巴尔的识字率从1995年的71.9%,增加到2002年的79.6%(其中,妇女识字率为69.2%,男子识字率为90%)。③

　　在学校职业教育方面,桑给巴尔政府开始提升职业教育的办学层次,在将一些中等职业学校升格为高等职业学院的同时,还新建了一些职业学院,例如,将巴尔技工学校扩建为卡鲁姆技术学院,把卫生学校扩建为卫生学院,将20世纪90年代初建立的旅馆和旅游业管理学校升格为旅馆和旅游业管理学院,同时建立了农业学院等。④ 桑给巴尔政府也制定了"2020愿景",其目标是培养一批受过良好教育、拥有熟练技能的人才,为人民生活创造良好环境。⑤

---

　　① Monika Redecker, FAKT Germany. Anne Wihstutz, GTZ Dar es Salaam. Joyce Mwinuka, VETA Dar es Salaam: Vocational Education and Training by Ministries in Tanzania, Examples of FDCs. 2000:10-13.
　　② 裴善勤.坦桑尼亚[M].北京:社会科学文献出版社,2008:442.
　　③ 同②:453-454.
　　④ 同②:461.
　　⑤ Ministry of Zanzibar: Zanzibar: vision 2020. 2002.

二、"2025发展愿景"下的职业教育发展政策

为了加速国家发展进程,坦桑尼亚政府于2000年9月加入联合国"千年发展目标(MDGs)"项目,成为加入该项目的第189个国家。联合国等国际组织和社会所积极倡导并推行的"千年发展目标"项目,旨在呼吁世界发达国家与发展中国家建立广泛的合作,共同努力,以最终战胜贫困、饥饿和疾病,为母亲和婴儿创建良好的生存空间,保障儿童的基础教育,促进教育公平,消除性别歧视。为了实现这些目标,该项目提出了许多具体措施,例如,从1990年到2015年,将每天收入不足1美元的人口比例降到现在水平的一半;实现公民充分就业,并能够获得体面的工作,包括妇女和青年;自1990年到2015年致力于减少饥饿人口的比例,降至当时水平的一半等。① 若要实现这些目标,坦桑尼亚政府只有加快本国经济的发展步伐,提高人民的生活水平。这就需要增加工作岗位,提高就业的质量。从根本上讲,要提高就业质量,就得提高教育质量,尤其是职业教育的质量,使学有所得,劳有所能。

坦桑尼亚政府于1999年发布的《坦桑尼亚2025发展愿景》,事实上既是对联合国"千年发展目标"国家层面的一种呼应,也是针对自我国情所制订的社会和经济发展计划。该愿景提出了三大发展目标:一是提高人民的生活质量,实现高质量和良好的生活;二是建立法治国家,实现社会良治;三是建设一个富有弹性的经济体,能有效参与全球市场的强大竞争。在教育方面,该愿景提出:到2025年要消除文盲,使大多数人都能够获得中等教育,都能参与到国家发展工作中;树立竞争和发展意识,开发人力资源和自然资源,促进社会经济的发展;成为各级各类教育水平较高的国家;加强培训质量管理,确保毕业生具备社会所需的知识和技能,并能够迎接未来的挑战。②《坦桑尼亚2025发展愿景》强调必须确保处于失学状态的儿童、青年与成人都能接受教育,鼓励弱势群体用知识与技能武装自己,逐渐改善自身的生活质量。

受联合国"千年发展目标"的激励,2001年5月,姆卡帕政府将一份关于优先发展领域寻求外部支持的战略——《坦桑尼亚行动计划》,提交到在布鲁塞尔召开的第三届联合国最不发达国家会议上,以期寻求发达国家和世界组织的支持。《坦桑尼亚行动计划(2001—2010)》(Tanzania Action Plan 2001—2010)在教育与培训方面的计划是:扩大各个层级的入学率,到2010年实现

---

① United Republic of Tanzania: Millenium Development Goles Report: Mid-way Evaluation: 2000-2008.
② Planning Commission: The Tanzania Development Vision 2025.

全民具有普通的读写能力。① 为了促进这项行动计划的落实,2008年,坦桑尼亚启动了"是,我能"识字计划,目的是提高成人识字率,完成"千年发展目标"任务。该计划是根据古巴"我识字"扫盲行动作为模型制订的,通过广播、电视、DVD和VHS录像机进行推广,进一步提高了成人的识字率。② 但是,离"千年发展目标"所要求的成人文盲率在原有基础上减少50%的目标仍有差距。

2011年,为了更好地实现《坦桑尼亚2025发展愿景》,坦桑尼亚政府首次制定并向议会呈报了第一个五年发展规划(2011/2012—2015/2016),经议会审议通过后开始实施。该规划提出要增加各类教育投入,提高人民知识和素质,加强科技教育,培养更多的技术技能型人才,推动本国经济的发展。坦桑尼亚政府开始增加对职业教育的投入,促进职业教育发展。

三、坦桑尼亚职业教育的国际合作

坦桑尼亚政府虽然一直比较重视发展职业教育,但由于缺乏经验和经费,职业教育的制度建设也不够成熟,职业教育的质量不高。进入21世纪以来,坦桑尼亚政府实行对外开放政策,在发展职业教育上积极争取国际社会的支持,促进职业教育的发展。例如,国际劳工组织支持坦桑尼亚的体面工作项目(Decent Work Country Programme)。该项目通过多方合作,促进职业教育发展,通过技能培训增强青年就业。其具体措施包括:改革职业教育和培训的质量监管系统;利用政府、企业和学校三方力量,实施"青年学徒计划";对非正规部门就业青年的技能情况进行评估,尤其是要重视非正规学徒制的重要作用。③ 该项目有利于提高青年的就业率,促进教育公平,缓解坦桑尼亚的教育危机以及社会矛盾。

此外,坦桑尼亚职业教育发展比较重视本民族传统技能教育,但吸收和传授先进生产技能、现代管理和服务技能的水平较低。2014年,在加拿大国际开发署的资助下,坦桑尼亚政府与加拿大社区学院协会联合启动了就业教育项目,涵盖采矿、旅游和农业等多个行业。项目内容包括:建立和加强行业(雇主)和教育机构之间的联系;将私营部门纳入到培训机构中;举办研讨会,提高职业教育的管理能力,发扬企业家的奉献精神;促进加拿大与坦桑尼亚职业教育机构之间的合作等。为了进一步加强两国之间的联系,2015年4

---

① 李湘云.当代坦桑尼亚国家发展进程[M].杭州:浙江出版联合集团,2014:232-234.
② Education Sector Development Committee: Adult and Non-Formal Education Development Plan (ANFEDP),2012/13—2016/17. Feb. 2012:20.
③ International Labour Organization: Tanzania Decent Work Country Programme 2013—2016: 22-23.

月16日，两国正式启动了"促进坦桑尼亚技能培训和教育计划"（Improve Tanzania Skills Training and Education Program，ISTEP）项目。该项目为期三年，要求双方合作机构之间进行知识、经验等方面的合作与交流，改善坦桑尼亚职业教育机构在教师实践能力培训、课程开发、管理能力等方面的不足，提高职业教育质量，增强职业教育毕业生的就业能力。①另据统计，2012年坦桑尼亚有126073个技术性职位的空缺，正规部门的技术员和助理技术员的空缺最多，专业技术人员的空缺为23163个。②这说明坦桑尼亚职业教育所培养的人才不能很好地满足社会发展对技术性人才的需求。该项目的实施将有利于坦桑尼亚国内更好地学习和接受其他国家的先进技术，促进生产力的技术含量，提高国家的综合国力。

另外，为了促进教育公平，职业教育与培训局计划到2017年使职业教育每年新增入学人数60000名。该目标有望通过建立职业培训服务中心等不同的途径实现，但资金不足已阻碍了该计划的顺利实施。③

四、结语

综上所述，可以看出坦桑尼亚的职业教育发展具有如下特征：

一是在经济和教育发展过程中，积极争取国际社会的支持，积极引进先进技术设备和教学经验，培养国家发展所需专业技术人才。

二是注重职业教育质量的提高。在对过去职业教育发展经验进行总结的基础上，认识到提高其质量的重要性，认识到优质的人力资本对促进经济和社会发展的重要作用，通过对职业教育师资进行培训、增加职业教育资金投入等方法来改善职业教育教学质量，最大限度地发挥职业教育的潜能。

三是鼓励私人投资职业教育，承认非正规教育在促进学生技能发展方面的重要作用。随着社会的进步，坦桑尼亚政府认识到私人和非政府组织在促进职业教育发展方面的重要作用，因此在鼓励私人和宗教团体等举办非正规职业教育机构的同时，对非正规职业教育所传授的技能给予客观正确的评价与认证，鼓励非正规部门就业青年通过学徒获得技能。

---

① Vocational Education and Training Authority. ISTEP: Canada-Tanzania Partnership Project for Improving Skills Training Launched [EB/OL]. http://www.veta.go.tz/index.php/en/newsbyID? new=98, 2015-04-20.

② International Labour Organization: Tanzania Decent Work Country Programme[R]. 2013—2016: 6.

③ Vocational Education and Training Authority. VETA Aims at 60000 Students' Enrollment Per Annum[EB/OL]. http://www.veta.go.tz/index.php/en/NewsbyID? new=97, 2015-04-20

四是比较重视教育公平,关注妇女和残疾人等特殊群体的教育需求。坦桑尼亚政府在《教育与培训政策》中明确提出创造条件使女子享有同男子同样的受教育权利,残疾人享有同正常人一样的受教育权利。在联合国"千年发展目标"的激励下,对妇女和儿童也制定了特别的要求,体现了坦桑尼亚政府在实现社会公平、教育公平以及保障人权方面的努力。

第八章 非洲职业教育发展的思想影响

20世纪五六十年代,非洲大陆民族独立运动进行得如火如荼,在一片欢庆声中,新国家纷纷诞生,人们怀揣着殷切的期望,满怀热情地履行他们发展和建设自己国家的使命。与此同时,恰逢世界经济繁荣时期,西方国家尤其是非洲前殖民地宗主国态度积极,愿意向非洲国家提供数额可观的援助,希冀产生良好的效益。联合国教科文组织和世界银行等国际组织也纷纷向非洲伸出援助之手,并对非洲国家的经济和社会发展问题开出了一些"济世良方"。

就教育领域而言,这个时期正是西方发展经济学盛行时期,人力资本理论大受推崇。受其影响,教育理论界的人力资源学派提出"人力规划学说"——主张根据国家经济发展计划进行中长期人力规划,为经济发展进行必要的人力资源储备。到了20世纪70年代末,受"收益率"论点的影响,世界银行更加关注教育的投入与产出效率,因为相关研究证明,职业教育投资多,却收益少,所以世界银行转而优先支持基础教育的发展。如今时过境迁,痛定思痛:为什么当初人力资源学派提出的"通过大力发展教育促进经济增长"的战略目标在非洲落了空?"职业化"运动的失败对非洲职业教育发展产生了怎样的影响?这些都是值得关注和反思的问题。

第一节 非洲职业教育发展的思想论争

发展经济学认为,非洲教育的根本需求是大规模地发展各级学校中的技术教育和农业教育,主张通过开办职业学校和在普通学校课程中渗入职业性内容,以此来实现为经济发展提供人力资源服务的目标。受此观点影响,世界银行在20世纪六七十年代把半数以上的新增对非洲教育贷款都投入职业教育项目上,但结果却不尽如人意,因为接受过职业教育的学生仍难以找到工作。到了80年代,受教育收益率论点影响,加之在非洲推行中等学校"课程多样化"(Curriculum Diversification)改革的失败,于是非洲的"职业化"(Vocationalise)运动以失败而告终,"人力规划学说"受到批判。

一、主流学派的观点

1961年,联合国教科文组织在亚的斯亚贝巴主持召开非洲国家教育部长会议,讨论该地区的教育与经济发展问题,强调教育发展要与非洲经济与社会发展相适应。英国著名经济学家巴洛夫(Thomas Balogh)主张通过实施学校课程的"职业化"来为经济发展提供人力支持。巴洛夫认为,可以"通过重点投资学校形态的职业教育和在普通学校课程中渗入职业教育内容的战略来发展经济和缓解中学毕业生失业问题"[①]。巴洛夫的观点一度成为发展中国家发展教育的主流思想,得到了联合国教科文组织和世界银行等国际组织的大力支持。此后,世界银行开始向各国提供教育贷款,通过投资教育以促进非洲国家的经济发展。世界银行认为职业教育更加有助于提高生产力,希望通过对独立职业学校的资助以促进中等教育的"多样化",以体现职业教育的重要性。世界银行所依据的理论假设非常明确:"普通中等教育对于大多数岗位(无论是否有薪酬)都没有用……教育内容必须重新定位,使所教授的技能与工作相关联,以确保毕业生顺利就业。"[②]

世界银行的支持者认为,在解决就业问题上,职业教育比普通教育更为有效,坚持主张在非洲大力推行学校教育的职业化,并且得到了许多非洲国家的响应和国际组织的大力支持。据统计:1963—1976年,世界银行把用于发展中国家教育体系建设的经费的半数以上都投资到了职业教育项目上。即使到了20世纪70年代中期,在持续扩大的贷款计划中,世界银行虽然把对非洲教育投资的范围扩大到基础教育,但对职业教育的投资一直保持着重心地位。[③]

世界银行的教育援助政策导向同时还影响到其他援助机构,它们同样很自然地认为,对职业教育进行援助至关重要。例如,丹麦国际开发署(DANIDA)、英国海外发展署(ODA)、芬兰国际开发署(FINNIDA)、加拿大国际发展署(CIDA)、瑞典国际发展合作署(SIDA)以及德国技术合作公司等,在20世纪六七十年代的近20年时间里,都积极致力于对职业教育的援助。联合国教科文组织的一部分下属机构也致力于援助职业教育,为各国提供技术支持,以实现世界银行的目标。世界银行有一部分工作人员的正式头衔就是"职业教育者";位于日内瓦的国际劳工组织,其中最大的一个部门就是培训部,它

---

① 丁邦平.非洲各国课程多样化思潮述评[J].比较教育研究,1996(4):7.
② World Bank. Education Sector Working Paper[R],Washington D.C:World Bank,1974:21-22.
③ MIDDLETON,et al. Skills for productivity:vocational education and training in developing countries[M]. New York:Oxford University Press,1993:4.

旨在对许多国家的工业培训项目提供建议和技术支持。但是,国际组织在非洲推行的中等学校"课程多样化"改革在国际上是一个颇有争议的话题。

二、反主流学派的主张

针对巴洛夫的观点,另一位非洲教育问题专家菲利普·福斯特(Philip Foster)以他在加纳多年的调研成果为依据,于 1965 年在《教育与经济发展》(*Education and Economic Development*)杂志上发表了《发展规划中的职业学校谬误》(*the Vocational School Fallacy in Developing Planning*)一文,系统地阐述了他关于非洲国家职业教育发展的思想,向以巴洛夫为首的主流派发起"全面攻击"。他通过对加纳青年教育与就业问题的案例研究表明:国家和个人对职业教育的投资并没有得到预期的合理回报;年轻人也并不热衷于职业教育;那些曾经接受过职业教育的青年不仅工资待遇低,而且失业的时间往往比那些接受普通教育者更长。因此,福斯特认为:"与其支持正规的职业学校教育,不如发展那些与实际需求相适应的非正规的职业培训,因为短期的职业培训对于非洲经济发展和劳动力就业可能更为有利。"[①]他声称:建立在人力预测基础上的学校本位(school-based)的职业教育最终难以避免失败的命运。

继福斯特发表"职业学校谬误"之后,另一位教育经济学家马克·布劳格(Mark Blaug)于 1973 年发表论点,认为"职业化"并不能解决或缓解受教育者的失业问题,职业教育既不能为学生准备专门的职业,也不能从根本上解决教育与劳动力市场不相匹配的问题。布劳格通过调查发现:普通教育群体在实际工资收入或工资预期上总是高于职业教育群体,职业教育被打上了"无用"的烙印。与此同时,世界石油危机不断加剧,非洲新生国家的工业化运动受到严重挫折,大批受过"职业化"训练的青年找不到工作。由此加剧了国际社会关于"职业化"还是"非职业化"的论争,使得一年一度的非洲教育部长会议几乎成为"一锅粥"。但从整个 20 世纪 70 年代看,如此强烈的反"职业化"声音并没有使非洲国家的职业教育政策发生根本性转向,"非洲职业教育似乎仍保持它固有的力量运行着,但却显得与整个教育体系越来越格格不入"[②]。

以福斯特为首的芝加哥学派的经济学理论,构成了 20 世纪 80 年代撒切

---

① FOSTER P J. The vocational school fallacy in development planning[J]. Chicago: Education and Economic Development,1965(a): 154.

② MOSES O O. To vocationalise or not to vocationalise? Perspectives on current trends and issues in TVET in Africa[J]. International Journal of Educational Development,2007(27): 222.

尔主义与里根主义的基础。该理论对于发展教育和培训单纯依靠国家拨款持批判态度。它主张教育经费应该实行分担制,而不是由政府大包大揽,应该鼓励私营部门发展教育,通过多样化的融资渠道实现成本补偿或成本分担。关于援助结构方面,该理论倡导由国际货币基金组织与世界银行来对许多发展中国家的经济体进行结构调整,从而减少国家在社会服务方面的开支(包括教育与培训)。这些针对结构调整的政策实施不久就遭到了抨击,原因是该政策不利于贫民获得受教育机会与卫生健康服务的权利。然而,事实已经发生。

三、"成本-效益"分析学派的观点

在教育收益率方面较早开展案例研究,并产生较大影响的是世界银行高级经济学家乔治·萨卡洛普罗斯(George Psacharopoules)。他通过对坦桑尼亚的研究表明,实施课程多样化的中学和普通中学在教育的内部效率和外部效率方面,并不存在很大的差异。在某些具体的指标如成本和社会收益率方面,实施课程多样化中学不如普通中学。课程多样化中学的平均年单位成本高出普通中学14%,课程多样化中学的社会收益率平均为3.4%,而普通中学为6.3%。[1]

萨卡洛普罗斯通过对坦桑尼亚和哥伦比亚中等教育课程多样化的研究,得出以下几点初步结论:第一,多样化课程实施起来很困难。这需要开发新的教材,配备具有新的资格的教师,并需提供有关的场地和实验室。硬件建设如果不能提供保障的话,可能从一开始就导致课程改革的失败。除非一个国家有足够的基础设施来全面实施多样化课程,否则课程改革不可能在整个教育系统中进行。课程多样化并不意味着仅仅是硬件建设问题,同时还需要有一系列的软件建设,而这极可能是实施课程改革的瓶颈。第二,课程多样化教育成本高。在一所课程多样化学校培养一名学生的单位成本要高于普通学校,主要原因是课程多样化学校需要使用专门的设备。第三,没有证据表明课程多样化学校的学生毕业后的工资收益高于普通学校。因为所有形式的个体教育都将提高劳动者的生产率,但课程多样化学校尚未证明它们在这方面优于普通学校。第四,没有证据支持某些政策理论依据。如创办课程多样化学校是要"改善学校和工作世界之间的联系"。这两种类型学校的毕业生所花费的求职时间大致都差不多,在有些情况下课程多样化学校的毕业生更倾向于继续上大学。第五,没有数据证明职前教育是"为继续学习作准

---

[1] 李建忠.战后非洲教育研究[M].南昌:江西教育出版社,1996:114.

备"这种论点。特别是那些在中学学了个别课程(如农业或技术课程)的学生以后在大学常常学习完全不同的科目(如文科)。①

萨卡洛普罗斯进一步指出：人们不应依据上述结论停止进一步发展多样化课程,应考虑到每一个案例都有它自己的长处,人们还需对课程多样化效果的期望更具现实性。人们也不应把发展多样化学校作为国家教育发展努力的唯一选择和全部希望所在,特别是在一个国家的中等教育极具选拔性,中等教育的就学率仅20%或以下的时候。因为在这种情况下,发展任何形式的中等教育都将会被学生和他们的家庭理所当然地看作是打开了向上流动,包括上大学或从事非体力劳动职业的大门。他还指出,理论与实际似乎存在着一些矛盾,有待进一步研究论证。从理论上讲,一个国家的整体发展水平越低,实施多样化课程的能力就越弱；国家发展水平越高,就越能负担得起课程多样化。但这个结论与实际情况正好相反：国家越贫穷,中等学校课程"与工作世界更具相关性"的压力就越大。

四、影响国际社会对非洲教育援助的思想和观点

到了20世纪80年代,由于世界银行职业教育贷款(尤其是对撒哈拉以南非洲地区的贷款)的大部分项目都成效不佳,于是世界银行逐渐放弃了"人力规划学说",开始相信"回报率"(Rates of Return)的分析,认为投资普通教育比投资职业教育的回报率更高。此后,在对非洲教育贷款经费的分配上,世界银行更倾向于普通教育中的小学和初中教育,而不再是职业教育。在1984—1985财政年,世界银行新增教育贷款中用于职业教育和培训项目的经费比例已从先前的半数以上降低到1/4左右,到了1996年,这一比例更是下降到了只有3%。② 至此,国际组织在非洲大陆主导的"职业化"运动彻底失败,它既没有给非洲经济带来繁荣,也未能解决日趋严重的失业问题,更没有给独立后的非洲国家教育发展带来显著变化。从此,非洲许多国家的职业教育"一蹶不振"。

到了20世纪80年代中期,就在世界银行做出对非洲教育投资政策调整之后不久,加纳与肯尼亚等国却不顾世界银行的反对,继续寻求援助资金,用来使本国的中等教育职业化。同样的事情在东南亚也发生过,泰国就坚持保留并扩充了本国的职业教育机构。这样,发展中国家的职业学校在国际社会的援助行动中变成了争议的焦点。瑞典国际发展合作署在80年代中期也曾

---

① 李建忠.战后非洲教育研究[M].南昌：江西教育出版社,1996：115-116.
② Paul Bennell, Jan Segerstrom. Vocational Education and Training in Developing Countries: Has the World Bank Got It Right[J]. Int. J. Educational Development, 1998, 18(4): 271.

鼓励加强职业教育,该组织支持开设多样化的工艺课程,建立独立的职业培训机构。然而,世界银行出台的文件《撒哈拉以南非洲的教育》(1988)介绍了其对之前教育援助政策的转变,引进了"成本-效益"方法,转而支持私营企业通过岗位培训的形式来开展职业教育。世界银行的这份文件还对许多校本培训的高成本以及职业关联性差等问题进行了批评,并提出以地方企业代替工业培训中心及其他职业培训组织的主张。世界银行的职业教育政策对当时的发展中国家职业教育产生过广泛影响,但对这种影响却是褒贬不一。

实际上,非洲国家在教育投资上是应该偏重普通教育还是偏重职业教育,大家并没有达成一致观点,也无充分证据表明曾有过一致看法,至今仍是两难的选择。如有观点认为:普通教育在应对经济和劳动力市场变化方面更为有效,它可以生产"一般人力资本"(general human capital);而反对者坚称,职业教育可以产生"特殊人力资本"(specific human capital),它所传授的与岗位相关的技能可以使工人更好地适应特定的工作岗位要求,可以使"他"或"她"更具生产能力。于是,折中派认为,普通教育与职业教育都很重要,都是非洲经济发展所需要的。

但根据上述内容,不难得出以下结论:第一,20世纪60年代开始的非洲中等教育的职业化运动是失败的。但失败的原因有哪些,却是众说纷纭。第二,尽管在一些非洲国家,大学、中学毕业生失业和未充分就业的人数在增加,但普通教育的需求却呈上升趋势。显然,这种教育选择现象不仅在非洲普遍存在,其实在很多发展中国家都不同程度地存在。第三,即使有证据表明投资职业教育往往是一种浪费,但一些非洲国家仍在坚持发展职业教育。因为根据"收益率"公式计算出来的只是经济收益,往往忽略了职业教育的社会效益,而这种社会效益是很难量化的,而且社会效益的影响是长期的、潜在的,甚至是能够产生经久效应的。因此,我们不能简单地用急功近利的思想来评价职业教育的收益问题。

但国际社会在处理发展中国家职业教育问题时明显带有"一意孤行"的倾向。1990年3月,世界全民教育大会在泰国宗迪恩召开,之后世界银行出台了《世界银行政策文件:初等教育》,正式标志着世界银行不再支持由公共部门开展的职业教育,在减少了对公共部门贷款的同时,世界银行还裁减了部分从事职业教育的专业人员。宗迪恩大会之后,基础教育(尤其是初等教育)得到了世界银行的空前重视。在整个20世纪90年代,职业教育再没有被列入国际发展机构的议程中。可以说,在整个90年代,非洲国家职业教育的发展只能依靠自身的能力,乃至职业教育本身固有的惯性前行着。

但到了世纪之交,在非洲发展银行(AFDB)1999年发布的教育部门的政策文件中，提出把中等和高等技术的提供作为优先发展目标之一，重点是要提高劳动力的教育水平。其实施内容包括扩大和提高中等技术教育规模，增强高等教育机构办学能力。在中等教育层面，重点是要支持需求驱动的、体制灵活的职业教育。为此，要建立起强有力的合作伙伴关系，尤其是建立起与经济发展较好地区私立部门的合作。在欠发达国家，非洲发展银行继续支持政府投资职业教育。

进入 21 世纪后，世界银行对以前出台的职业教育发展政策进行过反思。在对待公共拨款的问题上，是否支持学校本位的职业教育和培训就显得更加微妙，尤其是当非洲许多国家的正规就业部门大大减少的情况下，以人力需求为导向的职业教育发展模式就更缺少说服力。同时，世界银行还意识到，要使正规的职业教育发展满足非正规的就业需求，远没有想象中的那么简单。针对职业教育发展问题，世界银行还与其他机构进行了相关合作。这些机构包括亚洲发展银行、英国国际发展部、英国文化委员会、欧洲培训基金会及国际劳工组织等，甚至连一贯不够重视职业教育的联合国教科文组织，也在德国统一之后到波恩重新建立了"国际职业技术教育与培训中心"（UNEVOC）。

第二节 非洲教育"职业化"运动失败的原因及影响

受人力资本思想影响，在 20 世纪六七十年代，联合国教科文组织、世界银行等在非洲大陆主导了一场教育的"职业化"运动，但结果却并没有实现预期的目标。分析"职业化"运动失败的原因，不得不考虑其特殊的社会背景因素，如新生国家的盲动热情、治国经验缺失、依附思想严重、教育发展缺少支点等。时至今日，"职业化"运动对非洲教育发展的影响依然存在，无论是在体系建设、规模发展，还是地位提升方面，非洲职业教育都尚未发生显著变化。

一、非洲教育"职业化"失败的原因

非洲教育"职业化"运动的失败无疑给世人留下了思考的空间：为什么人力资源学派提出的通过大力发展职业教育促进经济增长和就业的战略目标在非洲落了空？这是否意味着非洲不需要发展职业教育？抑或非洲应该发展怎样的职业教育？

世界银行高级经济学家萨卡洛普罗斯认为，非洲职业化运动失败的原因是由于把一个复杂问题简单化了，而且把这个问题建立在了直觉逻辑而非经

验证据上。米德尔顿(J. Middleton)等人则认为,职业教育是职业取向的终结性教育,它最初是与殖民地教育相联系的,因此在后殖民地时代的非洲是不受欢迎的。①

通常认为,非洲职业教育"一蹶不振"的原因有以下几种可能:一是大家认为,到了20世纪90年代,知识经济对职业教育的需求在减少,低技能岗位劳动并不能促进经济的繁荣;二是随着私营经济的发展,非正规劳动力市场吸引了越来越多的人在小学毕业后就直接选择到企业就业或当学徒工,而不愿到职业教育机构继续学习;三是传统观念认为,发展职业教育有助于解决劳动力市场问题的观点受到挑战,职业教育并没有创造出工作岗位;四是从教育投资收益上看,职业教育的高投入并没有带来高回报,特别是在大多数非洲国家,那里的生产力主要还是以低技术含量或半自动化的方式进行生产,对劳动力的技术要求并不高,小学毕业后经过短暂时间的岗前培训就能上岗。

撇开上述观点,笔者认为,独立后非洲教育的"职业化"运动之所以走向失败,有其特殊的背景原因,分析如下:

一是新生国家的建国热情高,但盲动因素多。独立之初,各国领袖们凭着声望和热情承诺要为所有人提供教育、医疗、就业和土地,人们的兴奋愉悦感空前高涨。普遍认为,非洲一旦摆脱殖民地统治,必然迎来一个空前的进步时代。此时又恰逢经济繁荣时期,各国大都呈现出欣欣向荣的景象,潜在的危机被一时的繁荣景象所蒙蔽。到了20世纪70年代中期以后,随着世界石油危机的爆发,非洲国家的建设步伐便戛然而止,进而波及就业问题,职业教育促进就业的希望彻底破灭,"职业化"运动因饱受诟病而终止。

二是非洲国家的领袖们治国经验不足。长期在殖民地统治下生活的非洲国家新兴政要,掌权后很容易发生思想偏执和权力滥用的问题。独立后,很多非洲国家建立了强势政府,世袭统治或政党内的裙带关系成为普遍现象。但这种政治模式很容易导致不同利益集团之间的权力纷争,走马灯式的夺权斗争时有发生。其结果势必影响到国家的长治久安和教育的可持续发展。

三是"唯利是图"的依附思想严重。独立后,非洲很快成为东西方两大阵营的角逐场,双方为了保持或扩大在非洲的势力范围,对独立后的非洲国家做出了种种诱人的许诺。但当经济危机爆发时,发达国家为了自保,很自然地选择了削弱乃至抛弃对非洲国家的支持或承诺。这对于依赖性较强的非

---

① MIDDLETON J, ZIDERMAN A, ADAMS V A. Skills for productivity: vocational education and training in developing countries[M]. New York: Oxford University Press, 1993: 54.

洲国家来说,无疑是釜底抽薪。实际上,"职业化"运动的失败很大程度上是由于西方资本主义国家自身经济不景气,大幅度减少了对非洲援助资金所致。在20世纪的后30年,非洲大陆许多国家的整体实力在衰退,国力甚至比不上殖民地时期,教育更是积重难返。

四是教育发展缺少支点。长期以来,非洲国家发展教育很大程度上源于国际援助和外部力量的推动,而缺少发展教育的内生力量。加之自身教育基础十分薄弱,教育体系很不完善,自主发展教育的能力十分有限。据统计,直到20世纪50年代末,整个撒哈拉以南非洲地区拥有大约2亿人口,"却只有区区8000名初中毕业生,而且其中半数来自两个国家——加纳和尼日利亚。学龄人口中接受初中教育的还不到3%。几乎没有一个新生国家拥有超过200名在校大学生。在前法属殖民地,没有一所大学。在小学学龄人口中,只有1/3上学读书"[①]。显然,要在短期内实现中等教育、高等教育的大发展是不现实的,没有基础教育维系和经济支撑的职业教育必然举步维艰。

此外,非洲教育"职业化"取向的逻辑起点是:非洲独立后需要摆脱殖民地统治并走向发展富强,而非洲要实现国家富强的诸多要素中首要的是要实行工业化。因此,在独立之初,非洲很多国家的元首们都制订了雄心勃勃的工业发展计划,但这些国家的新贵们却忽略了一个国家工业化起步所需要的一个最重要的资源,那就是资金。

有关研究认为,工业化所需的资金有三个基本来源:一是来自西方资本的投资,但这些投资是以跨国公司的产业布局为基础的,非西方国家难以据此建立独立的工业体系。二是以国家为主体争取的外部援助,这种资金配合以技术和市场开放的援助在工业化的初始阶段非常重要。三是内部的积累,而这需要打破传统社会的利益分配格局。

但在非洲国家,法治基础缺乏,导致市场残缺,面对跨国公司竞争,民族资本难以承担专业化的分工,即使政府利用政治权力,模仿西方的工业化的发展道路,但经济也难以实现可持续发展。

二、非洲教育"职业化"运动产生的影响

非洲教育"职业化"运动在一定程度上促进了非洲国家教育观念和体制从传统向现代的转变,为独立后的非洲人民憧憬新生活、接受新教育带来新希望,但"职业化"运动的失败也给此后非洲职业教育的发展带来诸多不利影响,如职业教育认知上的偏见、投入上的减少、制度建设的停滞等。尽管时间

---

① 马丁·梅雷迪思.非洲国:五十年独立史[M].北京:世界知识出版社,2011:142.

已过去了近半个世纪，非洲已然发生了许多变化，但职业教育似乎是依然故我。下面拟从非洲职业教育的地位认知、体系建设和规模发展三个层面进行简要评析，以期探究"职业化"运动所产生的不良影响。

（一）教育不平等问题突出，职业教育地位低下

非洲国家自独立以来，减贫与促进就业一直被视为国家发展的重要目标，很多政府发展职业教育的初衷就是要解决就业难问题。但当发现职业教育并不能有效缓解就业危机时，国家发展职业教育的政策就会转向，重视程度也会降低。尤其是进入 21 世纪以来，在联合国教科文组织发起的全纳教育和"千年发展目标"感召下，非洲国家首当其冲把教育发展的重点放在了义务教育阶段，其兴趣点集中在普通教育而不是职业教育。虽然有一些国家在职业教育体制调整和课程改革上做过积极努力，但职业教育的窘境一时尚难改变。

职业教育的不景气是与其在人们心中的认知地位相联系的。在非洲，职业教育也多被认为是次等教育。例如，在埃及，家庭经济条件是决定其子女进行教育选择的主要原因之一，工人、农民阶层家庭的子女选择职业教育的比例明显高于中产阶级家庭。在加纳，职业教育成为低和差的代名词，很少有学业优异的孩子选择职业教育。但比较而言，非洲女性接受职业教育的情况似乎要好一些，如在埃及，参加高中阶段职业性课程学习者中女性居多，尤其是在商业课程学习中。另有一些国家，如贝宁、毛里塔尼亚、莫桑比克、塞内加尔、多哥、博茨瓦纳、乍得和几内亚，1995—1996 学年职业教育入学人数中女生在 30%～50%，但博茨瓦纳的女生参加职业教育人数到了 2004 年却下降到了 28%。极为少见的例外是肯尼亚和埃及，这两个国家在 2000—2001 学年参加职业教育的女生比例分别是 40% 和 45%。①在赞比亚，2004 年全国所有参加职业教育的 32841 位学生中，女生占 44%，男生为 56%，其中女生中超过 50% 学习的是商业和信息通信技术课程，只有 5% 选择学习机械和建筑类课程。②但上述数据并不能说明这些国家的职业教育地位就高，可能恰恰暴露出性别的不平等，因为在大学教育阶段，女性受教育的机会要比男性少得多，女生所占比例明显比职业教育阶段要低得多。例如在埃塞俄比亚，这种差距十分明显，具体如表 8-1 所示。

---

① MOSES O O. To vocationalise or not to vocationalise? Perspectives on current trends and issues in technical and vocational education and training(TVET)in Africa[J]. International Journal of Educational Development,2007(27): 229.

② Ministry of Science Technology and Vocational Training. TEVET Statistics Digest[EB/OL] [2010-11-17]. http://www.mstvt.gov.zm/index.php?option=com_docman.

表 8-1　埃塞俄比亚本科阶段与职业教育阶段女生入学情况比较①

项目	2008—2009 年	2009—2010 年	2010—2011 年	2011—2012 年	2012—2013 年
本科阶段各类型教育的女生占入学总人数比例/%	29	27	27	28	30
职业教育各层次的女生占入学总人数比例/%	50	44	48	46	51

当然,由于非洲国家在职业教育信息系统建设方面十分落后,数据收集不力,缺乏一致性和全面性,许多私立职业教育机构甚至包括一些公立职业教育机构都没有进入政府的数据采集系统中,要对某个国家的职业教育情况进行全面且准确的统计分析,或者进行国家之间、区域之间、城乡之间的教育比较都是比较困难的事情。现有结论同样不敢妄断,但一定程度上还是能够反映出非洲职业教育发展的现实与趋势。

(二)发展观念的因素,国家职业教育体系尚不完善

由于受殖民地统治时期的影响,独立后非洲国家的职业教育仍保留有前宗主国教育的某些特征,如在阿尔及利亚、摩洛哥、塞内加尔和突尼斯,职业教育课程体系中还保留着较大部分的普通教育内容,类似于法国的职业教育。相反,非洲英语国家的职业教育比较重视经验和技能训练,其缺陷是学习者很难进入高一级学校学习,属于终结性教育。因此,独立后非洲各国政府要发展教育、开发人力资源,其所面临的一项艰巨任务,就是应早日建立起具有本国特征和适应经济社会发展需要的教育体系,包括职业教育体系。

但国家职业教育体系的建设是一项十分复杂的工程,既会受到权力意志、产业构成、文化传统等诸要素的影响,又需要进行充分的思想准备和实践探索,不可能一蹴而就。但是,随着东西方两大对立阵营的形成,从 20 世纪 60 年代开始的国际舞台上,"非洲被视作价值巨大而不可或缺的一件珍品。一方面,老殖民地国家不遗余力,谋求加强与其前殖民地形成的特殊关系;另一方面,东方集团跃跃欲试,大力对新生国家产生影响。……对抗双方时时处在激烈的争夺之中"②,非洲成为最大的角逐场和试验地。在这个过程中,即便非洲国家的领袖们长袖善舞,要么一边倒,要么游摆于两大阵营之间,极力获取更多的支持和资源,致使在国家体制建设上缺乏自我决断力和自主观

---

① Ministry of Education. Education Statistics Annual Abstract 2005 E. C(2012/13)[EB/OL]. http://www.moe.gov.et/English/Information/Pages/edustat.aspx. 2013-11-20.
② [英]马丁·梅雷迪思.非洲国:五十年独立史[M].北京:世界知识出版社,2011:135.

念,一旦形势发生不测(如经济危机爆发、东西方阵营垮台、外资撤走,乃至政局动荡等),就会极大影响和阻碍国家职业教育体系的建立与完善。尽管一些政府在制订国家教育发展计划时,也是信誓旦旦要为所有人提供教育和就业,但常常是无果而终。

就非洲各国来讲,职业教育多半都是从初中开始。需要指出的是,非洲有些国家的职业教育机构并不属于中等学校范畴,而被认为是小学后教育机构,因为职业教育课程是在小学后开始的。小学后职业教育主要发生在那些因小学教育发展过快,导致现有中学无法吸纳过多的小学毕业生的国家。非洲国家中等教育资源的严重短缺,致使那些不能进入初中学习的学生面临两种选择:要么复读,而后再通过升学考试进入中学学习(在政策许可的情况下);要么选择职业教育。当然,也有一些特殊情况,如家庭背景或经济负担不允许学生再继续读书。这主要发生在那些中学不免费的国家(非洲许多国家的中学都是要收费的)。此外,进入劳动力市场(大多数为非正规就业市场)的吸引力及其很快就能得到就业收入的期望,也可能是选择职业教育的另一原因。从总体上看,非洲许多国家在职业教育发展和体系建设上还缺少长期规划,发展过程受到外来因素的干扰比较明显,存在诸多不确定因素,具有国家特色的职业教育体系尚未建立起来。

(三) 职业教育规模小、质量低,发展计划多落空

按照国际上的通常做法,"职普比"是衡量一个国家职业教育办学规模和经济发展水平的一项重要指标,其中关于中等教育阶段"职普比"的计算和分析更具有典型意义,很大程度上能反映出一个国家或地区的经济发展水平与国民生产情况。已有研究证明:中等教育阶段的"职普比"与人均国内生产总值之间呈现"倒 U 型"关系,即在人均国内生产总值过低和过高的情况下,中等教育阶段的"职普比"都比较低,而当人均国内生产总值处于中等水平时,中等教育阶段的"职普比"最高。[1]这一论断可以较好地解释并印证非洲国家独立以来职业教育发展及经济状况表现不佳的事实。

长期以来,非洲大部分国家的教育总规模人数中,职业教育所占比例一直很低,即使是处于职业化运动高潮的 20 世纪七八十年代,非洲国家中等教育阶段职业教育的规模和比例都远低于发达国家(具体如表 8-2 所示)。当发达国家中等教育阶段的职业教育规模和比例呈上升趋势时,同期非洲国家中等教育

---

[1] Graziella Bertocchi, Michael Spagat. The evolution of modern educational systems technical vs. general education, distributional conflict, and growth[J]. Journal of Development Economics, 2004(73): 563-564.

阶段的职业教育规模和比例却呈下降趋势。这一方面可能是受到外部因素的影响(如援助经费的减少、世界银行政策的转向等),另一方面也说明非洲国家自身发展教育的能力比较脆弱,经济水平、国家治理能力等尚难以支撑教育的持续健康发展。

表8-2 非洲国家与发达国家中等教育阶段职业教育入学人数比例比较

单位:%

比例最高的10个非洲国家[1]					比例较低的10个发达国家[2]		
国　家	1970年	1975年	1980年	1985年	国　家	1973年	1982年
喀麦隆	23.7	25.4	27.0	24.5	西班牙	14.8	45.8—
博茨瓦纳	20.5	12.3	8.9	8.0	美国	24.0	24.0+
布基纳法索	15.2	16.9	14.2	8.0	英国	39.5	43.3—
加蓬	16.3	11.1	21.7	23.1	日本	41.5	30.3
乌干达	14.6	12.1	7.1	6.0	比利时	42.4	55.5
马里	10.2	9.4	n/a	n/a	挪威	55.0	56.4—
乍得	10.1	4.5	n/a	6.3	法国	58.2	60.2
刚果(金)	9.9	7.0	9.1	10.6	意大利	59.0	66.1
多哥	9.6	8.0	5.2	5.7	丹麦	66.7	62.5+
塞内加尔	9.3	10.5	10.6	6.8	荷兰	68.2	59.3

说明:"+"为1983年数据;"—"为1981数据。

到了20世纪90年代,虽然不少非洲国家中等教育阶段职业教育的入学人数呈上升趋势,但职业教育规模占整个中等教育阶段规模人数的比例却呈下降或徘徊趋势。一种解释是职业教育的有效性与劳动力市场需求的匹配度呈现出不确定性,另一种解释是因为中等教育扩大化使得上普通中学成为可能。[3]实际上,在20世纪后20多年的时间里,非洲经济社会发展多半处于"停滞"或"倒退"状态,虽然个中缘由十分复杂,但却由此影响到教育的正常发展。

根据国际组织已发布的相关数据,截止到20世纪90年代末,非洲国家中等教育阶段职业教育规模发展情况可分为三种类型:[4]第一,职业教育入学人数比例不足2%的国家,包括厄立特里亚、埃塞俄比亚、马拉维、纳米比亚、尼日尔和南非等国家。类似的情况也发生在阿尔及利亚、莱索托、乍得和

---

[1] MOSES O O. To vocationalise or not to vocationalise? Perspectives on current trends and issues in technical and vocational education and training(TVET)in Africa[J]. International Journal of Educational Development,2007(27):227.

[2] Geoffrey Tabbron,Jin Yang. The Interaction Between Technical and Vocational Education and Training (TVET) and Economic Development in Advanced Countries[J]. Journal of International Educational Development,1997,17(3):329.

[3] ATCHOARENA D,DELLUC A. Revisiting Technical and Vocational Education in sub-Saharan Africa: an Update on Trends,Innovations and Challenges[M]. UNESCO,IIEP,Paris,2001:39.

[4] 同[3]:41-42.

塞内加尔,这些国家的职业教育比例大致徘徊在2%左右,从来没有超过3%。政府把主要精力都投入到了基础教育的普及上,尽管许多国家和政府都信誓旦旦表示,要在普及小学教育目标进程中,扩大中等教育规模,却很少提到职业教育。第二,职业教育入学人数比例一直徘徊在5%—9%的国家,包括博茨瓦纳、布基纳法索、多哥、摩洛哥、莫桑比克、突尼斯、乌干达和科特迪瓦等。这些国家曾尝试对职业教育课程体系进行现代化改造,谋求建立起普职之间的"立交桥"。第三,职业教育入学人数超过10%的国家,包括喀麦隆、马里、刚果(金)和埃及等。在马里,20世纪后30年,中等教育阶段职业教育的入学人数比例一直徘徊在10%—11%之间。这一方面反映出政府对职业教育的重视,另一方面也说明政府是通过刚性的控制迫使一部分学生选择职业教育的。在刚果(金),1991年职业教育入学人数为6.5%,1996年是11.7%,表明政府为发展职业教育做出了不懈努力。

第九章　世界银行对非洲职业教育的援助政策

国际援助按照提供主体的不同可分为官方援助、非官方援助。官方援助按照援助形式不同又可分为双边援助、多边援助。在多边援助机构中，以教育为援助领域的主要有联合国教科文组织、经济合作与发展组织、世界银行等。虽然联合国教科文组织将教育作为第一优先支持领域，但由于人力、财力有限，只能通过建议、宣言的方式来传达其工作理念。反观经济合作与发展组织和世界银行，教育虽然不是其最优先要援助的领域，但凭借其所拥有的充足的人力和财力资源，在对发展中国家的教育援助方面却展现出不可忽视的影响力。

世界银行是对非洲教育项目资助最多的国际组织。几十年来，世界银行的职业教育政策经历了几个阶段性的演变，对非洲及其他发展中国家的职业教育发展过程产生了重要影响。世界银行自非洲独立初期开始，投入了大量资金用来支持非洲教育发展，其中职业教育是世界银行对非洲教育援助的重要内容之一。本章根据非洲独立后世界银行对非洲职业教育的发展援助，分析其政策演变过程及其所产生的深刻影响。

第一节　世界银行教育援助政策产生的背景

在世界银行成立之初，并没有把教育列入其援助的领域。20 世纪 60 年代初，世界银行转变战略，开始援助发展中国家的教育发展。这种转变主要受两方面因素的影响：一是 20 世纪 60 年代兴起的人力资本理论提出的教育在经济发展过程中的特殊价值；二是 1960 年作为世界银行分支机构的"国际开发协会（IDA）"的正式成立，其主要任务是推动最贫穷国家的经济发展，提高生活标准，促进社会文明进步，而教育被认为是能够发挥重要作用的手段之一。[1]

一、世界教育援助内涵的发展

简单地讲，所谓"援助"（aid，grants），是指一方对另一方提供的帮助，

---

[1] 赵玉池.国际教育援助研究[D].西南大学，2010：77.

有时仅指一种无偿的捐助行为(Donate)。援助的主体可以是个人,也可以是机构、团体,乃至政府。援助的目的表面上看似单纯,均出于"人道主义"的目的,但在今天错综复杂的国际环境中,国与国之间的援助往往带有更多的潜在目的性,有可能是政治的,也可能是经济的、文化的。但无论如何,所有的援助都必将披上人道主义的外衣;否则,就不应该称为"援助"。援助无论出于什么目的,但核心目标都应是为了受援方的发展。因此,"发展援助"就成为当今世界发达国家向发展中国家提出的最响亮的人道主义口号之一。

援助的形式有多种多样,如物质援助、人力援助、技术援助、教育援助等。根据援助的对象,可分为对内援助与对外援助两大类。"对外援助"(Foreign Aid)是指援助国或国家集团、援助组织、社会团体乃至个人出于政治、经济、人道主义等方面的动机以优惠的方式向受援国或国家集团提供资金、技术、物资和人力等帮助的行为。① 这里所讲的援助均指对外援助。

教育援助的历史有多长?说法不一。有人把第二次世界大战前英、法、比、葡等国家的教育制度,经由宗教团体的人道天职而在亚非拉地区的引入、移植视为最初的教育援助。从实际意义上看,欧、美教育制度及其组织结构在亚非拉地区的广泛引入并不能称为国际教育援助。因为在当时的环境下,并不存在两个主权上对等的、能够真正达成一致协议的民族国家。那种"引入"或"复制"仅取决于单方面的决定——政府的教育政策、教会的训令或商贸的需要,实际上是一种教育入侵或文化侵略。真实的教育援助应该产生于第二次世界大战以后,其发端的国际环境和先决条件是因为亚非拉地区有众多的殖民地国家相继获得独立,而独立后的这些新生国家,基本上是一穷二白,教育基础十分薄弱,教育体系也不健全,迫切需要来自外部的帮助。由此可知,"教育援助"一词出现的时间并不久远。从现有资料看,20世纪七八十年代多以"教育发展援助"的概念出现,以说明开展教育援助的目的,同时也说明发展中国家的教育现状及其所需要的资源。而在20世纪90年代的资料中,则大多以"教育与援助"(Education & Aid)的概念并列呈现,把教育作为援助行为中的重要一环将其说明,并未将其明确定义。

当然,"教育援助"不只是政府的官方援助,凡是从事与教育相关的各种形式的援助工作,包括投入人力、资金和物资等都应该属于教育援助的范畴。学者徐辉将"教育援助"定义为国际组织和先富国家对贫穷落后国家和地区的援助,以帮助这些国家和地区改善生产、经济、卫生、教育和公共福利。②

---

① 张郁惠.中国对外援助研究[D].中共中央党校,2006:21.
② 徐辉.战后国际教育援助的影响、问题及趋势[J].外国教育研究,2001(1):35.

从开展"教育援助"的主体看,可分为双边援助、多边援助、非官方的组织援助三大类。"双边援助"是指两个国家或地区通过签订发展援助协议或技术合作协定,由一国(援助国)直接提供无偿或有偿贷款、技术、设备、物资等方式。例如,20世纪50年代美国在非洲开展了"第四点计划"——意思是在援外事务中占世界第四位。其中美国于1951—1953年在利比亚花费了227万美元,派遣了60位工作人员。这些技术人员和教育工作者帮助利比亚人民学习会计、税务、统计、农业技术、皮革加工、牧场管理等方面的知识。"第四点计划"里面的一项重要内容是帮助利比亚建学校,重点是放在木工等技术学校上,还希望建立一所大学。因为这些都是非洲国家所普遍匮乏的。一位联合国的专家形容说,利比亚人民对教育的渴望就像一个企图从沙子里面挤出水来的人的渴望一样[①]。"多边援助"是指多边国际机构利用成员国捐款、认缴股本、优惠贷款及在国际资本市场借款等,按照共同制订的援助计划向发展中国家或地区提供的援助。这些机构主要包括世界银行、国际开发协会、联合国开发计划署、国际货币基金组织、非洲开发银行等。"非官方的组织援助"可以分为两大类:一类是各种学会、协会等社团组织,另一类是各种基金会和以基金会为基础的学校、服务机构、研究所等。除了资金援助,各种专门的教育相关组织、非教育相关的其他社团,也在学历教育、职业教育等方面为发展中国家提供一些支持。[②]

从整个国际社会援助非洲教育的历史来看,总体有这样几个走势:从20世纪60—70年代的重视中等教育、职业教育和高等教育,80年代开始转向重视基础教育,90年代再转向基础教育、高等教育和职业教育并重。进入21世纪以后,国际社会对非洲的教育援助更加倾向从重视量的扩增转向质的提高,从重视硬件方面的援助转向硬软件并重,而且出现越来越突出软件援助的重要性。

总的来说,凡是涉及教育层面的相关人力、物资、资金、技术训练合作等都属于"教育援助"的范畴。世界银行教育援助属于官方援助中的"多边援助"。"教育援助"在世界银行的定义中是指国际复兴与开发银行(International Bank for Reconstruction and Development,IBRD)及国际开发协会(International Development Association,IDA)利用各种形式将款项借贷给会员国以发展教育。贷款分两类:一类是国际复兴与开发银行所贷出的金额,称为贷款(Loans),所有符合资格的会员国皆可借贷,但有较高的利息;另一类由国际开发协会所贷出的金额,则称为捐赠(Grants),只有符合国际开发

---

① [美]约翰·甘瑟.非洲内幕[M].北京:人民日报出版社,2014:112.
② 吴卿艳.国际教育援非的发展、问题及对策[J].教育发展研究,2009(5):63-64.

协会借款资格者(通常为 GNP 较低而无法以市场条件借款者)方能获得捐赠款项,而且只需负担较低的行政费用,不需缴纳利息,只要归还本金即可。事实上,国际复兴与开发银行也好,国际开发协会也罢,在非洲大陆投入的援助资金总额无疑是非常巨大的,但有相当一部分援助贷款最后都是"血本无归",不得不以免债的形式收场。

二、世界银行教育援助政策的变化

世界银行(World Bank)是世界银行集团的俗称,是由国际复兴与开发银行、国际开发协会、国际金融公司、多边投资担保机构和解决投资争端国际中心五个成员机构组成。其成立于 1944 年,1946 年 6 月开始营业。最初成立世界银行的首要目的是希望能够消弭混乱的经济秩序,稳定汇率、协助战后各国经济重建,并望逐步建立起新的国际货币和财政机制。早期世界银行的主要目标是促进经济增长,援助区域或对象国的经济振兴和发展是其主要工作任务,教育并不在其援助的范围之内,因为在人力资本理论流行之前,教育被看作是一种家庭和个人的消费活动,不是投资行为,更没有关注投资教育对于经济发展的巨大价值。纵观世界银行对发展中国家的教育援助,期间经历了一个明显的政策演变过程。

(一) 20 世纪 50 年代:教育领域开始进入援助范畴

20 世纪 50 年代,无论是发达国家还是发展中国家都面临着战后重建的问题。"发展"一词当时成为世界性热词,而人们对"发展"内涵的理解基本都是指向"经济的快速增长和物质财富的不断增加"。因此,战后初期世界银行的贷款项目主要是投向基础设施建设,包括交通、电力、水利和能源等领域。但是,当世界银行开始对亚非拉发展中国家和地区实施经济发展援助时,却发现由于对象国的技术人才十分缺乏,一些项目根本无法如期实施,导致项目进展缓慢,成效大打折扣。

针对发展中国家和地区发展过程中的人才匮乏问题,世界银行开始寻求解决的办法。于是,如何帮助这些欠发展国家和地区培养专业技术人才就成为必然选择,首当其冲是援建学校。世界银行的国际教育援助从此拉开序幕。

(二) 20 世纪 60 年代:职业教育成为教育援助的重点

进入 20 世纪 60 年代,西方资本主义国家呈现出一派欣欣向荣的景象,世界银行的家底也更加丰厚,对发展中国家和地区的援助政策开始转向,职业教育成为世界银行教育援助关注的重点。这主要受两个方面因素的影响：一个是这一时期兴起的人力资本理论使得教育是一种资本投资的观点被更为广泛地接受。该理论认为，投资教育不但是一种资本投资，而且是比物质资本投资收益更大的人力资本投资。美、英、德、日等发达资本主义国家为什么能够在较短的时间内实现经济的快速增长和社会的全面进步，其主要原因就是这些国家在人力资本投资上要远远高于众多的发展中国家。因此，发展中国家的发展问题，不能简单地认为就是经济问题，不能以经济论经济，而应更加重视教育、卫生和健康等人力资本方面的投资。另一个是作为世界银行分支机构的国际开发协会于1960年成立，其主要任务是推动最不发达国家的经济发展，提高人民的生活水平，促进社会的文明进步，教育则被认为是最能发挥重要作用的国家发展要素。

受人力资本理论影响，世界银行的投资理念开始发生变化，认识到教育投资与交通、通讯、电力、农业等工程投资一样，可以促进对象国的经济社会发展，而且教育投资比一般的物质投资更具收益价值，无论对于国家还是个人均是如此。对于十分贫困的非洲大陆、东亚南亚国家、加勒比地区来说，投资教育可以为以后的经济和社会发展储备更多的训练有素的知识人才，改善国家的人力资源状况。

从20世纪60年代初开始，世界银行就把一部分援助资金投向了教育领域。在非洲，职业教育成为世界银行教育援助的重点领域。1962年批准的突尼斯职业教育项目是世界银行在非洲的第一个教育援助贷款项目。1963年，世界银行设立了专门部门负责教育贷款。从此，教育援助作为减贫和发展的重要手段，越来越受到世界银行等国际组织的重视，教育贷款的额度越来越大，占整个援助贷款额的比例也越来越高（见表9-1）。[①]

表9-1 20世纪60—90年代世界银行教育贷款情况

年　　度	教育贷款额度/百万美元	教育贷款占世界银行贷款总额的比例/%
1963—1969	153	2.9
1970—1979	660	4.6
1980—1989	1029	4.5
1990—1998	1982	8.5

资料来源：袁本涛.发展教育论[M].南京：江苏教育出版社，2005：593.

20世纪60年代世界银行实施教育援助的政策观点是：(1) 大多数发展

---

① 赵玉池.国际教育援助研究[D].西南大学，2010：78.

中国家最迫切需要的是技术劳动力,因此需要大力发展职业教育,扩大各类职业教育办学规模,包括技术学校、农业学校、商贸服务学校等。(2)技术人才的培养应该是在初中毕业后进行。各国首先应该扩大普通中等教育,在此基础上发展职业教育和高等教育,为工业、商业和农业培养中级管理人才,为大学及各类职业培训输送更多的学员。所以,世界银行当时的贷款项目主要用于支持新建一些中学、职业学校、高等学校等,以及为普通中学、职业学校、高等学校以及职业培训机构提供必需的教学设施设备。"到1968年,世界银行已累计贷款2.43亿美元,支持了23个国家的25个项目。"[1]这25个项目中大多数是修建中学、职业学校和教师教育学院。

(三) 20世纪70年代:教育援助范围进一步扩大

1971年,世界银行发布《教育领域策略报告》,该报告显示对发展中国家的教育援助领域进一步扩大,包括"初等教育、中等教育、就业导向的中等后教育、大学教育、教师教育、成人教育"[2]。援助的对象既包括教学设施设备等硬件投资,也包括教师和管理者培训的费用支出。1974年,世界银行再次发布工作报告,大力倡导大众教育,开始关注农村教育、妇女和女童教育。重点关注以下五个领域:① 技能发展及其对国家生产力提高的潜在作用;② 大众参与教育的水平及发展情况;③ 教育公平问题;④ 如何提高教育质量;⑤ 提高教育发展规划的可行性和有效性。在新工作报告的引导下,世界银行在教育投资方面,除了继续实施建学校、提供教学设备等硬件援助外,还对援助国教育体系革新、管理体制变革、新课程开发、教学方法改革等方面给予了更多指导和支持。

(四) 20世纪80年代:对非洲教育援助的结构调整

进入20世纪80年代,受中东石油危机的影响,世界经济遭受重创,无论是发达国家还是发展中国家都未能幸免,世界经济陷入了停滞或倒退的困境。1980年世界银行发布第三个《教育领域政策报告》,指出教育是人类的基本需求之一,同时也是满足人类其他需求的手段和基础,并特别强调基础教育是整个教育的基础。一个国家基础教育的普及,意味着公民素质的普遍提高,不但能够促进社会财富的公平分配,同时也有助于社会生产率的提高、公民健康与营养状况的改善,以及生育率的降低。接受过良好基础教育的人

---

[1] PHILIP W J. On world Bank Education Financing[J]. Comparative Education, 1997(33), 1: 118.

[2] 同[1]: 119.

们,今后更容易接受继续教育,更能够获得职业的发展。因此,世界银行对非洲教育援助的重点开始从职业教育转向了基础教育领域。

世界银行对非洲教育援助政策调整的原因涉及两个方面:一方面是因为 20 世纪 60—70 年代世界银行在非洲推行的中等教育"职业化"援助项目没有达到预期目的,职业教育培养的学生并不受社会认可。另一方面是受当时的思想界影响。典型代表是经济学家萨卡罗普罗斯等人对教育"投入-产出"效益的研究结论,萨氏研究结果认为:"发展中国家教育投资的回报率普遍高于对固定资产投资的平均回报(发达国家并不一定如此)。而在各级各类教育中,初等教育的社会回报率(Social Rate of Return)和个人回报率(Private Rate of Return)都是最高的。"[①]受这样的思想理论影响,世界银行加大了对非洲等不发达地区和国家初等教育的援助力度。据统计,世界银行向这些国家提供的教育贷款项目中,初等教育和非正规教育的贷款占贷款总数的额度从 1970—1974 年的 10% 上升至 1979—1982 年的 33%。[②] 尽管世界银行通过教育援助对发展中国家的教育发展所产生的影响越来越大,但整个 80 年代,非洲很多国家的教育发展并无大的建树,无论是基础教育还是职业教育。正如 1986 年世界银行发布的《资助发展中国家的教育:政策探索与选择》报告中所指出的那样,虽然经过了几十年的发展,非洲很多国家的教育仍然面临诸多问题和困难。

(五) 20 世纪 90 年代以来:教育援助的资金投向更加多元

到了 20 世纪 90 年代,世界银行的教育援助经费(贷款和赠款)约占全世界教育援助总金额的 27%,占所有国际组织教育援助经费的 40%。而对于非洲国家来说,这个时期世界银行所提供的教育援助款项占到非洲国家财政教育经费的 16%。1990 年,世界银行发布了《初等教育:世界银行政策文件》,在坚持和重申初等教育投资高回报的同时,强调要重视提高初等教育的质量。提出要增加对发展中国家初等教育的经费支持,主要用于教育质量的提高,同时支持一些低收入非洲国家教育规模的扩展。世界银行的这一政策导向,在联合国后来发布的千年发展目标中也得到了具体体现。根据千年发展目标要求,非洲国家尤其是撒哈拉以南非洲国家,需要在 2015 年之前努力实现普及初等教育的目标。尽管自 20 世纪 90 年代后期以来,世界银行等国

[①] George Psacharopoulos, Maween Woodhall. Education for Development: An Analysis of Inventment Choices. Oxford: Oxford University Press,1985:55.
[②] 赵玉池.国际教育援助研究[D].西南大学,2010:84.

际组织和发达国家政府,在对非洲教育援助中都体现出优先支持初等教育的政策倾向,但事实上,直到2015年年底,非洲很多国家在普及初等教育上并没有如期兑现当初的目标和承诺。

1999年,世界银行再次发布《教育领域政策报告》。该报告提出了实现"全民优质教育"(Quality Education for All)、建立全民"知识银行"(Knowledge Bank)的战略构想。2005年,世界银行又发布新的《教育领域发展策略》,对1999年的蓝本进行更新。在教育援助政策取向上,世界银行优先资助的领域是:① 从重视校舍等硬件部分,转向教材建设、课程改革、教师在职培训等软件建设;② 加强对教育政策和教育制度建设方面的支持;③ 从社会公平角度出发,重点支持社会弱势群体的教育;④ 继续支持非洲等发展中国家的初等教育。

三、世界银行教育援助政策的影响

世界银行从1962年起开始向发展中国家提供教育项目贷款,但直到1968年,世界银行教育贷款的比例仅占其贷款总额的1%,1970年便增加到5%,此后世界银行教育贷款的比例大体保持在其贷款总额的4%—6%,其中职业教育贷款占教育贷款总额的30%—40%。几十年来,世界银行一直是发展中国家教育发展过程中争取外援资金的最大来源地。

2010年,世界银行的教育贷款额超过50亿美元,其中至少20亿美元是由国际开发协会提供的无息贷款和赠款,主要用于非洲等最贫穷国家的教育发展,旨在推进这些国家落实联合国"千年发展目标"的行动计划。此后,国际开发协会能提供的贷款额在不断增加,到2015年增加了7.5亿美元,重点援助撒哈拉以南非洲和东南亚、南亚地区,帮助这些地区力争到2015年实现联合国"千年发展目标"。

对于广大发展中国家而言,世界银行除了贷款活动外,还在很大程度上充当着"知识银行"的角色,例如为发展中国家提供教育发展数据、研究专论,以及为具体国家教育政策的制定和项目实施提供方法上的指导等。由于世界银行强大的财力后盾和丰富的知识储备,其教育援助政策不但影响了其他援助机构的教育援助路向、援助方式等,还对受援国政府制定教育政策乃至经济政策等均产生了深刻的影响。

世界银行对非洲教育援助已有半个多世纪的历史。在此期间,世界银行的教育援助政策对非洲教育发展既有过积极贡献,也产生过消极影响。比如,20世纪60—70年代,世界银行在非洲国家中等教育阶段普遍推行的"职业化"项目,一定程度上推动了非洲国家教育体制的现代化进程,有效扩大了这些国家的中等教育规模,为经济和社会发展提供了一定数量和规格的人才。当然,世界银行在非洲的教育援助行动最终并没有获得预期效果,它所推行的"职业化"项目并没有达到预期目的,有些项目难以为继,不得不草草收场。是非功过,至今仍存争议。一方面,对于刚独立的非洲国家来说,要发展自己的教育,显然还不具备实力,无论是治理能力还是经济实力方面都需要外部的帮助;另一方面,如果没有来之世界银行等方面的教育援助,且援助的重点领域不是职业教育而是其他教育领域,难道就一定能取得预期成效吗?显然并不能给出充分的答案。因为一个国家或地区在一定时期内,教育、经济等领域的发展是存在许多不确定因素的,既有教育自身的问题,也有外部因素的影响。

也许正是因为世界银行在非洲的教育援助项目并不成功,也没有收到像亚洲"四小龙"那样的出色效果,从20世纪80年代开始,世界银行也开始反思自己在教育援助政策上的"一刀切"做法,试图根据社会环境的变化、对象的差异性来适时调整自己的援助策略。在对非洲教育援助方面,世界银行的做法虽有不足,但也积累了丰富的实践经验。因此,辩证地看待世界银行教育援助政策的变化过程,可以在一定程度上把握整个国际教育援助活动的有效性及因素变化。

第二节 世界银行对非洲职业教育援助的政策演变

世界银行的职业教育援助政策并不是一成不变的,而是随着它对职业教育以及相关领域的认识和判断的变化而做出调整的。在近半个世纪的历程中,世界银行对非洲职业教育援助政策经历了优先发展、结构调整和多元化发展三个不同阶段。

一、世界银行教育援助政策变化轨迹

自20世纪60年代以来,世界银行发布过一系列的教育援助工作文件和政策报告(见表9-2),体现出不同时期世界银行教育援助的政策倾向性,从中也可以看出世界银行教育援助的政策走向、主题目标和优先项目等。当然,在实际运作过程中,也会经常受到援助双方政治的、经济的、文化的等因素影响,从而对这些政策进行阶段性的调整。

表 9-2　世界银行发布的教育援助政策概览①

年份	政策名称
1963	《世界银行及国际开发协会教育政策建议书》(Proposed Bank/IDA Policies in the Field of Education)
1970	《教育贷款》(Lending in Education)
1971	《教育部门工作文件》(Education Sector Working Paper)
1974	《教育部门工作文件》(Education Sector Working Paper)
1978	《银行对教育部门的评估》(Review of Bank Operations in the Education Sector)
1980	《教育部门政策文件》(Education Sector Policy Paper)
1986	《资助发展中国家的教育：政策探索与选择》(Financing Education in Developing Countries: An Exploration of Policy Options)
1988	《撒哈拉以南非洲教育：调整、复兴与扩充战略》(Education in Sub-Saharan African: Strategies for Adjustment, Revitalization and Expansion)
1990	《初等教育：世界银行政策文件》(Primary Education: A World Bank Policy Paper)
1991	《职业技术教育与培训：世界银行政策文件》(Vocational and Technical Education and Training: A World Bank Policy Paper)
1994	《高等教育：经验与教训》(Higher Education: The Lessons of Experience)
1995	《世界银行评论：教育的重点和战略》(Priorities and Strategies for Education: A World Bank Review)
1999	《教育领域战略》(Education Sector Strategies)
2001	《一个学习的机会：撒哈拉以南非洲的知识和教育财政》(A Chance to Learn: Knowledge and Finance for Education in SSA)
2002	《构建知识社会：高等教育面临的新挑战》(Constructing Knowledge Societies: New Challenge for Tertiary Education)
2005	《教育部门新战略》(Education Sector Strategy Update)
2010	《2020年教育领域发展战略》(2020 Education Sector Strategy)

　　从表9-2所示的跨度近半个世纪的世界银行教育政策文件中可以看出，以撒哈拉以南非洲教育为主题的文件有两个：一个是1988年颁布的《撒哈拉以南非洲教育：调整、复兴与扩充战略》，另一个是2001年发布的《一个学习的机会：撒哈拉以南非洲的知识和教育财政》。由此可以看出，撒哈拉以南非洲的教育是世界银行教育援助的重要对象，也是人们评价世界银行对发展中国家教育援助成效的关键指向。

　　在世界银行发布的政策文件中，关于职业教育的政策文件有一项、关于初等教育的政策文件有一项、关于高等教育的政策文件有两项，其他政策均未具体到某一类型或等级的教育领域。由此可以看出，职业教育属于世界银行开展教育援助的重点关注领域之一。

---

① 殷敏.世界银行对非洲教育援助政策研究[D].浙江师范大学,2011：8.

二、优先发展职业教育阶段(20世纪60年代—70年代末)

从20世纪60年代开始,非洲大陆独立运动蓬勃发展,新生国家面临一次全新的发展机遇,但教育的落后、人力资源的缺乏成为新生政权发展经济、建设国家的巨大障碍,而职业教育此时被西方经济学派认为是进行人力资源开发的有效手段。因此,世界银行在六七十年代对非洲的教育援助中,把大部分款项都投入职业教育项目上。世界银行认为人力资源的充分开发,既是消除贫困的目的,又是实现发展的重要途径,职业教育受到了世界银行的优先资助。

（一）对非洲职业教育援助的思想逻辑

人力资本理论往往更多地倾向于发展高等教育和中等教育,而不是初等教育,他们重视在学校课程中开设职业化课程,以为未来经济发展增加人才储备。这些观点深刻地影响了世界银行等国际组织对发展中国家教育援助的政策取向。1963年10月,世界银行发布《世界银行拟议的教育政策》报告,指出教育在国家发展中的重要作用,认为大多数发展中国家最急需发展的是中等教育,为经济建设培养中等层次的人才,建议从两个方面扩大中等教育规模：一是扩建职业学校,包括技术学校、农业学校、商业学校等；二是扩充普通中学的规模,同时在课程模块中增加职业性课程。通过发展中等教育,既可以使更多的人有机会进入高等学校学习,也可以在完成中等教育后对其进行就业前的职业训练。[1]

基于上述思想,世界银行开始向非洲的中等学校提供越来越多的援助贷款,支持多样化的学校发展,包括援建新的职业学校、帮助已有学校进行更新改造、为教员和专业技术人员提供课程培训等。

世界银行之所以支持非洲重点发展职业教育,其出发点是将教育看成是一种投资行为,主要目的还是为了促进经济发展。因此,世界银行在决定援助教育的方式和路径时,考量最多的还是经济因素。虽然世界银行对非洲教育援助的逻辑起点和出发点是好的,希望通过发展中等教育、培养专业技术人才,为经济发展做贡献。但是,世界银行却忽略了教育发展的沿袭性、延续性,对于初等教育十分落后的非洲国家来说,大力发展中等教育,无疑是"揠苗助长"。中等教育的过快发展必然会导致根基不稳、质量不佳,其所造成的后续影响是无法估量的。

---

[1] World Bank. Education: Sector Working Paper[R]. Washington D. C., World Bank. 1971: 13.

(二)支持中等教育的"职业化"发展

世界银行从 1963 年开始实施第一个教育援助项目,到 1968 年共批准了 19 个国家的 22 个项目方案,其中非洲国家有 10 个,超过半数。项目数非洲有 11 个,也占到半数。援助贷款总金额为 1.62 亿美元,其中 1.27 亿美元(占 78%)来自于国际开发协会的优惠贷款,3490 万美元(22%)来自于国际复兴与开发银行的援助贷款(见表 9-3)。从世界银行教育援助的地域分配来看,撒哈拉以南的非洲国家占比最多,其次是中东和北非地区。

表 9-3 世界银行对非洲教育援助项目(1963—1968)[①]

单位:百万美元

国家	方案	财年	主要目标	总成本	IBRD	IDA
突尼斯	I	1963	普通中等、技术及师资培养	9.2		5.0
坦桑尼亚	I	1964	普通中等	6.0		4.6
尼日利亚	I	1965	普通中等、技术、成人及师资培养	30.0		20.0
摩洛哥	I	1966	普通中等、技术和农业	16.2		11.0
肯尼亚	I	1967	普通中等、技术及师资培训	9.7		7.0
马拉维	I	1967	普通中等及师资培养	7.0		6.3
乌干达	I	1967	普通中等	14.3		10.0
突尼斯	II	1967	普通中等及农业	19.8		13.0
马达加斯加	I	1968	普通中等、技术及师资培训	7.2	4.8	
苏丹	I	1968	普通中等、后中等农业及师资培养(技术援助)	15.4		8.5
加蓬	I	1968	普通中等及师资培训	3.6	1.8	

从用途上看,这些教育援助项目主要集中在中等学校、技术学校建设以及教师教育方面。从援助的教育层级上看,1963—1968 年,援助的重点是中等教育,高等教育和非正规教育只占一小部分,而初等教育几乎没有受到关注。从援助的项目内容看,绝大部分援助经费(占 97%)都是用于硬件建设方面,而教育行政组织和管理能力、课程和教学建设等却很少顾及(见表 9-4)。这说明当时的非洲国家、东南亚等地区在教育基本设施方面十分匮乏,在加速扩大教育规模的呼声下,首先需要加大投入的是基础设施建设。至于行政管理、教师队伍、课程与教学等要素将是后续发展中需要关注的对象,否则仅有规模的扩大是不可持续的。

[①] Joel Samoff, Bidemi Carrol. From Manpower Planning to the Knowledge Era: world Bank Policies on Higher Education in Africa[R]. UNESCO Forum Occasional Paper Series Paper no.2, 2003: 10.

表 9-4　1963—1968 年世界银行教育援助经费分配比例①

分析变量	援助对象	百分比/%
按教育阶段分	初等教育	—
	中等教育	84
	高等教育	12
	非正规教育	4
按学校类型分	普通中学	44
	技术学校、商业学校	25
	农业学校	19
	教师教育	12
按使用标的分	学校建筑	69
	教学设备	28
	技术援助	3

（三）进一步扩大教育援助对象和内容

进入 20 世纪 70 年代，非洲国家严重的贫困问题及其所带来的不良影响，日益引起世界银行等国际组织和国际社会的广泛关注，而教育被认为是减少贫困的关键手段。通过发展教育，注重技能培训，促进青年就业，成为这一时期世界银行政策的关注点。在 1971 年的政策报告中，世界银行特别提到了非洲的教育危机问题，指出非洲教育普遍存在三个问题：一是质量低下；二是与劳动力市场需求不符合；三是经费短缺。三个问题表现的依据是：教育低质量主要表现为高辍学率、不合格教师多、课程老化等；教育与劳动力市场需求不符合主要表现为大中小学校的毕业生失业情况严重；经费短缺则是不争的事实，而且非洲国家教育经费短缺的程度令人吃惊。

到了 20 世纪 70 年代后半期，非洲国家财政危机越来越明显，教育财政预算竟无保障。尽管世界银行在 20 世纪 70 年代初增加了对非洲教育援助的额度，但相对于非洲国家巨大的教育经费缺口来说，只能是杯水车薪。在此情况下，世界银行建议采用低成本的教育模式（如非正规培训），使用教学新技术（如广播和电视），降低教学成本（如复式教学），同时还要寻求资金来源的多元化，不能仅仅依靠政府投入和外部的援助。

这一时期，世界银行的教育贷款总量进一步增加，范围也更加广泛，从 20 世纪 60 年代重点支持硬件建设，转向硬件和软件并重，从当初的规模扩充转向教育质量和教育结构的改善上。从资金分配上看，用于初等教育和非

---

① JONES P W. World Bank Financing of Education: Lending, Learning and Development[M]. London and NewYork: Routledge, 1992: 60.

正规教育项目的资金增长了,而用于中等教育和教师教育方面的资金相应减少了。用于硬件方面的资金比例下降,用于软件方面的资金比例相应增加(见表9-5)。

表9-5 1969—1980年世界银行教育贷款比例变化① 单位:%

财年	世界银行贷款（百万美元）	工程建设	课桌椅设备及交通工具	图书和教学材料	技术援助和培训	预算支持	其他支出
1969	93.9	76.3	23.7	0.0	0.0	0.0	0.0
1970	125.5	69.3	23.3	0.0	6.0	0.0	1.5
1971	98.1	52.8	26.1	0.0	20.3	0.0	0.8
1972	124.0	61.9	26.5	0.0	9.0	0.0	2.7
1973	290.2	67.5	22.2	0.0	9.0	0.0	1.4
1974	10.6	17.9	15.9	0.0	61.5	0.0	4.7
1975	201.2	60.4	25.0	0.0	11.0	0.0	3.7
1976	177.4	55.3	27.8	0.7	14.1	0.0	2.1
1977	93.5	51.8	24.5	0.0	21.0	0.0	2.6
1978	137.9	60.2	19.6	0.0	16.2	0.0	4.0
1979	91.6	51.9	25.2	0.0	21.4	0.0	1.4
1980	132.4	60.3	22.5	0.6	11.2	0.0	5.4

世界银行教育援助政策的转变,既是一种积极调整,又是对前期教育援助实践的反思和总结。因此,无论是在理论上还是实践上都有正面意义,对推进世界性的教育发展援助起到了积极影响。比如,在联合国"千年发展目标"的影响下,非洲国家一方面积极努力,依靠自身力量发展教育;另一方面通过国际社会争取更多的援助资金。而国际社会在开展对非洲教育援助的过程中,不但充分吸取了前期的经验和做法,同时也积极规避不足和缺陷,采取有效方式,把援助项目努力做得更好。

人力资本理论和发展经济学派认为,劳动能力是所有成年人赖以生存的最主要资本,通过职业教育提高个人的劳动能力是反贫困的最有效手段。所以,在撒哈拉以南的非洲,职业教育被世界银行视为开发人力资源的重要手段。从20世纪60年代到70年代末,世界银行教育贷款的政策导向就是优先支持中等教育阶段课程的多样化发展,支持非洲国家中等学校的"职业化"改革。1974年,世界银行在《教育部门工作文件》中特别强调了这种政策导向:"教学内容必须以工作所需的技能为导向,确保毕业生能顺利就业。重

---

① RIDKER R G. The world Bank's role in human resource development in sub-saharan Africa: Education, training, And technical assistance[R]. Washington, D. C.: The World Bank, 1994: 50.

视职业学校和培训中心的建设,并将中等学校学术性课程进行'职业化'改革。"①在此期间,世界银行援助职业教育的经费呈增加趋势,职业教育项目占了教育援助总经费的43%。但是,在1971年的一份报告中,世界银行已经注意到"学校本位"的职业教育存在着一些弊端,比如高成本、低效率、适应性差等。

但世界银行同时认为,由于非洲等发展中国家的企业规模以小企业为主,而且这些小企业受经营能力的制约,普遍存在生产设备短缺、生产技术落后等问题,因而无法提供高水准的技术培训。能够提供的培训岗位或学徒人数也十分有限,所以在这些国家,企业培训还不可能替代职业学校的公共培训。由此也可以看出,世界银行一时还未能找到有效解决受援国职业教育低效、低质量的问题的方法。所以,在1977年之后的10年间,世界银行并没有大幅度减少对职业学校的贷款比例。

三、积极调整职业教育援助政策(20世纪80年代—90年代初)

从20世纪70年代末到80年代,由于受世界经济危机的拖累,世界银行对非洲教育援助的效果也大打折扣。于是,世界银行开始反思其前20年在非洲等地开展的"中等教育多样化"政策的适切性。最后世界银行专家给出的基本结论是:没有确凿证据表明,学校课程多样化会影响学生的职业选择。尤其是在非洲农村地区,职业学校的初衷是为了培养新型农民,而事实上,大部分农村青年的职业志向是到城市寻找就业机会,而不是留在农村当农民,因为城乡的巨大差异使得到城市生活对青年人更有吸引力。因此,当他们中学毕业后自然不想留在农村,而是涌入城市,这无疑给城市就业带来巨大压力。进入20世纪80年代以后,世界银行之前所采取的支持中等教育多样化态度,被非洲很多国家日渐糟糕的就业情况所否定。重点投资的职业教育并没有带来高就业回报。相反,职业教育的毕业生在就业市场上的竞争力远不如接受普通教育的毕业生。到底投资哪种教育更划算?于是,一些学者开始研究教育的投入与产出问题。一时间,"成本-效益"分析理论占据主导,并影响到世界银行对非洲教育援助政策的结构性调整。

(一)世界银行对非洲教育援助政策的思想影响

从20世纪70年代末开始,非洲许多国家,特别是撒哈拉以南的非洲地区,在经过独立之初十多年的快速发展之后,遭遇了前所未有的困难:经济

---

① World Bank. Education sector working paper[J]. Washington,D.C.,World Bank,1974:21-22.

增长率持续下降,农业生产停滞不前,粮食危机日益严重,财政赤字迅速增加,债务数额不断攀升,通货膨胀十分严重。为了获得解决危机所需要的资金,这些国家从发达国家和国际金融机构获得新的贷款是唯一的选择。而发达国家同样面临着严重的经济危机,不可能持续增加对非洲援助贷款。在资金数额有限的情况下,世界银行实施了对非洲教育援助的结构性调整。

从思想层面看,世界银行对非洲教育援助政策的调整是受到新古典主义的影响。自20世纪60年代开始的大规模国际发展援助并没有发挥预期的作用,发展中国家也没有获得预期的发展。1983年,英国经济学家狄帕克·拉尔(Deepak Lal)在其著作《发展经济学的贫困》中对早期发展经济学理论作了全面的批判。① 至此,发展经济学走向衰落,新古典主义兴起。

新古典主义认为,经济不发达的结果来自于错误的价格政策,以及发展中国家的过度干预,导致资源配置不当。利用市场力量是解决发展问题的最好办法。因此,经济政策和教育政策均应建立在市场之上,通过市场手段,刺激个人投资教育,而不是仅仅依靠政府。在市场条件下,政府应减少其在人力资源开发和教育方面的干预,应集中精力去发展高质量的普通教育而不是职业教育。

新古典主义经济学认为:发展中国家的人民也能像发达国家的人民一样,能合乎理性地对市场力量做出反应。教育投资的个人收益和社会收益只有以市场为导向,才能达到最大化,而建立在经济发展计划之上的教育发展计划应予取消,代之以市场激励为主的教育发展战略。对职业教育的投资也是如此,应该发挥私营机构和个人的力量,尤其是短期培训方面,可以通过市场来开展。

世界银行教育援助政策的变化还受到了菲利普·福斯特(Phillips Foster)于1965年发表的《发展规划中的职业学校谬误》一文中的观点影响。福斯特反对过早地将青年人职业定向为"农业的"或"其他的"技术工人而实施课程定向。另一位重要学者瓦迪·哈戴德(Vadd Haddad)关于中等教育多样化的反思也受到世界银行的重视:"在学生职业态度的改变方面没有一致性的实证表现,在大多数项目中,学生仍然选择学术性课程而不是职业性课程……所以多样化的中等学校对于培养大量职业技术人才的做法是否恰当,值得怀疑。"②

在整个20世纪80年代,"成本-效益"分析理论也是影响和支配世界银

---

① 孙同全."战后"国际发展援助的发展阶段及其特点[J].北京工商大学学报(社会科学版),2008(4):121-126.
② World Bank. Education sector working paper[R]. Washington, D.C., World Bank, 1980:45.

行职业教育政策转向的思想原因。该分析模式认为,中等职业教育的收益不及普通教育。学校本位的职业教育不但成本高,而且效率低,而非正规的职业培训被认为见效快、针对性强,所以政府应鼓励企业开展对在职员工的培训。

受上述思想的影响,从20世纪80年代中期开始,世界银行的教育援助政策都包含了"私有化"的因素。如1986年的《援助发展中国家的教育:政策探索与选择》,世界银行主张高等教育实行成本分担(cost-sharing),以减轻公共财政的压力,政府要把有限的钱投入到对社会最有效益的初等教育阶段。进入20世纪90年代后,上述观点在世界银行的职业教育政策中得到了明显体现。

(二)世界银行对非洲教育援助政策调整的内容

1988年,世界银行制定了第一个专门针对非洲地区的教育政策文件——《撒哈拉以南非洲的教育政策:调整、复兴和扩充》。这份研究报告认为,撒哈拉以南的非洲地区的教育发展"仍处于危机之中"。为解决危机,世界银行开出的"药方"是:调整,复兴,扩充。"调整"是为了应对经济危机所带来的教育危机。建议所有国家都要拓宽教育经费来源,增加对受教育者个人的收费,鼓励私人办学,并控制单位成本,以尽量降低教育过程中的危机。"复兴"是期望提高教育质量。世界银行建议实行统一考试,提供充分的学习资料和课本,保持教学场所和教学设备的正常运转。"扩充"体现在四个层面:一是及早普及初等教育,二是更多利用远程教育等现代教育手段扩大中等和高等教育入学机会,三是为在职人员提供更多的培训机会,四是通过区域合作扩大研究生教育,提高科研水平。各国需通过教育投资政策的制定,引导优先投资领域,实现教育结构调整的目的。

1990年,世界银行发布《初等教育:世界银行的政策报告》,强调初等教育对于国家发展的重要性。针对目前许多发展中国家初等教育发展不足,世界银行认为需先做好以下四个方面的工作:一是促进儿童学习,保障更多少年儿童完成初等教育;二是支持女性接受更多教育,特别是在入学机会方面;三是合理分配并使用好有限的初等教育资源,特别是低收入国家;四是制订国家初等教育长期发展计划。[1]

这一时期基于对教育投资回报率(rate-of-return)的分析显示:相较于其他阶段的教育,投资初等教育的社会收益率更高。因此,世界银行减少了对

---

[1] World Bank. Primary Education: A World Bank policy paper[R]. Washington D. C.: World Bank, 1990: 7.

高等教育和职业教育方面的援助,而对初等教育的援助贷款额度上升较快。

虽然在20世纪80—90年代,世界银行依然比较重视职业教育,但是对不同类型职业教育的支持态度却发生了转变。1963—1976年,对中等职业学校的援助在所有职业教育项目投资中所占比例是34%,到了1986年则下降到20%。与此同时,对职业培训领域的援助比例从1963的35%上升到1986年的50%。有关数据显示:1987—1990年,世界银行教育援助的总水平在快速增长,1991财政年比5年前提高了4倍。1987—1991年,用于职业教育的援助贷款占贷款总数的26%,总数达到22.6亿美元,其中60%被用于职业培训,19%用于中等职业学校。这种转变反映了世界银行所持的新观点:与学校本位的职业教育相比,职业培训中心或工作岗位培训的灵活性更大、效率更高,有更大潜力。[1]

世界银行关于发展职业教育的指导性建议,主要体现在1991年发布的政策文本中。世界银行主张根据经济的需要来发展职业教育,具体建议可归纳为以下两点:

(1) 鼓励私人培训:为私人投资培训创造良好环境;鼓励企业内培训;放宽对私立教育的监管。

(2) 增强公共培训的有效性:针对特定的目标开展培训;能够应对劳动市场的变化;政府给予培训机构更多自主权;用有限的资源发挥更好的效力;吸引企业主参与培训过程管理;培训经费来源的多元化。

世界银行认为,私人培训机构在竞争的环境中要生存,就必须既要有利可图,又要提高效率,因此只有通过提供高质量、针对性强的培训,才能取得较好的效果。自由市场规则将迫使私人培训机构适时调整他们的招生政策和课程计划,以适应劳动力市场的需要。然而,私人培训机构的发展并不是不需要公共部门的监管,而是政府的作用应该发生转变,要引导培训机构更好地适应劳动力市场的变化和要求。

四、促进职业教育多元化发展阶段(20世纪90年代至今)

进入20世纪90年代,人们似乎已经看到新世纪的曙光。但是,在准备迎接新世纪诞生的同时,人们也发现世界贫困问题不是缓解了,而是加重了,如何解决贫困问题再次成为国际发展援助的关注焦点。

从20世纪90年代中期至今,世界银行援助政策正在进入一个新的阶段,强调"政府管理"。在教育方面,世界银行重视加强对受援国政府在教育

---

[1] 和震.世界银行职业教育政策的演变[J].清华大学教育研究,2010(1):67-68.

管理工作上的支持,以改善教育和培训管理。这重点体现在六个方面:① 提高初等教育的效率;② 增加妇女和女童的受教育机会;③ 加强科学和技术教育;④ 改善培训系统的效率和灵活性;⑤ 增强高等教育和科学技术教育机构对发展的作用;⑥ 注重培训部门的能力建设。2005 年,世界银行推出了新的教育部门援助战略,提出教育是国家经济发展、创造就业和建立和谐社会的基础。①

世界银行职业教育政策的转变,在 1991 年的《职业技术教育与培训:世界银行政策文件》中被完整地体现出来。该文件认为:"对专门技能的培训,只有建立在坚实的普通教育基础之上才会更有效,基础教育和中等教育为很多传统的手工业和行业提供了这种基础……在很多国家,过去用来取代部分学术性课程的职业性课程所花去的费用,如果用来提高学术成绩或增进学术教育将是更好的投资。在使毕业生进入工作领域或自谋职业方面,多样化课程并不比学术教育更有效。"②这标志着基础教育和普通教育成为世界银行支持的重点领域,职业教育已经失去了优先地位。但世界银行并不是否定职业教育的作用,而是认为在政府无力进行大规模投入的情况下,职业教育必须进行市场化改造,政府应该鼓励私人投资职业教育,通过职业教育的市场化运作,拓展职业教育经费来源,增加职业教育的办学活力,这可能是开发劳动技能的最有效方式。从此以后,世界银行对非正规职业培训项目的贷款数量不断增长,而职业学校获得的贷款却在大幅减少。1995 年以后的几年时间里,世界银行的教育政策中几乎很少提及职业教育。③

世界银行教育援助政策的转向,给发展中国家职业教育发展带来了极大的压力和挑战。很多国家不得不从各自的国情出发,在职业教育政策方面做出一定的调整,世界职业教育呈现多元化发展局面。当然,一些国家更加关注职业培训市场的发展,积极调动企业、个人、社会组织等各方投资和参与职业教育的同时,职业学校的作用也并没有被忽视,一些国家的学校职业教育还有了较大的发展。

由于受到不同国家的抵触,世界银行改变了面向全世界发布单一的职业教育政策建议的做法,开始考虑不同教育和发展过程中的差异性需求。于是,世界银行相继又专门针对撒哈拉以南的非洲、拉丁美洲、东亚等地区出台了一些分政策建议,但其政策总原则并没有发生根本性变化。

---

① 和震.世界银行职业教育政策的演变[J].清华大学教育研究,2010(1):68.
② World Bank. Vocational Education and Training: A World Bank Policy Paper. Washington,D.C.: World Bank,1991:9.
③ 同①:69.

通过对世界银行教育援助政策演变过程的梳理,我们不难发现,在不同历史时期,世界银行的教育援助政策变化很大,但总体呈现出几个明显的走势:① 从重视中等教育、职业教育和高等教育转向重视基础教育,再转向基础教育与高教和职业教育并重;② 从重视量的扩增转向质的提高;③ 从硬件援助转向软件援助;④ 从单一项目援助转向综合性部门援助。世界银行的这些政策取向大都对非洲职业教育发展产生了深刻影响。世界银行早已不再是一家原始意义的银行,而俨然演变成一个能够在全世界尤其是发展中国家中产生广泛影响的发展机构,它不仅提供资金援助,还提供政策建议,乃至教育改革处方。

第三节 世界银行对非洲职业教育援助政策评析

世界银行是一个公益性与导向性兼具的国际组织。世界银行通过援助贷款形式对广大发展中国家发展路径所产生的深远影响是不言而喻的。虽然,世界银行宣称其所有援助活动都是中立的、非政治性的技术决策,但是世界银行在对受援国实施贷款的过程中,往往都有附加性条件,最为明显的就是其制定的或宽泛或具体的"政策建议书"。世界银行以项目为先导,加以政策支持和技术指导,三项合一,有力地影响了全球发展,特别是在减贫、就业、平等、发展等方面起到了不可低估的作用,促进了全球性问题的解决。另一方面,"世界银行虽然是一个政府间组织,但采取由会员国认股的方式组成,以美国为首的西方国家拥有最多的投票权。因而世界银行总是以美、英等国的发展模式和标准来引导和评判发展中国家"[①]。

一、世界银行对非洲职业教育援助的积极作用

自20世纪60年代开始,非洲各国陆续摆脱殖民地统治,获得了独立。独立后的大多数非洲国家,需要同时解决发展经济等多个首要问题,还面临着扩大入学机会和提高教育质量的巨大压力。非洲各国政府都认识到教育的重要性,但又没有足够资金用于扩充和改善教育,于是不得不转向外部机构寻求援助。正是在这个时候,世界银行等国际组织、发达资本主义国家等向非洲伸出了援助之手,其中世界银行是非洲教育发展资金的最大来源。世界银行通过项目贷款的方式资助撒哈拉以南非洲地区建立学校,为中小学提供教科书、开发课程、培训教师等,为独立后非洲国家的教育发展和教育体制

---

① 和震.世界银行职业教育政策的演变[J].清华大学教育研究,2010(1):70.

的建立注入了一股有生力量。

(一)改善非洲国家教育投入上的不足

非洲国家教育发展资金的来源主要是国家财政,但由于经济上的局限性很难保证对教育有充分的投入,部分非洲国家的教育投入占国内生产总值的比重低于世界平均水平(见表9-6)。

表9-6 部分非洲国家2000—2002年教育支出占国内生产总值比重①

单位:%

国家	教育支出占国内生产总值比重
赤道几内亚	0.6
赞比亚	2
博茨瓦纳	2.2
尼日尔	2.3
卢旺达	2.8
贝宁	3.2
世界平均	4.9

世界银行的教育援助在一定时期、一定程度上改善了受援国政府教育总投入不足的状况。世界银行从1963年开始支持非洲教育,涉及职业教育、成人教育和基础教育等领域。其中,超过2/3的援助是零利率的信贷和赠款,由国际开发协会提供,撒哈拉以南的非洲地区是接受贷款的最主要地区。自2000年以来,世界银行承诺了约240亿美元以支持发展中国家的教育,其中超过一半提供给了非洲国家。世界银行还与其他援助者合作,重点为各国政府提供到2015年实现普及初等教育目标的手段。世界银行的教育贷款涉及各个教育部门(初等教育、中等教育、高等教育和职业教育),对非洲的教育贷款平均每年达到2亿美元以上。

(二)促进非洲国家教育制度的建设

由于国际教育援助以项目的形式进行,因此援助费用主要用于一些重点领域,如20世纪60年代的职业教育领域、80年代的短期培训、90年代的高等教育等。援助的目的并不是一味地填补受援国教育经费的缺口,而是希望通过国际援助起到改革落后的教育体制,并不断提升受援国教育水平的作用。世界银行往往通过资金的流动不断引导着非洲政府的教育决策,某些非

---

① 联合国人类发展计划(United Nations Human Development Programme).[2011-02-14]. http://www.nationmaster.com/graph/edu_edu_spe-education-spending-of-gdp

洲国家也会因为有资金上的好处而有意识地追逐援助,因此在本国教育目标的设置上会围绕世界银行教育援助的目标而动。自20世纪90年代开始,提高国家管理能力成为国际教育援助考虑的重点。2003年,世界银行及法国、爱尔兰发起了改善非洲国家教育管理的倡议。行动重点是两个方面:一是更加有效地将资源合理分配给各个学校,特别是在教师的分配上;二是促使学校和班级更好地利用教学资源,以提高教育质量。在帮助非洲国家应对知识和技术的挑战方面,主要通过以下方式:加强各国教育部门的技术和组织能力,以实现更好的管理;指导创建知识产业;为教育管理者跨国学习和经验交流提供帮助;将教育管理问题纳入国际政策讨论范畴。

(三)提升非洲国家人力资源管理水平

从广义上讲,国际教育援助不仅仅是资金上的援助,更是一种人力、技术、管理、理念等多方面的援助体系。"授之以渔"的理想必是所有援助项目的终极目标。世界银行围绕降低贫困、减少弱势群体和地区的需要,致力于开发受援国的人力资源,在项目的设计上非常注重对校长、教育行政管理人员、教师等的培训,同时也要求受援国从中央到地方各个层级,凡是接受援助地区的教育行政管理人员都要具备相应的项目管理知识,并注重培养他们的项目管理理念,改变以往不良管理习惯。2008年,世界银行与新加坡政府联合举办了为期两周的非洲教育与培训部门领导人(African Leaders in Education and Training)论坛,该论坛主要内容是介绍新加坡教育与培训部门在解决与非洲类似问题时的经验,共同探讨非洲在建设能够促进经济和社会发展的教育与培训系统中可能面临的关键挑战。其目的是让论坛参加者更好地了解作为教育与培训部门领导人应该具备的远见卓识,并获得教育管理的实用知识和新的思想,从而建立高效(high-performance)的职业教育和培训体系,使其能更好地满足经济和社会发展所需。

(四)增强国际社会对非洲教育的关注和研究

20世纪80年代是世界银行开始重视对世界教育研究的时期。1980年的《教育部门政策报告》非常关心教育研究,认为以往的许多教育建设和发展方案中往往缺乏相关的研究作为决策参考,由此可能导致决策不当或失误。上述因素促使世界银行决心建立起自身的研究能力。1981年,世界银行教育研究机构成立,开启了对教育研究的热潮,研究重点既包括与其本身相关的援助议题,也涉及会员国的教育政策与优先事项等。

整体而言,世界银行的教育研究重点关注三大话题:一是"效率",二是教育的"投资与收益",三是教育"公平"问题。上述三点贴切地反映出自 20 世纪 80 年代以来,世界性的经济衰退所带来的财政紧张,显示出教育"效率"与"收益"问题的日益重要,相关著作是 1985 年的《教育促进发展:投资选择的分析》。另外,教育"公平"问题也随着初等教育的扩张而受到关注,女性教育、少数族裔教育、农村与城市贫困家庭的受教育问题也逐渐受到重视。世界银行的研究对许多国家和地区的教育政策都具有影响力,如 1988 年出版的《撒哈拉以南的非洲教育政策:调整、复兴与扩充》等。所以说,世界银行不仅仅只是相关信息的掮客(broker),它还试图引导与管理知识的创新。[1]

二、世界银行对非洲教育援助政策存在的问题

世界银行的贷款并不是无条件的,往往附加上许多先决性或限制性条件,带有一些强制性的政策和措施,受援国只能被动接受,否则就得不到贷款。因此,在贷款附加条件这一项上,世界银行曾备受指责。有评论家认为,世界银行等国际组织"利用垄断权力维持着一个谜团,那就是将永远还不清的债务作为政治和意识形态的工具"。[2]

(一)将教育视为经济发展工具,忽视其社会和人文价值

世界银行曾认为,教育是一种获取利益(主要是经济利益)的工具,是一种能满足其他需求的手段,认为人们接受教育是为了促进经济发展和生产力提高,忽视了教育的社会和人文价值。

世界银行的政策报告、研究报告等大都强调教育对于国家发展尤其是经济发展的重要性,主张利用各种"技术方法(function effective)"来提升教育的内在和外在效率,希望学生能够具备知识、技能,甚至是竞争力,以便适应现代社会的生活。如 1980 年的《教育部门政策报告》一开头便探讨教育与发展的关系,强调教育对于国家发展的重要性,认为必须提升学生的受教育机会,改善教育系统的内部效率,并说明教育和工作之间的关联,最后则讨论教育投资的成本和财政问题。从上述的文章脉络可以看出,世界银行将教育当成发展的工具(技术工具),通过扩充受教育机会,改善教育的效率,加强与劳动市场的联系,并注意投资成本的问题,将有助于国家经济和社会的发展。所以,世界银行是将教育定位成国家经济发展的重要技术,而忽视了教育对于提升受教育者的文化素养及人文精神的重要功能。

---

[1] SAMOFF J. The Reconstruction of schooling in Africa[J]. Comparative Education Review, 1993.37(2):181

[2] 萨义德·A.阿德朱莫比.埃塞俄比亚史[M].北京:商务印书馆,2009:171.

(二) 采用一致的刚性援助策略,受援国难免水土不服

第二次世界大战后,在各方利益的交织之下,有关国家应该如何发展,成为各国及社会学家关心的焦点。在此情况下,所谓的"现代化理论(modernization theory)"很快得到各方的接受与肯定,成为主导20世纪50—60年代社会发展的主要思想。世界银行似乎也接受了现代化观点,认为所有社会变迁会依循相同的进化法则、经历相同的发展阶段,发展中国家只要依照发达国家的政策,便能达成发展目标。这种单一直线性、发展阶段论的观点,深深影响着第三世界各国的社会、经济和教育。因此,在1971年的《教育部门工作报告》中并未论及各国的不同需求,只是指出未来可能贷款的新领域,暗示所有发展中国家的援助策略是相同的。在实际运作上也的确如此,在20世纪70年代中期以前,教育援助大都集中在中等教育阶段,尤其是职业教育领域;到了80年代,受投资回报率的影响,提倡优先发展初等教育;而20世纪90年代,则倡导引入市场机制,试图减轻财政压力。

以上政策皆是毫不修正地适用到各受援国,这充分显示了世界银行援助策略的一致性与弹性缺乏。世界银行在与各国订立援助契约时通常还会附带其他条件,各国政府若不应允,便无法获得贷款,加上中低收入的国家急需款项从事国家建设,且缺乏专业人才,没有本钱与世界银行协商,所以上述政策便在"强迫"的情况下推广到各国。因此,阿尔特巴切(Philip G. Altabach)批评指出:世界银行迫使受援助的国家修改教育政策,"以符合世界银行专家所界定的均衡而健康的发展"[①]。

世界银行采取这种一致且带有强迫性的援助策略,对非洲国家造成许多不良的影响。首先,未针对当地环境制定弹性的应对策略,而采取一致性的教育政策,非但不能改善教育问题,反而造成新的困扰。如20世纪80年代的结构调整方案,原本希望借由私人部门和自由化的力量来减轻政府财政赤字,却使得非洲教育部门投资减少,冲击基础教育阶段,伤及贫困家庭的利益。其次,就"依赖理论"观点而言,受援国被迫接受特定政策,不但无法根据本国实际发展教育,反而可能对世界银行产生依赖。最后,世界银行强势推销自产政策,必然对受援国的主权造成一定侵害,对政策结果成败的责任划分也难以界定。

进入21世纪以来,世界银行一再宣称要加强与各受援国的沟通与合作,规划出未来的援助方向。针对以往各类援助方案过于分散,无法对整体国家

---

① ALTABACH P G. International Organizations, Educational policy and Research: A Changing Balance[J]. Comparative Education Review, 1988, 32(2): 137-142.

的发展产生决定性的帮助,世界银行开始规划"国家援助策略"(CASs)、"国家行动计划"等,似乎有一改前嫌的意向。[①] 但是,这种一揽子援助策略却如同双刃剑。就正面而言,通过整体资源的运用,有加速对象国发展的效果与可能;就反面而言,世界银行有越来越全面侵入受援国主权、干预其发展的嫌疑。这些担忧如果成立的话,对于那些希望在经济、政治、文化和教育等方面争取独立自主发展的国家来说,无疑是雪上加霜。

(三)教育改革处方缺乏基础,忽视非洲国家发展实际

为受援国提供教育改革建议也是世界银行对非洲教育援助的内容之一。然而,世界银行的改革处方往往是标准化和简单化的,如私有化、权力下放、投资收益等。这些建议的分析蓝本往往基于工业化国家的发展案例。例如,受新自由主义思想的影响,世界银行从20世纪80年代中期以来,便在许多援助方案中加入市场导向的内容或条款。这些新自由主义的教育政策信条包括:使用或享用者付费、高等教育实施成本分担、鼓励私人部门兴办学校、去中心化管理等。

世界银行将这些从西方国家或者西方国家的精英口中所撷取来的"处方",直接套用到发展中各国,希望能够协助这些国家走出财政紧缩的压力。但是,这些市场导向的教育政策既没有考虑到这些非洲国家的市场环境,也没有顾及教育的公平性问题,使得非洲的贫困家庭子女失去了更多的受教育机会。去中心化就是教育管理权下放,政府希望通过调动地方政府发展教育的积极性,来提高教育的公平、效率和质量。但是,对于中低收入国家而言,中央政府在教育经费方面尚且捉襟见肘,地方政府在应对教育发展方面很多时候更是一筹莫展,结果导致教育的地区差距、城乡差别进一步扩大。

世界银行总体上是经济学家主导的机构(economist-dominated agencies)。2002年,世界银行小组发起了私人部门发展(PSD)策略,目的是扩充私营公司和非政府组织的教育服务供给。这种方法在有些情况下也许会奏效。但总的来说,私人部门发展战略危害了教育进步,因为它忽视了一个事实,当教育服务按价格提供,即使实施补贴计划,也将不能覆盖穷人群体。世界银行程式化(formulaic)的财政调整和教育改革方案导致了受援国被迫普遍实施使用者付费制度,从而剥夺了几代贫困儿童受教育的机会,有的学者就指出,基本服务收费是对人类发展强制征税。[②]

---

① 詹盛如.世界银行教育援助之研究[D].暨南国际大学,2002:90.
② NANCY C A. Paying for Education: How the World Bank and the International Monetary Fund Influence Education in Developing Countries[J]. Lawrence Erlbaum Associates, Inc. Peabody Journal of Education,2001,76(3&4),285-338.

(四)政策取向多迎合西方国家利益,规避受援国的诉求

世界银行成立之初的任务很大程度上是维护战后利益。因此,解决发展问题的尝试也是基于西方的观点和经验,倾向于狭隘的经济驱动的方法,是否进行投资的判断依据是成本与效益、效率或高回报率,却很少考虑各国独特的社会文化及政治背景等影响发展的必要因素。早期,世界银行针对职业教育的贷款项目中就有许多不符合当地的实际需求。例如,索马里在20世纪70年代实施的中等职业教育项目中,男生的木工课需要金属、水泥和木头,然而由于木头在索马里当地不容易获得,不得不从欧洲进口。同样,在女生的家政课上,让女孩子学会使用她们从未见过的电炉,显然也是不切实际的。正是由于缺乏对当地背景和文化的关注,导致其援助项目和方法往往是不切非洲的实际。

世界银行在进行政策制定时,欧美籍职员的背景往往会左右其决策思考,顺应西方的利益。世界银行为了推动各国的发展,必须汲取成功的经验作为政策参考,而西方国家的各项政策,便成为现成的样板。因此,世界银行头几十年所实行的教育政策,自然与西方国家相符应。上述以市场导向的教育政策便是一些西方国家教育政策的翻板。在此情形下,世界银行推行的许多教育政策其实并不符合发展中国家的实际情况,在某种程度上是有意或无意在迎合西方国家的意愿和利益。

三、世界银行改善教育援助效果的举措

2010年,世界银行制定了新的教育政策《2020年教育战略》。世界银行新的教育政策致力于增加政府资源和教育援助资金使用的有效性。世界银行通过项目、财政和技术援助,支持受援国改善教育体制。作为全球发展合作伙伴,世界银行将建立一个高质量的关于科学研究和实践数据及经验方面的知识库,以支持未来的政策创新和投资绩效。在非洲,世界银行于2017年启动了"东非技能转型与区域一体化项目(EASTRIP)",通过在东部非洲的埃塞俄比亚、肯尼亚、坦桑尼亚、乌干达等国家建设若干个地区性的"技能示范中心(Regional Skills Centers of Excellence, RSCE)",培养东非各国在一体化进程中所需的技能性人才,在促进地区间的劳动力有效流动和青年就业能力提升的同时,能够更好满足中等教育需求,改善职业教育教学质量。

(一)根据受援国不同情况开展优先援助事项

世界银行需要根据受援国的不同情况,选择不同的援助策略。一般来

说,世界银行大规模投资教育的前提条件包括:良好的经济运行和透明的财政政策,政府能明确承诺善治,清晰的政策框架,实施教育改革的决策能力等。但是,这些条件和要求对于大多数非洲国家来说,无疑是比较苛刻的。一些国家为了得到援助款,不得不对世界银行的专家"言听计从"。但在项目实施过程中,很多时候仍然是障碍重重。因为从本质上讲,政策也好,思想也罢,都是观念意识和能力素质的反映,而且这种反映的变化和提高要比物质的东西慢得多。所以,世界银行很多在非洲国家的教育援助项目,设计很完美,也很理想,但实施结果多不尽如人意。

进入 21 世纪以来,世界银行进一步调整了对非洲教育援助政策,在突出普遍的优先事项外,也会更多考虑不同受援国的具体要求和迫切需要。例如,针对低收入国家,在继续扩大儿童教育和 15 岁以下青少年学习机会的同时,也要改善教育质量。对于遭受战乱、流行病或重大自然灾害的脆弱国家,世界银行除提高快速应对能力、进行紧急救助外,还从可持续性的角度,把教育的短期救助与长远发展统筹考虑,做出不同的优先事项和决策行为。

(二)建立起与受援国及其他机构的合作伙伴关系

非洲教育发展既有赖于援助方与受援方政府的良好合作,又得益于援助内容的适切性和结果影响的积极性。长期以来,国际援助机构对非洲教育发展所造成的一些负面影响,与援助方行动上的垄断性、机械性有关。比如,世界银行用于进行分析决策的资源与开展援助项目的资源都来自于同一个组织,受援助的贫穷国家既没有公共辩护人,也不能决定自己的原则和主张,只能是被动接受,久而久之就难免形成一种思维定式——我只是一个旁观者!

要打破这种对决策和资源的垄断,可从三个层面进行:在开展区域援助层面,援助者和受援国政府可通过如非洲教育发展协会(Association for the Development of Education in Africa,ADEA)、非洲联盟(African Union)及其他非政府组织建立起更加广泛的合作平台;在进行国家援助层面,双方要努力推动建立起能够平等对话的合作伙伴关系;在多边组织支持的援助项目中,受援国政府应负责协调,与援助者及国内利益相关者合作制定规则,实现信息共享,并能坦诚地商讨、分析和总结。

建立在全面合作伙伴关系之上、在共同目标之下,做到风险分担、回报分享,这样的援助才更有可能落地、生根,而不是"打一枪换一个地方"。随着非洲社会朝着更加民主、更加开放方向前进,政府与援助者之间伙伴关系的建立,公民社会的广泛参与,世界银行与利益相关者积极对话的开展,才会产生适应公民需求的合作与发展援助新模式。

（三）援助政策从关注投入水平转向结果导向

进入 21 世纪，世界银行的援助政策从关注投入水平，转向关注贷款计划对人们及其需求的影响，即关注对结果的测量。世界银行非洲地区办事处开发了几种工具来开展这项任务。其中，非洲教育结果监测系统（Results Monitoring System for Education，RMS-E）的目标是从活动中汲取经验或教训，为将来的活动指明方向。该系统还用于追踪世界银行非洲行动计划（AAP），千年发展目标（MDGs），以及国际开发协会的进展情况。此外，世界银行还通过与受援国（尼日利亚、莫桑比克、马达加斯加等）及其他援助机构密切合作，以开发"全部门"的方法（sector-wide approaches）并监督其实施，系统地改善所有项目的监督和评估，并完善教育管理信息系统。新的教育援助战略是否成功，也将通过一系列可测量的行动和指标变量来衡量。

援助方在努力改善教育援助效果的同时，非洲各国也在反思其长期以来对西方国家的经验依赖。有非洲学者一针见血地指出，任何有意义的合作与对话应该首先在他们自己之间展开，以探讨当前的经济和教育需求及优先事项，而不是一味地言听计从。从学校获得的知识和技能，应该与非洲各国当前的需要和实际问题相关，而不是照搬西方工业化国家的那些做法。要进一步促进非洲大陆发展，还有一个非常重要的内部问题，即非洲各国的领导人必须审慎管理好国家资源。在有些非洲国家，资产流失和贪污腐败是一个非常严重的问题。有学者认为："严重的不透明、越来越少的投资减缓了经济增长，这导致就业机会减少并增加了贫困程度。贫困的加剧，又导致援助者们给予更多的援助。而这些援助则继续让贫困蔓延。"[1]所以，从某种意义上讲，"援助倾向于助长腐败"，如在 20 世纪 90 年代的乌干达，政府用于教育的开支中，每 1 美元仅有 20 美分可以真正落到实处。[2]非洲国家领导人只有认真履行责任，透明地将资金用于各自国家的发展，只有这样他们获得新的贷款才有意义。

---

[1] ［赞比亚］丹比萨·莫约.援助的死亡[M].北京：世界知识出版社，2010：35.
[2] 同①：37.

第十章 经合组织及成员国对非洲职业教育的援助政策

经济合作与发展组织(Organization for Economic Cooperation and Development,OECD)是世界的"富人俱乐部",1961年成立以来已拥有30多个成员国,其宗旨之一就是协调和支持成员国开展对发展中国家的援助活动,促进非成员国的经济发展。与世界银行和国际货币基金组织不同,经济合作与发展组织(以下简称经合组织)并不提供基金援助,它是在政策和分析的基础上,为各成员国提供一个思考和讨论问题的场所,以帮助各国政府制定具体的援助政策和援助项目。经合组织下设的"发展援助委员会"(DAC)是各成员国开展国际援助进行交流的主要平台。经合组织成员国提供的官方发展援助(ODA)占全世界所有官方发展援助的90%以上。1970—2009年的40年间,经合组织成员国共向非洲国家提供了约11732.7亿美元的官方发展援助。①撒哈拉以南的非洲地区是经合组织成员国开展援助的重点区域。从经合组织成员国所援助的职业教育项目看,其主要目标是为了提高职业教育的质量,希望通过教师培训、课程调整等来适应生产领域对技术劳动力的需求,另有一些项目是为了增强职业教育的办学能力。

第一节 经合组织对非洲教育援助概况

在历史上,非洲国家曾是法国、英国、比利时、荷兰、葡萄牙、德国和意大利等经合组织成员国的海外殖民地或领地。虽然早已摆脱了殖民地统治,但多数非洲国家在殖民地统治时期形成的单一的经济结构和文化教育制度等并未得到完全改变,它们与前宗主国仍保持着千丝万缕的联系。基于对非洲的一种特殊情结,这些前殖民地宗主国一直保持着对前殖民地非洲国家的发展援助。其中,不同时期在教育方面的援助表现出不同的特征和倾向性。

一、20世纪80年代以来的教育援助情况

外部资源对于非洲教育的发展非常重要。20世纪80年代早期,来自经

---

① OECD. Development Aid at a Glance 2011: Statistics by Region. OECD Publishing,2011.

合组织和亚太经济合作组织的对非洲教育与培训方面的国际发展援助,平均每年为13亿美元。这相当于当时非洲国家15%左右的公共财政教育经费支出。① 其中,经合组织的对非洲教育援助经费占了大部分。在来自经合组织和亚太经济合作组织的13亿美元的教育援助中,3.67亿(占28%)美元被用于资助教育部门以外的各类培训。约有1.9亿(14%)美元是作为奖学金津贴或作为学费、生活费等补贴,由接收非洲留学生的国家提供。在这些国家的教育机构中,大约接收有10万名非洲留学生。剩下的7.57亿美元(占非洲教育与培训总援助金额13亿美元的59%,相当于8%的非洲国内公共教育支出)是通过受援国教育部门以项目支出的形式来分配和使用。

从双边援助看,在对非洲直接教育援助中,比利时、法国和英国这三个前殖民大国的援助经费大约占到40%,其中法国一个国家就占了1/4多。在20世纪80年代早期,虽然英国和美国所提供的对非洲直接教育援助经费不算少,但都还不到法国的20%,其他的双边直接教育援助经费占了22%。法国政府援助部门声称:1981—1983年,法国对非洲直接教育援助的确切数字是2.36亿美元,比表10-1所报道的2.06亿美元高出15%。这种差异也许同样存在于其他一些援助国,它可能反映了援助支出数额与官方所获得的援助数额之间的差距(如表10-1所示)。

表10-1　1981—1983年流向非洲国家的教育和培训援助经费
(按来源和用途分类)②　　　　单位:百万美元

资金来源国	教育部门[a]	与项目相关的培训[b]	国外非洲学生费用[c]	总计
法国	206	*	73	279
比利时	58	*	7	66
英国	40	*	24	64
其他国家	203	247	85	535
总计	507	247	190	944

说明:*表示数据无法提供。
a. 分配给中央政府教育部门的外部资源。
b. 给教育部门以外其他部门的外部资源。
c. 东道国给非洲留学生的补贴,数量超过任何奖学金。

从援助的教育层次和类型来看,高等教育(第三级教育)所占的比重最大。经合组织在对非洲教育的全部直接援助中,只有7%(在20世纪80年代早期每年0.56亿美元)是用来资助初等教育的,而却有34%(2.59亿美元)

---

① 世界银行.撒哈拉以南的非洲教育政策:调整、复兴和扩充[M].杭州:浙江大学出版社,2008:129.
② 同①:130.

流向了高等教育;若从学生人均受资助的金额来看,初等教育为生均 1.10 美元,中等教育为生均 11 美元,教师教育为生均 78 美元,中等职业教育为生均 182 美元,高等教育则为生均 575 美元。初等教育与职业教育或高等教育生均数额之间均存在巨大差距;若根据当时的教育发生成本计算,初等教育的直接援助仅占一名非洲小学生上学费用的 2%,普通中等教育和教师教育的援助大约占 4%,中等职业教育和高等教育的援助大约占 50%。可见,在 20 世纪 80 年代初期的对非洲教育援助经费中,经合组织对职业教育援助的比例还是比较高的。这与世界银行对非洲教育援助的政策偏向具有一致性。

在双边教育援助中,不同教育之间资金分配的不平衡也十分明显:只有不到 4% 的直接援助流向了初等教育,而 42% 流向了高等教育。详见表 10-2。而瑞典国际发展合作署(SIDA)是一个明显的例外,它在对非洲教育援助的经费中,将 30% 投向了初等教育。

表 10-2　1981—1983 年世界对非洲直接教育援助经费的分配比例[①]　单位:%

教育层次	双边援助比例 (5.07 亿美元)	多边援助比例 (2.50 亿美元)	总援助所占比例 (7.57 亿比例)
初等教育	3.4	15.7	7.4
中等教育	38.8	39.7	39.1
普通中等教育	20.9	6.1	16.0
教师教育	3.0	12.7	6.2
职业教育	14.9	20.9	16.9
高等教育	42.4	17.5	34.2
其他	15.4	27.1	19.3
总计	100	100	100
经费支出类别			
运营型资本	7.4	64.9	26.4
经常性支出	90.7	34.2	72.1
技术援助	57.5[a]	17.4	44.3
奖学金	20.5	9.6	16.9
运作费用	12.7[b]	7.2	10.9
其他支出	1.9	0.9	1.5
总计	100	100	100

说明:a. 其中包括教师和其他外国专家的薪资支出。
　　　b. 包括国民的工资和公用事业、供应品以及教学材料的费用。

从表 10-2 可以看出,在直接教育援助中,用于运作成本的费用比例较

---

① 世界银行.撒哈拉以南的非洲教育政策:调整、复兴和扩充[M].杭州:浙江大学出版社,2008:132.

小,只有近 11%。相反,用于非洲学生留学的奖学金费用占援助经费的 17%,超过 44% 的援助经费被用于了技术援助,主要是聘请外国专家。当时,法国、比利时、英国、美国等主要的双边援助国都将至少 55% 的直接教育援助经费用于技术援助,而这实质上为自己的专业人士提供了在非洲的就业机会。比如,法国在中等教育和高等教育机构中提供了大量的教师,这样援助的大部分经费实际上被用于所谓的专家或教师的工资支出上了。

二、非洲教育发展协会的成立

进入 20 世纪 90 年代以后,随着以"民主政治"和"自由主义经济"为主导的援助政策在非洲受到非议,一种以"后华盛顿共识"(Post-Washington Consensus)为主导的援助政策逐渐成为包括经合组织在内的国际组织和英、法等西方国家对非洲援助的主动性政策。这一政策变化包括加快非洲国家非政府组织的发展,支持非洲大陆的一体化发展和区域性合作;关注非洲国家的人力资本投资和国家能力建设;减少贫困,关注公平增长和可持续发展等。在这一背景下,经合组织国家的援助机构联合成立了"非洲教育援助联盟"(Donors to African Education, DAE),并于 1993 年在法国昂热(Angers)召开了第一次会议。这次会议邀请了 34 个撒哈拉以南的非洲国家的 66 位部长和政府高官以及 44 个双边和多边援助机构、基金会、国际组织和其他非政府组织的代表参加。这次会议的主题是"改善非洲教育援助项目实施的有效性",且会议首次提出了促进非洲国家能力建设的援助计划。会议议程有三部分:一是关于撒哈拉以南的非洲地区教育援助计划和项目实施过程中的问题和对策;二是非洲教育部长关于非洲教育与培训的联合协议;三是新的非洲教育援助项目的双边协商会议。①

1995 年,在世界银行、联合国教科文组织、联合国儿童基金会、经合组织等援助机构的联合推动下,由国际援助机构、西方主要援助国家以及非洲国家教育部门的官员和一些学者组成,在非洲教育援助联盟的基础上成立了"非洲教育发展协会"(Association for the Development of Education in Africa, ADEA)。作为国际性非政府组织,非洲教育发展协会除每年出台一些专题性的援助项目评估报告外,每 2—3 年还要举行一次由援助国、受援国及非政府组织共同参与的"教育与培训政策三边会议",主要任务是研究非洲教育与培训的规划与发展,评估教育援助项目的绩效等。2008 年的三边会议提出了促进非洲可持续发展的非洲教育中长期发展目标,其中第一阶段的目标是

---

① 楼世洲.培养关键能力,促进非洲的可持续发展[J].比较教育研究,2013(11):44-45.

"通过教育和培训,能够确保每个年轻人都有一份工作、有满足基本生活的收入以及良好的职业发展前景",且计划在3年内努力达成上述目标,但显然未能实现。

三、非洲教育与培训"2012—2015发展计划"

2012年2月13—17日,非洲教育发展协会第九次专题会议在布基纳法索首都瓦加杜古召开。这次会议的目标是制订"非洲教育与培训2012—2015年发展计划",约有1000位代表参加了本次会议。其中,包括40位教育部长、职业培训部长、就业部部长、21位非洲教育发展协会指导委员会的成员、100多位来自技术或资助机构以及非政府组织的人员,还有来自非洲教育发展协会工作小组、非洲国家银行的代表等。会议主要是讨论如何通过教育和培训促进非洲可持续发展,主题是建立新的国家化教育与培训体系,培养年轻人的核心知识、关键技能和公民素质。会议提出要通过推动教育和培训制度的变革,为非洲可持续发展提供所需要的人力资源保障。

第九次专题会议认为,非洲要实现经济的振兴和社会的可持续发展,核心是要提高教育和培训的质量与效率,提升非洲国家的能力建设。因此,"教育是非洲的救赎之路,也是实现和平、繁荣非洲愿景的一个平台。建立新的国家教育与培训体系,全面提升非洲国家的能力建设是非洲人民渴望在全球化的知识经济时代占据一席之地的意愿表达"。会议围绕着构建一个面向未来的教育与培训体系,提出一个基于关键能力建设的人力资源开发目标。

会议提出要在非洲建立一个以关键能力为核心的职业资格制度,推动职业教育与就业需求相结合。会议希望将原来各个非洲经济体非正式的技能资格证书通过协商建立统一的职业资格证书,推动各国建立国家性的职业资格框架。为此,会议在对南部非洲的南非、博茨瓦纳、加纳、毛里求斯、纳米比亚、塞舌尔6国自2008年以来所实施的职业资格框架(NQFs)状况进行分析的基础上,提出了一个职业教育的跨国质量框架(Inter-Country Quality Node,ICQN)和基于关键能力的国家资格框架(National Qualification Framework,NQFs)。该框架体系包括:关键能力的鉴定、学习成果考核方法、教学质量保证体系、学分转移系统等,将正规、非正规教育与培训项目纳为统一的资格认证系统,形成一个制度化的质量保障体系。

非洲教育发展协会第九次专题会议上制订的"非洲教育与培训2012—2015年发展计划"实际上是一个区域与国际间开展合作的共同行动计划。一方面是非洲与国际援助机构的合作,另一方面是非洲各国之间的合作。

首先是非洲与国际援助机构的合作。实际上这一计划是由援助国、受援国共同制订的一个跨区域的合作计划。参加这次会议的有加拿大、美国、荷兰、法国、德国、爱尔兰、日本、挪威、瑞士、英国、韩国等发达国家的发展与合作署和政府援助机构,以及联合国儿童基金会、联合国教科文组织、世界银行、非洲银行、非洲妇女教育家论坛(FAWE)等国际与区域性组织。欧盟是这一计划的主要推动者,除前期在非洲进行的一些区域性合作之外,非洲新的教育与培训体系及职业资格标准体系都是参照欧盟的标准体系制定的。

其次,2012—2015年计划是一个区域性的合作框架。这个合作框架得到许多非洲国家的响应。这一区域性合作框架包括两个方面:一是建立教育、科技、技能发展等多领域的合作,促进政府与民间在教育与培训领域的全方位合作;二是建立区域性的教育与培训质量和职业资格认证体系,让教育与培训体系的创新经验在更大范围实现共享。

这次会议还重点对已经实施的前期区域性合作项目进行了全面回顾和成效评估。如:博茨瓦纳、加纳建立的培训管理局(BOTA);塞舌尔建立的关键技能质量认证体系(SQA);毛里求斯制定的学徒培训制度和培训与发展研究所(MITD)及职业训练局(VTB)的质量标准和评估机制(RPL);南非制定的国家技能促进计划(SDA)、国家教育与培训质量标准和评估体系,以及2009年建立的全国性教育与培训的信息数据库(NLRD)系统等。为了制订非洲区域间职业技术教育与培训的共同行动计划,2011年10月,来自19个非洲国家的职业技能发展委员会代表和9个国家的职业技术教育部部长及政府部门和私人机构的代表,分别在科特迪瓦的经济首都阿比让和刚果(金)首都金沙萨召开专门会议,讨论如何建立跨国合作组织,共同制订发展关键能力促进经济可持续发展计划的有效途径。

2017年11月29日,第五届欧盟-非盟峰会在科特迪瓦经济首都阿比让开幕。本届峰会以"为可持续未来投资青年"为主题。科特迪瓦总统瓦塔拉在开幕式上表示,青年就业困难、恐怖主义和气候变化是欧盟和非盟面临的三个主要挑战。他呼吁欧洲国家向非洲青年敞开大门,为他们赴欧求学提供便利。①

第二节　德国对非洲职业教育援助政策

历史上,坦桑尼亚、纳米比亚、多哥等非洲国家曾是德国的殖民地。战后的德国(联邦德国)渴望被国际社会重新接纳,通过多边援助改善其国际形

---

① 第五届欧盟-非盟峰会开幕,http://mp.weixin.qq.com/s/8bUStXY8-dnQTCSzxkZrCQ

象。联邦德国的官方发展援助始于20世纪50年代。1952年联邦德国财政部对联合国技术援助扩展计划的资助,使联邦德国成为第一个通过多边国际组织提供援助的国家。20世纪50年代后期,联邦德国是最大的多边援助国家。但整个80年代,联邦德国的对外援助规模基本上都处于停滞状态,这主要是其国内通胀压力、经济萧条和失业率上升所导致,并且受到70年代石油价格危机的影响。德国统一后,随着德国整体经济实现恢复性增长,以及非洲在地缘政治和国际经济中的影响力上升,德国显著加强了对非洲的援助力度。进入21世纪,德国对非洲援助政策出现了调整,突出特点是增加了对非洲"软援助",其中包括医疗援助、教育援助、人力资源援助、文化援助等。其中,教育援助和文化援助扩大和增强了德国在非洲的影响力,进一步树立和巩固了德国的国家形象,为德国在非洲的政治利益和经济利益提供了保障。

德国的职业教育在世界上享有盛誉。因此,在德国对非洲的教育援助中,很多项目都与职业教育相关。德国"双元制"职业教育模式已对非洲国家产生了越来越大的影响力,但是双元制在撒哈拉以南非洲一些国家的存在是与非洲德语社区的出现联系在一起的,这也是欧洲对非洲渗透的结果。

一、德国对非洲教育援助政策变化路径

德国的对外援助是由联邦经济合作与发展部(BMZ)负责,执行机构有两个:一个是德国复兴信贷银行(KFW),另一个是德国技术合作公司(GTZ)。另外,还有德国投资与发展公司(DEG)、德国发展服务公司(DED),以及德国国际继续教育与发展协会(InWEnt)等,都是参与德国对外援助的实施机构。此外,德国还有大量的民间援助组织,包括教会、基金会、民间团体,在联邦政府援助政策的实施和推广中所发挥的作用也不可忽视。[1]

在不同时期,德国的对非洲援助政策也是有差异的。20世纪70年代,联邦德国援助政策的主要思路是通过发展受援国劳动密集型的农业、基础设施建设和工业来减少失业,同时开展卫生和粮食援助。80年代,联邦德国制定了新的发展援助政策,确立了以维护和平、消除贫困和保障人权为主要目标。到了90年代,受国际大环境的影响,德国的对外援助政策进行了一次大的调整,援助的重点目标是消除贫困、发展教育和保护环境。

德国政府于1992年8月制定了《90年代德国与撒哈拉以南非洲国家发展合作关系》政策文本。在这份纲领性文件中,德国政府阐明了对撒哈拉以南非洲国家进行援助的基本原则和立场,并且认为非洲要想摆脱贫困、发展

---

[1] 张海冰.德国对非洲援助政策评析[J].西亚非洲,2008(7):23-24.

经济,应该主要依靠自己的力量,同时需要有足够的外援。该文件明确指出:今后对撒哈拉以南非洲发展援助的重点是消除贫困、促进教育和私有经济的发展、保护环境与资源、支持地区一体化。其中,文件将对教育的援助提到了重要位置。由于撒哈拉以南非洲国家的文盲率和辍学率都很高,因此应帮助这些国家发展教育、开展培训,以提高人员素质,增加工作机会,改善经济状况。①

进入21世纪以来,德国特别强调在非洲的软影响力,在援助政策导向上更多地强调制度、文化和教育等软性援助,强调在平等伙伴关系的基础上,通过增强非洲国家自身能力建设,实现非洲的经济发展和民主进步。②到2009年,德国成为世界第三大双边援助国,紧随美国和法国之后,位于英国与日本之前。在对非洲双边援助中,德国对于教育和文化援助越来越重视。德国希望通过加大对文化交流方面的援助力度,帮助非洲国家实现良性治理。进入21世纪来,德国对非洲援助在文化教育和培训方面的投入不断增加,足见德国对这一领域的重视程度。2007年8月,时任德国外交部长的施泰因迈尔访问非洲期间,没有庞大的经济代表团陪同,取而代之的是文化和技术专家代表团,其访问的重点是进一步扩大双方之间的教育和文化交流。③

德国之所以调整其对非洲援助政策,加大对非洲的文化和教育领域援助的力度,一个因素是出于地缘政治和经济利益的考虑,另一个重要因素是受到来自中国、印度等新兴经济体在非洲影响力上升的影响。2015年12月,中国政府发布《中国对非洲政策文件》,提出中国对非洲政策的总体原则和目标。除此之外,中国成功举办多次中非合作论坛,引起国际社会的高度关注。中国提供的不附加政治条件的援助,赢得了非洲国家的普遍认可和欢迎。中国还在非洲一些国家开设孔子学院,文化交流活动非常活跃。德国意识到,西方国家多年来对非洲的援助非但没有起到预期的效果,反而造成更多的非洲国家对援助中附带政治条件的反感。为了应对中国等在非洲影响力的上升,德国必须及时调整对非洲援助政策。

2011年,德国政府公布了新时期对非洲关系的纲领性文件——《德国和非洲:联邦政府大纲》,德国对非洲的文化政策更加强调培养和唤醒非洲国家的文化自信。文化合作与交流的重点包括:对于非洲文化和自然遗产的保护、加强不同种族及不同宗教间对话、扩大双方体育领域合作及加强青少

---

① 孙恪勤.90年代德国对撒哈拉以南非洲国家的发展援助政策[J].西亚非洲(双月刊),1998(3):12-13.
② See Federal Ministry for Economic Cooperation and Development,"Aims of German Development Policy",http://www.bmz.de/en/principles/aims/index.html.2015-12-20.
③ 张海冰.德国对非洲援助政策评析[J].西亚非洲,2008(7):25-26.

年交流等。除了政府间的合作与交流外,德国政府鼓励非政府文化教育机构、民间组织、艺术团体及个人之间的密切交往与合作。"非洲行动"是德国联邦政府近年来举办的规模最大的对非洲文化教育交流项目,从 2008 年启动,一直持续至今,其口号是"在同等高度进行文化对话"。多年来,"非洲行动"得到德国国家财政拨款累计逾 1 亿欧元,联合非洲当地文化机构举办了近 50 场文体交流活动,涉及戏剧、舞蹈、音乐、设计、时装、文学、电影、体育等多个领域。①

歌德学院、德意志学术交流中心是德国非政府机构中担当文化和教育援助的主力军。德意志学术交流中心每年向非洲国家提供数量可观的奖学金,招收非洲学生赴德国学习。歌德学院除了在非洲推广德语以外,更多的是根据非洲当地文化发展实际,策划相关项目,提供计划方案、资金、人才、实施等方面的支持。例如,歌德学院发现非洲地区文化工作者和管理人员对继续教育、深造进修的需求很大,而当地恰恰缺少这种机制和机构。歌德学院为此设立了"文化管理在非洲"项目。该项目主要面向非洲年轻的制作人、策展人、文化教育机构职员等从业人员,致力于促进培养非洲文化领域新一代管理者。该项目所设计的学习计划包括语言培训、文化管理课程、赴德国参观考察及实习等。为扩大影响、节省经费,歌德学院还把"文化管理在非洲"做成线上项目,让更多人能够参与学习。此外,歌德学院利用自身优势,积极帮助非洲当地的图书出版业,为非洲出版商提供展示与交流的平台。如歌德学院定期邀请撒哈拉以南非洲地区的出版商参加开普敦书展,该书展与法兰克福书展有着紧密的合作关系。

近年来,歌德学院将其在非洲的目标群体定位在"年轻的文化精英阶层",发掘非洲年轻有才华的艺术家和文化从业者,并为其提供继续教育的机会。另一方面,歌德学院积极投身于非洲本土文化机构的基础建设,帮助其提高自身的管理水平,积极为非洲与德国文化机构之间的交流合作牵线搭桥。

目前,活跃在非洲地区的德国企业及民间基金会、协会主要有西门子基金会、格尔达·汉高基金会和犹塔·佛格基金会等。西门子基金会由西门子股份公司创办,成立于 2008 年 9 月,该基金会资产额近 4 亿欧元,目前在全球开展的项目近 20 个,涉及环境、能源、教育、技术培训、外语教学等领域。西门子基金会在非洲最重要的文化项目是其和歌德学院联合非洲当地文化机构开展的大型文化项目"音乐在非洲"。该项目于 2011 年夏天启动,2016

---

① 刘传.对非洲文化援助提升德国国家形象[N].中国文化报,2015-6-22:003.

年结束,覆盖刚果(金)、肯尼亚、塞内加尔、南非等国家,旨在促进非洲音乐行业的发展,加强不同文化之间的交流与融合,向世界宣传和推广非洲音乐文化。

二、德国技术合作公司对非洲国家的职业教育援助

德国技术合作公司是一家提供海外发展服务的私营有限股份公司。德国技术合作公司董事会分别代表德国政府四个部的海外业务和利益(经济合作与发展部、外交部、财政部和经济事务部),其中经济合作与发展部(BMZ)为其最大股东。

自1975年成立以来,德国技术合作公司的作用在不断加强,从当初的一名"操盘手"发展到今天已经成为政府预防冲突领域的一名"关键顾问",社会影响力不断提高。公司目前在德国国内的员工总数超过1000人(总部设在Eschorn,靠近法兰克福),海外员工总数超过10000人,其中8000名员工是在当地招聘。公司业务覆盖120多个国家,其中在70个国家设有其办公室。

作为一家身份特殊的企业,德国技术合作公司不但具有很强的信息沟通、决策共享和内部风险化解的能力,基于强大的内部网络系统,它还能够提供关于新项目设计和实施、项目合作与经验交流等方面的高效快捷服务,其总部多学科团队人员的组成,更是有利于知识的开发与传播。

在对非洲援助中,德国技术合作公司坚持体现三大发展主题:抗击贫困、男女平等和环境与资源保护,并贯穿于所有援助项目之中。作为一家私营公司,德国技术合作公司在运作过程中不会全部依赖政府的财政资源。当然,德国技术合作公司的作用也会受到国家发展政策方面的限制。在20世纪80—90年代,德国经济经历了一次相对衰退时期,于是经济合作与发展部就减少了对德国技术合作公司的经费支持,德国技术合作公司不得不开始寻求新的合作伙伴,以弥补运作经费的不足,其中就包括德国技术合作公司与世界银行的合作、德国技术合作公司与德国企业及行业协会的合作等。2000年,德国技术合作公司争取到的援助资金总额比1999年增加了2.3%(总计18.04亿德国马克)。2004年,德国技术合作公司所接受的合约价值高达11亿欧元,其中81%来自德国经济合作与发展部和德国其他联邦部门,其余来自一些国际客户,如欧盟、联合国机构、国际金融机构、双边援助国等。由于德国技术合作公司拥有出色的管理能力和大量的专家人士,使得这一部门在全球发展援助中占据重要地位。

自20世纪90年代开始,德国技术合作公司支持了55个国家的职业教育合作项目,对非洲的项目占了很大比重。例如,南非项目除支持初始职业

教育领域的改革外,还为职业学校教师的培养和冶金人员的技能培训提供支持;在乌干达,除支持双元制学徒外,还对大量培训中心进行了改造;在埃塞俄比亚、贝宁、坦桑尼亚以及斯威士兰,德国技术合作公司与合作国家的政府和中间机构(如专业协会或培训中心等)建立了广泛联系;卢旺达战乱结束后,德国技术合作公司为该国职业教育重建提供了大量帮助和多方服务;在贝宁,德国技术合作公司实施的计划是通过支持私营部门来促进职业教育的改革。由于相对短暂的殖民史,德国并没有像法国和英国那样有一个相对特定的地理区域开展教育援助,但德国技术合作公司的行动过程是开放透明的,尽量做到与援助国的职业教育体制和形态相适应。

据统计,在德国技术合作公司支持的 55 个国家的职业教育援助项目中,42 个项目是与中等规模企业、非正规经济部门或者职业培训中心的继续教育相关,30 个项目是支持初始职业教育改革,16 个项目是为开展或巩固"双元制"培训学徒服务。

在对非洲职业教育援助过程中,德国技术合作公司开展的合作内容主要体现在两个层面:一是帮助非洲国家明确职业教育的主要任务,促进正规和非正规职业教育的发展,德国技术合作公司要求援助国政府要保证职业教育的供给,这被视为合作的先决条件;二是在对这些国家开展职业教育援助的同时,经济环境也是德国技术合作公司在进行决策时所要考虑的一个重要因素,旨在促进职业教育机构与企业之间开展合作,寻求各方的共同参与。为了提高斯威士兰职业教育的效率,德国技术合作公司倡导成立了一个由政府、行业协会和工会三方代表组成的专门委员会,目的是使相关权益人都能共同参与问题讨论,以利于达成共识。①

职业教育被认为是影响和促进一个国家经济增长的重要因素之一。卢旺达大屠杀结束后,其经济和政治基础遭受了严重破坏,德国技术合作公司对参加职业教育学习的青年给予了多方的支持,范围包括从小学到中学、从技术学校到非正规学徒培训,目的就是为卢旺达国家重建所需的人力资源提供帮助。在贝宁,职业教育的基础十分薄弱,专业和课程与劳动力市场需求几乎毫不相干,合格教师严重缺乏。为弥补这些缺陷,德国技术合作公司实施的一项援助计划是通过支持私营职业教育机构发展,来促进贝宁国家职业教育的改革。

总之,德国技术合作公司所开展的对非洲职业教育援助行动,其工作准则可以概括为以下四个方面:① 可持续性,项目的目标或结果无论是资源还

---

① GTZ. Berufsbildungspolitik und-planung, p. 96. http://www.gtz.de

是理念上都应该是可持续的;② 行动导向,注重实地调查,鼓励目标群体加入,避免一家之言,使"目标"变得更加明了;③ 最小干预,德国技术合作公司希望尽可能少地受到受援国地方政府的干涉;④ 资源最优化,受援国和德国本国资源的优化利用是德国技术合作公司开展援助项目时考虑的一项重要指标,德国技术合作公司更希望支持那些最具活力的目标群体,尽可能地发挥地方专长。

三、21世纪以来德国对非洲职业教育援助新变化

在20世纪90年代之前,德国并没有特别在意非洲。但是,进入21世纪以来,随着世界范围内对非洲爆发出的热情,德国也不再沉默,而是表现出对非洲大陆的极大热情和关注。2005年,七国集团在格尔斯召开会议,并做出承诺(Gleneagles Commitments):相较于2004年的援助水平,到2010年,七国对撒哈拉以南非洲的援助将翻倍。德国从2005年开始,将其官方发展援助增加值的一半,通过欧盟的多边渠道分配给了撒哈拉以南非洲,同时德国对该地区的双边官方援助也从2004年的14亿美元增长至2008年的27亿美元,增长幅度十分明显。2010—2011财年,德国对撒哈拉以南非洲的援助占到其对外援助总额的19%。可是,根据发展援助委员会对于成员国援助承诺的最新调查表明,德国的双边官方发展援助计划并没有增加对撒哈拉以南非洲的援助比例。[①]

在众多援助方式中,德国对于教育和文化类援助越来越重视。德国希望通过加大对文化交流方面的援助力度,帮助非洲国家塑造良好的政府治理,为经济发展奠定基础,同时也为双方关系的长远发展建立良好的公众基础。德国对非洲的教育援助与合作交流主要体现在以下方面:① 增加非洲教育设施,支持非洲教育发展,尤其是基础教育。在2009—2013年,联邦政府将对非洲教育援助资金提高至2倍,扩大在非洲的教育合作伙伴国家。② 加强与未来非洲精英的交流。通过高校合作和奖学金项目,扩大同非洲的学术交流。通过"去德国-去非洲"交流项目,促进双方国家青年之间的交流。推进现代大学、具有国际水准的职业教育和继续教育体系建设,开展以问题为导向的合作研究。③ 建立非洲国家的职业教育体系。完善非洲国家的职业培训质量,使之满足德国企业对非洲专业人才的需求。[②] 可见,对非洲职业教育的援助始终是德国对非洲教育援助的主要内容。

时任德国外交部长的施泰因迈尔在多次公开演讲中都特别强调了文化

[①] 余南平.发展援助的中间道路:德国对外援助研究[J].德国研究,2012(4):49.
[②] 戴启秀.德国当代非洲政策研究[J].国际观察,2013(5):49.

和教育援助的重要性、特殊性。例如,2007年9月在纽约的一次午餐演讲中,他就特别指出:"无知就像黑夜。我相信许多非洲国家都有类似的谚语。全球化是更大范围的智力竞争。在非洲和欧洲,教育与培训、超越文化和宗教界限的相互理解都是我们今天需要的。这也是我们为何要在非洲提高教育的原因,也是我们需要更多的奖学金来实现更多培训的原因。只有我们投资智力,进步和发展才是可能的。"近年来,德国对非洲援助在文化教育和培训方面的投入不断增加,足见德国对这一领域的重视程度。德国加强对非洲的教育项目援助,是对德国长期以来侧重人道主义援助和经济援助的补充,而且这也符合在非洲推广民主价值观和增强德国软实力的目的。

第三节 法国对非洲职业教育援助政策

法国对非洲援助可以追溯到殖民地时期。20世纪20年代,法国殖民当局开始资助非洲法语国家的基础服务部门。这是法国对非洲援助的雏形,之后由于经济大萧条和第二次世界大战爆发,援助中止。第二次世界大战后,法国为了保持对前殖民地地区,尤其是撒哈拉以南非洲新独立的14个殖民地国家的影响力,积极谋求恢复大国地位,加大了对这些国家的援助力度。戴高乐执政后强调"大国地位"和"民族主义",新独立的前法属非洲殖民地国家被其称为"阵营国家"(les pays du champ)。这种在殖民地时代发展起来的关系,使法国至今在非洲法语区仍保持着特殊的地位。而且,其学校本位的职业教育体系长期以来深刻影响着非洲法语国家的现代职业教育和培训体系。

一、法国对非洲援助概况

戴高乐执政时期,为了彰显其大国地位,同时也是为了防止美国等国际势力的介入,法国扩大了对非洲前殖民地国家和地区的援助规模。到了20世纪60年代中期,法国成为仅次于美国的世界第二大对非洲援助国。以1966年为例,当年法国5.9亿美元援助中有5.7亿美元投向了前殖民地地区,其中撒哈拉以南非洲占了其援助总额的80%—90%。当年最大的受援国是阿尔及利亚,其他像原油储备丰富的加蓬等国也获得了数量可观的援助。

法国希望通过援助过程来传播其语言、价值观和文化,进一步提升其国际影响力,以法语为母语的14个前非洲殖民地国家,无疑是最好的典范。以贝宁为例:法国原是贝宁的宗主国,所以一直是贝宁最大的援助者。1960—1987年,法国援助的总金额达1239亿非洲法郎,平均每年在50亿非洲法郎左右,相当于1亿法国法郎。其中一半是赠款,另一半是法国的经济合作中央银行以低息贷款给贝宁。据统计,1986—1987年度,法国给贝宁的援助是历史上最多的,达120亿非洲法郎,约合2.4亿法国法郎。法国援助的领域包括工农业、文化、教育、卫生、交通运输等众多领域。此外,法国政府每年向贝宁提供100名左右的留学生名额。贝宁政府机关和大企业的干部、管理人员大部分都在法国留过学。

20世纪60—90年代,是法国开展对外援助的巩固阶段。法国对外援助经费的三分之一都集中在撒哈拉以南非洲,其中一半以上是前法属殖民地。

冷战结束后,由于非洲的战略地位下降以及国内国外的压力,法国对非洲援助规模出现锐减。国际方面,冷战的结束削弱了非洲在国际政治中的重要地位,也减弱了法国政治精英对该地区的兴趣;非洲法郎在1993年贬值了50%,这标志着法国与非洲法语国家的关系开始"正常化"。但就整体来看,非洲法语国家始终是法国的特殊关系户。据报道,法国在海外一共有55个优先团结区国家,其中43个是非洲国家,主要任务是帮助它们实现千年发展目标。

1997年,法国把国内生产总值的0.45%(约634.8百万美元)专门用于发展海外援助。从绝对值上看,在世界范围位列第三,仅次于日本和美国。法国公共经费援助的将近一半首先投向债务重建,其次是投资和教育服务。法国有大约3000名专业合作职员在海外工作。从1999年1月1日法国合作改革计划实施以来,新的发展援助组织致力于提高援助政策实施的效率。新组织主要由以下四个主体机构组成:①

一是国际合作部长委员会(CICID),主要职责是决定优先支持的领域或地区,根据已设定的目标对全球性项目进行政策评估。

二是外交部和财经部,属于行政管理组织,负责对援助的管理、控制和监督。

三是法国发展局,是主要的实施机构,负责项目和计划的实施。

四是国际合作最高理事会,主要负责对发展援助具体事务的咨询与协商工作。

国际合作部长委员会确定的优先支持领域,主要来自法国政府的双边援助。该领域涵盖55个国家,其中37个是在撒哈拉以南非洲地区,属于最不发达国家行列。这项计划分配给撒哈拉以南非洲的多半是与法国有着历史

---

① David Atchoarena, André Delluc. Revisiting technical and vocational education in sub Saharan Africa: an update on trends, innovations and challenges, p71. International Institute for Educational Planning, www.unesco.org/iiep. 2018-12-01.

渊源关系的国家(占所有双边援助金额的42.2%)。

在优先支持领域计划中,有一笔优先支持基金,是法国外交部以捐助的名义,用来支持非洲国家的公共机构建设、社会和文化的发展与研究等。除了优先支持基金之外,法国政府还积极发展多边援助。援助预算中的24%用于多边合作(76%用于双边合作)。

法国的发展援助中还有一些其他参与者,其中包括非政府组织、地区组织、部门、社区、企业、工会、教会和专业性组织等,但援助的规模相对要小得多。

在优先支持项目中,对科学研究和信息的支持是不包括在内的。优先支持基金的目标还涉及环境保护和决策参与及文化发展,许多合作项目还关注法语学习和通信技术。在通信、法语、高等教育和科学研究、制度、管理和法律合作等领域,法国仍然对合作方有着一定的干涉权。

二、法国对非洲职业教育援助

在法国,关于职业教育的援助功效问题,有两种不同的观点和看法:一种认为,法国可通过职业教育的双边援助而影响受援国的发展,通过问题的解决则可促进自身利益的加强。为此,法国政府应鼓励对合作国家的经济部门的职员们进行技术培训。在获得法国援助基金的47个国家中,只有12个国家的项目是支持教育(含职业教育或继续教育)发展的,但其中的大多数项目又是关于小学教育和高等教育体系改革的,只有小部分是关于继续教育和职业教育的。另一种观点认为,可通过语言和文化的途径来保持法国在非洲的影响力,所以首先应该支持的是法语区的基础教育而不是职业教育。

上述两种观点之间的对立,使得法国在非洲地区的职业教育投资计划很难推广,也难以产生广泛的影响。加之这些国家由于地方政府权力过大,社区、部门又大多各行其道,法国政府的政策意愿也很少能够得到落实。

世纪之交,法国把60%的发展援助资源都分配给了非洲(42.21%给了撒哈拉以南非洲,15.56%分配给北非地区)。

法国在非洲开展的职业教育援助项目的内容涉及许多层面。例如,在毛里求斯开展的职业教师培训,在贝宁实施的雇主需求调研,在马里进行的继续职业培训,支持津巴布韦的旅游业开展的职业培训等,都取得了一定的成效。为了提高职业教育的地位,法国强调不但要建立职业教育的经费支持体系,同时还应增强职业教育机构的自治能力。

三、法国、德国对非洲职业教育援助政策比较

时至今日,撒哈拉以南非洲仍然是西方国家开展双边援助的重点区域。

但这些国家尤其是欧洲老牌的资本主义国家,在援助对象国和地域分布的选择上都必然会受到历史渊源的影响,特别是受殖民地时期势力范围的影响。无论是法国还是德国,在开展对非洲职业教育援助过程中,其行为过程既有相同的一面,也必然存在不同之处,如在项目选择、内容选择、质量管理等方面体现出援助方的国家特色,而影响这种无处不在的国家特色的背后,却折射出该国的职业教育发展思想和职业教育体制的特征。

法国人普遍认为,职业教育是一个社会问题而不仅仅是经济问题,职业教育与社会目标相联系,人们正式身份地位的获得是通过他们的职业地位而实现的。法国的援助行动是以政府间的双边框架形式进行的,哲学基础是信任,相信在帮助对方的同时也将有利于自己的国家,能够增强法国对前殖民地的政治影响力,保持其优势地位的存在。因此,法国政府在对非洲职业教育援助的项目选择上,往往会优先支持正规职业教育和培训。

在德国,职业教育是由州政府主导,保证了办学体制的灵活性、人才培养与经济需求的相关性,以及职业学校办学经费的保障性。社会中间机构和私立部门(行会、企业)不仅负责对职业教育课程的管理(监督、评价、学徒考试),而且还参与课程内容和形式的设计,州政府和私立部门之间是一种合作伙伴关系。这种政治上的分权有利于职业教育的分权化,适应了州和地方经济的特殊需求,也使得德国在对外合作行动中比较注重市民社会的参与。

德国通过企业和州政府共同管理职业教育,形成了国家和社会共同管理职业教育的"双元制",这种职业教育的课程模式要求受训者一半时间在学校,另一半时间在企业,学校与企业之间形成一种资源共享、优势互补的机制,包括课程学习计划、考试和培训内容,都将根据企业的要求进行组织,同时又能考虑到学习者的个体情况。

法国和德国依照各自的哲学观,开展了发展性合作。这种差异性可以解释为是对教育本质认识上的不同所致。在欧洲教育传统方面,有两种不同的哲学思潮:一种宣扬语言霸权,这种思潮在法国体现得比较明显,如在法国,职业教育更加突出书面知识在教学中的核心地位。另一种强调解释的重要,这种思想宣扬实践经验和通过感觉获取知识的重要性。如约翰·洛克就认为"知识如果不首先表现为感觉就什么都不是"。英国、德国和瑞士等国家的职业教育体系在一定程度上反映出这种传统的特征。

第十一章 中国对非洲职业教育的援助与合作

中国与非洲的交往有着悠久的历史。中华人民共和国成立以后,中非关系进入全新发展时期,尤其是2000年中非合作论坛首届部长级会议的成功召开,中非关系更是跃上一个新高度,中非合作与交流的范围不断扩大,中国政府进一步加大对非洲援助,涉及的领域更加广泛,内容更加丰富。根据国务院发布的《中国的对外援助(2014)》白皮书显示:2010—2012年,中国共向121个国家提供了援助,其中非洲地区51国,是中国对外援助的主要地区。从援助资金的地区分布上看,非洲占了中国对外援助资金总额的51.8%。①此外,中国还向非洲联盟等区域性组织提供了援助。在援助非洲教育发展方面,从当初的派遣教师、接收非洲留学生,已发展到开展多领域的对非洲人力资源培训、提供更大规模的政府奖学金、推广对非洲汉语教学、促进中非高校间合作、在非洲援建各类学校等。从中非教育合作发展的历史及趋势看,职业教育已成为中国对非洲教育援助及中非教育合作交流的主要领域。适应非洲经济和社会发展对教育发展和人力资源培训的诉求,加大对非洲职业教育的援助力度,提高对非洲教育援助的有效性和针对性,是今后中国政府对非洲开展全方位交流与合作的着眼点,有着巨大的发展空间。实践证明,中非教育合作与交流不仅带动了非洲教育的发展,也提升了中国教育的国际化水平,成为中国提升在非洲软实力的重要途径。

第一节 中国对非洲教育援助的历史发展

中华人民共和国成立以来,中国政府对非洲援助经历了计划经济时期、改革开放时期和新世纪中非合作论坛以来的三个不同阶段。中国政府帮助非洲国家修桥、筑路、打井、修电站、建医院、建学校、派遣医生和教师、提供国家奖学金、培训各种人才等,为非洲国家在减贫、治病防病、发展经济、改善环境等方面做出了突出贡献,赢得了非洲人民的信赖和尊重,也引起了西方国家的高度关注。作为中国对非洲援助重要组成部分的教育援助,已历经半个

---

① 中国的对外援助(2014)[EB/OL].[2014-7-10]. http://www.sxejgfyxgs.com/ArticleDetail.aspx?id=31306. 2018-12-01.

多世纪,积累了丰富经验,取得了显著成绩。积极开展对非洲教育援助与合作具有深远的战略意义,是提升中国在非洲软实力、助力非洲人力资源开发、推动中非关系发展、促进中非文化包容互鉴的现实需要。

一、中国对非洲教育援助的三个阶段

从最初帮助非洲国家捍卫民族独立、支持非洲经济和社会发展的政治取向主导的无偿性援助,到 20 世纪 80 年代以后秉持的"平等互利、讲求实效、形式多样、共同发展"原则,再到现如今集经济、文化、教育及人道主义援助为一体的发展性援助。①援助形式也从当初以物资、货币、建设项目为主的"硬援助",进一步发展成为涵盖技术、信息、智力方面的"软援助",实现"软-硬"援助兼达,凸显经济与文化"两个轮子"一起转的援助理念和模式。在这一历史进程中,中国对非教育援助所体现出"授人以渔"的思想和目标更加清晰、更加有效。

(一)第一阶段(1950—1980 年)

这个阶段中国对非洲教育援助的主要形式为中国政府向非洲国家派遣教师,从事汉语教学或基础教育课程的教学,特别是数学、物理、化学等科学方面的课程。20 世纪 50—60 年代,中国对非洲教育援助属于开创阶段,一方面中国对非洲的了解还十分有限,也才刚刚开始,更为主要的原因是中华人民共和国刚刚成立不久,百废待兴,自身也在搞建设,也在发展教育,因此还派不出更多的教师去帮助非洲发展教育。因此,据文献记载:20 世纪 50 年代只有 3 名中国教师在非洲(埃及)任教,但到了 70 年代已有 115 名中国教师在非洲执教。

教育援助除了派遣教师外,还开始接收来华非洲留学生、接待教育代表团来访等。由于中华人民共和国成立不久,能够接纳留学生的规模有限,同期留学生的人数十分有限。据统计,根据《中国-埃及文化合作协议》,1956 年 1 月有 4 名埃及留学生来到中国学习美术、哲学和农业。整个 20 世纪 50 年代,也只有来自埃及、喀麦隆、肯尼亚、乌干达和马拉维的一共 24 名非洲学生在中国学习。到了 20 世纪 70 年代,中国与 25 个非洲国家建立了外交关系,在中国学习的非洲留学生的人数增加到 648 人。②

中国政府开始大规模地援助非洲是从 20 世纪 60 年代开始的,重点是帮助非洲进行基础设施的建设,如坦赞铁路的成功修建就是一件史诗般的工

---

① 于欣力,郑蔚.我国高校参与教育援非的多视角分析[J].学园,2010(5):78.
② 牛长松.中国与非洲教育合作的新范式[J].比较教育研究,2010(4):22.

程,在中国对非洲援助史上具有里程碑意义。另外,如帮助非洲国家修建体育场馆、工厂、医院、水库大坝等。在援建项目过程中,还根据工程建设的实际需要,中国开展了一些针对当地员工的技术培训,主要出于应急所需。例如,在坦赞铁路修建期间,由于当地工人受教育水平普遍很低,在所有工人当中,完成小学教育的仅有14%。面对当地工人的劳动技能低下状况,在实践中中国专家除采用"言传身教"的培训方法外,中国政府还在铁路沿线不同地区建有至少四所培训学校①,在铁路修建和移交过程中,至少有1200名非洲工人在这些培训学校学习班上接受了操作技术和铁路管理方面的知识培训。曼谷拉培训学校的课程就包括铁路线路和桥梁的施工与维护、电信、信号和机车驾驶等。期间还有少数当地工人被送往中国大学深造。据统计,1972年大约有200名坦桑尼亚和赞比亚人被选送到北京的北方交通大学(现北京交通大学)接受了为期三年的专业培训。②

（二）第二阶段(1980—2000年)

改革开放以后,中国更加重视同非洲国家的教育合作与交流。到了20世纪80年代末,已有43个非洲国家向中国派遣了留学生,在中国学习的非洲留学生人数达到2245人。与此同时,中国政府还不断加大对非洲教育援助的力度,援助的领域进一步拓展,除了向非洲国家捐赠教学物资外,还开始向非洲国家派遣志愿者教师,向非洲学生提供更多的奖学金名额,开始举办面向非洲国家不同职业群体的人力资源培训。例如,1983年中国政府与联合国机构合作,以华为公司、中信集团、中建集团等大型涉非洲中资企业为依托,开始对非洲国家举办各种实用技术培训班。③ 到了90年代后期,中国对非洲教育援助已发展成为包括留学生教育、技术培训、企业人力培训、校际交流、人员互访等多种形式。在开展对非洲教育援助的同时,中非双方领导人的互访日益频繁,中非关系进一步加强,中国与非洲国家的教育合作与交流也得到进一步发展。中非高校间的交流与合作开始成为重要抓手,成为该阶段中非教育合作的主要内容,借助中国重点高校的优势资源,开始为非洲国家举办不同专业的研修班,帮助一些非洲高校进行学科建设和实验室建设,并派遣专业教师前往任教等。

---

① 这四所铁路培训学校分别建在坦桑尼亚的曼谷拉(1971)、姆古拉力(1972)、姆贝亚(1974)和赞比亚的姆皮亚(1974)。
② [美]孟洁梅(Jammie Monson).非洲自由铁路[M].北京:民主与建设出版社,2015:49.
③ 牛长松.中国与非洲教育合作的新范式[J].比较教育研究,2010(4):23.

(三) 第三阶段(2000年至今)

2000年10月,中非合作论坛第一次部长级会议在北京召开,中国对非洲教育援助及中非教育交流进入一个新时期。在中非合作论坛框架下,中非教育交流呈现出多层次、多领域、多形式的新形态。中国与非洲国家教育领域的高层互访日益频繁,并形成了高层磋商机制;中国政府为非洲国家提供的政府奖学金名额不断增加,自费来华留学的非洲学生也越来越多。中非双方的教育管理机构、学校和学者、师生之间的交流快速发展。在非洲人力资源开发基金的资助下,职业教育培训、汉语教学以及行业企业人力资源培训项目不断拓展。2015年12月3—5日,中非合作论坛峰会暨第六届部长级会议在南非约翰内斯堡召开。为落实会议成果,围绕"中非携手并进:合作共赢、共同发展"这一主题,规划其后3年中非各领域友好互利合作,双方共同制定并一致通过了《约翰内斯堡行动计划》。会议期间,中国政府还发表了《中国对非洲政策文件》,其中在"扩大教育和人力资源开发合作"条款中,明确提出"扩大中非教育合作,大力支持非洲教育事业发展。根据非洲国家经济和社会发展需要,加大投入,提高实效,帮助非洲国家培养培训更多急需人才,特别是师资和医护人才。加强双方教育部门和教育机构之间的交流与合作。继续实施'非洲人才计划',逐步增加对非洲国家的政府奖学金名额,鼓励地方政府、高校、企业和社会团体设立奖学金,欢迎更多非洲青年来华学习,……坚持学用结合,扩大师资培训和职业技术教育合作规模,扩展人力资源开发途径"[1]。与2006年的《中国对非洲政策文件》一样,职业技术教育成为中非教育交流与合作的重要内容之一。

二、中国对非洲教育援助的主要内容

当前,中国开展对非洲教育援助与合作主要体现在以下方面:

(一) 对非洲人力资源培训规模不断扩大,内容和形式更加丰富

中国对非洲人力资源培训主要分为两大类:一是举办多种类型、面向不同群体的专业研修班。从20世纪90年代开始,中国政府开始为非洲国家举办各种专业研修班,加强对非洲人才培训和人力资源开发工作。培训内容涵盖经贸、外交、国防、农业、教育、卫生、科技、文化、环保等多个领域。培训班主要采取专题讲座、座谈交流、实地考察等形式。二是开展不同领域的技术

---

[1] 中国对非洲政策文件[EB/OL].[2015-11-27]. http://news.xinhuanet.com/world/2015—12/05/c_1117363276.htm. 2018-12-01.

培训，为非洲国家培养急需的实用技术人员。所涉及的内容非常广泛，如小水电技术、干旱地区节水灌溉、菌草技术、农业生物技术、儿童病防治、通信技术等。这类培训既有针对具体国家开展的培训项目，如"2015年加纳、埃塞俄比亚农业科技管理人员培训班"等；也有面向某个地域的培训项目，如"2015年非洲法语国家棉花种植技术合作培训班""非洲法语国家农业职业教师研修班"等。目前，这些培训班大部分都是采取"请进来"的方式，今后将更多的是提倡"走出去"培训，利用中国在非洲的培训资源，到非洲国家开展现场培训。

自2000年中非合作论坛首届会议召开以来，教育部与商务部先后在国内高校建立了10个国家教育援助非洲基地，参与此项工作的高校有50多所，至2009年底共举办了73期以援助非洲为主的研修班，学员包括非洲国家的各级教育官员、学者、教师和专业技术人员。从2008年起，教育部还与商务部合作，委托北京大学、清华大学等高校设立了"为发展中国家培养硕士人才项目（MPA）"，旨在为非洲国家培养高级管理人才。面向非洲国家教育官员和教师的培训成为对非洲人力资源培训的重要组成部分，如非洲高等教育管理培训班、职业教育管理培训班、中小学校长和教师研修班、现代远程教育研修班等，为非洲国家培训千余名教育官员、校长和教职人员。

据不完全统计，中国目前每年开展的对非洲各类技术人才培训逾万人次。商务部、教育部及相关部委是中国对非洲人力资源培训的授权单位，援外培训基地、高等院校、科研机构、行业企业培训机构以及一些专业协会均成为开展对非洲培训的实施单位。这些单位和部门将根据各自的专业优势和资源优势、人才优势，有针对性地承接并开展对非人力资源培训项目。培训内容涉及教育、计算机、医疗卫生、药用植物、经济、农业、外交、新闻、公共政策、能源和环境保护等众多主题。一些民间或非政府组织（如中国人民对外友好协会、中国法学会等）、涉非洲行业和企业等也开始积极开展对非人力资源培训。

同时，中国政府还积极谋求与国际组织的合作，借助联合国教科文组织的强大专家库和丰富的援助经验，共同实施开展对非教育援助项目。例如，2012年11月22日，中国政府在联合国教科文组织中设立联合国教科文组织-中国信托基金（CFIT），支持联合国教科文组织在非洲8个国家实施"加强教师培训，缩小非洲教育质量差距"教师培训项目。项目旨在利用现代信息通信技术，通过远程教育方式进行教师岗前培训和继续教育培训。2013年6月，该项目正式开启，计划在4年时间内对8个非洲国家的基础教育师资提供教学能力方面的培训，加强各国教育部门和教师培训机构的能力建设。首批受援助的三个国家分别是埃塞俄比亚、纳米比亚和科特迪瓦,其他5个国家分别是刚果(金)、刚果(布)、利比里亚、乌干达和坦桑尼亚。① 2015年4月22日,该培训项目在利比里亚正式启动,为期18个月,耗资约70万美元。通过项目实施,利比里亚4所教育机构的1454名教育工作者将参加信息通信技术培训,部分学校还获赠电子教学设备。② 该项目是中国政府首次开展的专门针对非洲中小学教师队伍建设的大型计划,标志中国对非洲教育援助的进一步拓展和更加具体化。

(二)中国对非洲奖学金名额大幅增加,非洲来华留学人数越来越多

早在20世纪50年代初,中国就接受了来自埃及、肯尼亚和喀麦隆等国的十几名留学生。至2002年底,中国已向非洲50个国家提供政府奖学金1.53万多人次,也向埃及、肯尼亚、摩洛哥等国派遣了中国留学生和进修人员。③ 2005年享受中国政府奖学金的外国留学生总数为7218人,其中非洲学生为1367人,占18.94%。2000—2011年,到我国留学的非洲国家学生人数达7.9万人,其中政府奖学金3.3万人,占41.7%。援助非洲奖学金项目的实施还带动了非洲自费来华留学生人数的迅速增长。自2005年开始,非洲国家来华自费留学生人数首次超过中国政府提供的奖学金人数。到2011年,自费留学生人数已经达到政府奖学金人数的2.3倍。中国不断提升的综合国力让越来越多非洲学生选择到中国留学。据中国教育部的统计数据,2014年非洲各国来华留学人数为41677名,同比大幅增加24.93%。④ 如今,"留学中国"已逐渐成为一个品牌,吸引更多非洲人走进中国,爱上中国。2015年,中国政府提供的非洲奖学金人数增加到6000人。其后三年(2016—2018年),面向非洲留学生的奖学金人数会更多,中国政府承诺向非洲国家提供2000个学历学位教育名额和3万个政府奖学金名额。⑤ 中国正成为非洲青年放飞人生梦想、实现职业理想的留学福地。

除中央政府奖学金外,北京、上海、重庆、浙江等地先后设立地方政府奖学金,各有关高校也设立了校内奖学金,华为公司、国家开发银行等企业也设立了来华留学企业奖学金。有条件的高校开始推行用英语或法语为留学生

---

① 郭婧.联合国教科文组织与中国携手开展对非教育援助[J].世界教育信息,2013(12):79-80.
② http://www.fmprc.gov.cn/web/zwbd_673032/nbhd_673044/t1352312.shtml
③ 张秀琴,等.中国和非洲国家的教育交流与合作[J].西亚非洲,2004(3):25.
④ 留学中国正当时——为非洲学子的梦想插上翅膀[EB/OL].[2016-4-5].http://www.apdnews.com/XinHuaNews/371892.html.2018-06-20.
⑤ 中非合作论坛——约翰内斯堡行动计划[EB/OL].[2015-12-10].http://www.fmprc.gov.cn/ce/cgbrsb/chn/zgxw/t1323148.htm.2018-01-22.

授课。卢旺达、坦桑尼亚等国政府也开始提供全额奖学金支持本国学生到中国高校留学。通过中国提供的各类奖学金项目,越来越多非洲青年来到中国学习进修,留学中国不仅提高了他们的知识技能,更为他们的人生梦想插上翅膀,同时也有助于加深双方人民间的理解和友谊,进一步促进中非友好关系的健康发展。

(三)积极推广对非洲汉语教学,推进中非人文交流全面开展

自2005年非洲第一所孔子学院——内罗毕大学孔子学院成立到2017年12月底,中国已经在非洲39多个国家建立了50多所孔子学院,在15个非洲国家开办了30个孔子课堂,派出的汉语教师和志愿者达1000多人,在孔子学院注册学习汉语的人数超过10万人。非洲孔子学院为其所在院校的师生提供汉语教学,开设汉语必修或选修课。部分孔子学院开设了商务汉语、导游汉语等特色课程,满足了非洲民众不同层次、不同类型的汉语学习要求。很多孔子学院以所在大学为基地,采取"一院多点"的教学模式,将汉语教学辐射到整个区域,包括其他院校、中小学校、私营部门及政府机构,汉语教学的受众群体覆盖更加广泛。非洲各个孔子学院还积极开展各种文化交流活动,中国武术、书法、剪纸、国画、电影鉴赏、地方戏曲等成为各孔子学院的常设课程。孔子学院举办的中国春节、元宵节、端午节、中秋节等传统节日活动丰富多彩,深受当地民众的欢迎,为非洲民众提供了零距离接触中国文化的机会,进一步拉近了中非人民之间的距离,也促进了双方的文化交流,成为全面提升中非人文交流水平的重要平台和载体。

(四)加强中非高校间的合作与交流,促进中国教育走进非洲

从20世纪90年代开始,中国开始向一些非洲国家实施教育援助项目,以帮助其发展科学和培训人才。到2003年,我国已在21个非洲国家开展了60期援助项目,建立了23个实验室,内容涉及生物、计算机、物理、分析化学、食品加工、材料、园艺、土木工程等多个领域。其中比较突出的有喀麦隆雅温得第一大学微生物实验室、肯尼亚埃格顿大学生物技术实验室和园艺生产技术合作中心、科特迪瓦博瓦尼大学食品加工与保鲜中心、喀麦隆雅温得第二大学汉语培训中心等。2010年6月,在第八次对发展中国家教育援外工作会议上,中非双方又正式启动了"中非高校20+20合作计划"。中国的20所高校与非洲的20所高校结对成为中非高校间开展合作与交流的重点伙伴。中非高校利用各自的学科优势和特色,合作进行科学研究、师资培训、学术交流、人才培养等,从而形成"一对一"的校际合作模式。中国政府援建

的大学网络平台和远程教学系统,也为受援国丰富教学资源、扩大教育对象创造了条件。

随着新时期中非关系的全面快速发展,中国政府"一带一路"倡议的积极推进,"中国经验"对非洲更加具有吸引力和借鉴作用,中国教育"走出去"是必然的选择。中非高等教育、职业教育之间开展的交流项目,为中国教育"走进非洲"做了很好的经验探索,为今后时期中国教育成功地走进非洲做了铺垫。

(五)援建学校、派遣教师、捐赠设备,中国对非教育援助结硕果

中国政府向非洲国家派遣专业教师已有半个世纪的历史。为了帮助非洲国家发展大中小学教育,从20世纪50年代至2002年,中国共向33个非洲国家派遣了530名专业教师,所教授的课程涉及十几个专业。近十年来,为帮助非洲国家实现联合国"千年发展目标",中国向非洲国家派遣的教师和志愿者人数逐年增加,除了官方渠道外派教师外,中非高校间的教师交流也越来越频繁,我国一些高校开始自主地向非洲国家派遣教师,到对方学校任教或讲学。

除了派遣教师外,中国政府对非洲援建的学校项目也按计划成功实施。2007年建成的"埃塞-中国职业技术学院",可容纳3000名学生。2006年中非合作论坛北京峰会上,中国政府承诺为非洲国家援建100所农村小学;截至2009年底,已建成107所小学校,并为30所学校提供了教学设备。2009年"沙姆莎伊赫行动计划"中,中国政府决定再建50所中非友好学校,包括小学、中学、职业技术学校等。实际新建了54所学校,并为6所学校提供教学设备。① 从20世纪80年代中期到2002年底,中国共向非洲24个国家援赠了不同种类的教学设备和文化用品。例如,2001年中国教育部向加蓬、喀麦隆、多哥、塞舌尔、莫桑比克等国援赠了计算机、运动服和体育器材等教学、学习及办公用品。近年来,为响应联合国教科文组织关于帮助非洲国家实现"千年发展目标"的号召,中国政府、企业和机构向非洲国家捐赠的教学用品和设施越来越多,品种也越来越丰富。

二、中国开展对非洲教育援助与合作的战略意义

中国是世界上最大的发展中国家,中国政府一贯坚持把本国人民的利益和各国人民的利益紧密结合起来,在力所能及的范围内,在南南合作的框架

---

① 中非合作论坛第四届部长级会议经贸举措将如期落实.国际商报中非经贸合作特刊,2012年1月.

下，积极开展对非洲教育援助及进行对非洲国际合作。中国对非洲教育援助与合作不但体现在国家间的多层次、多领域、多形式的合作，还涉及中非之间的文化交流和互鉴，具有深远的战略意义。

（一）提高中国在非洲软实力的必要途径

在对非洲战略中，加强中非教育之间的交流与合作是提高我国在非洲软实力的重要途径。根据美国学者约瑟夫·奈提出的"软实力"划分标准，一个国家的软实力包括四种力量资源：一是文化的吸引力和凝聚力，二是意识形态、思想观念和发展模式等的感召力和辐射力，三是制定国际规则和建立国际机制的能力，四是恰当的外交政策。① 相比基础设施建设援助、工程援助、减贫援助等硬实力类型的援助，中国在文化影响力、话语感召力、思想传导力、机制运行的效力等方面尚显不足，通过加强对非教育援助及交流合作，可以增强中国对非援助的软实力，影响也会更加深远。

（二）提高人力资源开发的实际需要

非洲需要中国，中国也需要非洲。非洲需要中国以援建学校、人力资源培训、提供奖学金赴中国留学、派遣志愿者和专家赴非洲等形式的教育援助，来帮助非洲国家培养经济发展所急需的专业技术人才和管理人才，提高非洲国家政治稳定性和经济发展潜力。我国在40多年改革开放的过程中，积累了许多成熟的生产技术和管理经验，这些技术和经验对于非洲国家具有重要的借鉴作用。通过对非洲教育援助将这些技术和经验传递到非洲国家，对于增强非洲国家的自主发展能力，促进经济发展和社会进步，将产生重要作用，必将受到非洲人民的欢迎和赞赏。

（三）促进中非关系健康发展的重要内容

对非洲教育援助培养了大批对华友好人士，使他们成为我国政治外交利益的潜在维护者。尤其是在华人力资源培训、来华留学、赴非志愿者服务等形式的援助，使非洲人民目睹了我国改革开放的巨大成就，亲身感受到我国经济社会发展的巨大成就，深刻体会出中国人民的友好和真诚，从而加深对中国的情感和友谊。我国政府为非洲受援国培训的各领域、各部门的管理人才和技术人才，回国后很多人获得了重用，有的甚至跻身政界、商界和军界高层，他们为积极推动双边友好，宣传和维护中国的国际形象做出了积极的贡

---

① 于欣力，郑蔚.我国高校参与教育援非的多视角分析[J].学园，2010(5)：78.

献。此外，教育援助非洲过程中，也使中国人民对非洲的国情知识和历史文化有了更多的了解，有助于更多的中国人和中国企业走进非洲、开拓非洲市场，也有利于促进中非贸易往来。

（四）中非不同民族文化间包容互鉴的需要

全球化的发展必将带来不同文化间的融合与碰撞，未来的世界将是一个多极化或多中心化的世界，文化的同质性与差异性也将更加充分地展现出来。中非双方都有着悠久的历史和各具特色的民族文化，双方理应互相吸收对方的优秀文化成果，以促进各自民族文化的创新发展和世界文化的繁荣。教育交流的根本在于文化的互动，通过对对方历史、文化、语言的学习和掌握，可以推动双方在文化领域的学习和互鉴，促进各自文化的生长和创新发展。

总之，无论是从"授人以鱼"到"授人以渔"的历史视角，还是从提升国家软实力的战略高度，抑或从服务于双方的国家利益的政治和经济视角，乃至从推进教育国际化的教育视角，教育援助非洲对于服务国家政治、经济和外交利益，以及促进中国教育国际化发展均具有重要的价值意义。

第二节　中国对非洲职业教育援助的现状

职业教育被认为是促进就业、减少贫困的有效手段。但自20世纪80年代以来，非洲大陆很多国家的职业教育发展一直十分迟缓，职业教育服务经济建设、开发人力资源的功能未能得到较好体现。进入21世纪以来，非洲大陆经济出现良好发展势头，但很多国家的青少年失业、失学问题仍十分突出，贫困和教育公平问题困扰着非洲经济和社会的可持续发展。职业教育的重要功能和作用被重新认识，并被重新写入到一些国家的教育发展规划当中。在此背景下，开展对非洲职业教育援助成为新时期中非教育合作发展的重要内容。目前，中非职业教育合作的主要形式有三种：一是中国在非洲援建职业教育机构与培训机构；二是中国为非洲培训各类职业技术人才；三是中国向非洲提供教育教学物质和技术援助。

一、中国在非洲援建职业教育与培训机构

除了中国在苏丹援建的恩图曼友谊职业培训中心外，"埃塞-中国职业技术学院"是中国政府迄今对外援建最大的教育项目。埃塞-中国职业技术学院于2005年开工，2007年竣工，2008年开始投入使用，投资近9000万元人

民币,其中设备值 700 万元。2007 年 5 月,笔者有机会到埃塞俄比亚进行教育调研,并实地参观了这所学校,当时的主体工程已基本完工。笔者亲眼看到了中非双方施工人员挥洒汗水的劳动场景,也参观了刚刚竣工的教学楼、办公楼、学生宿舍等。同时,在与埃塞俄比亚人士的座谈中,亲身感受到埃塞俄比亚人民的期盼和对这所学校今后发展寄予的厚望。

学校坐落在埃塞俄比亚首都亚的斯亚贝巴耶卡区,这里是亚的斯亚贝巴的高校集中区。学校占地 11.4 万平方米,建筑面积 2.3 万平方米,可容纳学生数 3000 人,拥有建筑物 14 栋,其中包括 1 栋综合办公楼、5 栋教学楼、1 个多功能厅和 2 栋学生公寓,共有教室 53 间、实验室实训车间 53 间、机房 5 间,各类办公室 50 余间。我国商务部先期提供的专业教学设备有机械、汽修、电气、电子、纺织、服装和计算机等多个专业领域。2008 年,天津市向该校捐赠了 80 万元的教学实训设备,2010 年,天津职业技术师范大学又向该校捐赠价值 10 万元的实训设备。①

2008 年,两国教育部正式签署"埃塞-中国职业技术学院合作办学协议",决定由中方派遣教师及管理人员,为其培养高质量的实用性人才。应埃塞俄比亚教育部要求,天津职业技术师范大学派出中方校长、副校长各一人,同时选派 10 名教师及管理人员到埃塞俄比亚任教,任期 2 年。2009 年 9 月 28 日学校正式开学,招收首批学生 370 人。学院开设有机械技术、汽车应用技术、电气自动化技术、电子技术、现代纺织技术、服装设计与制作技术、计算机应用技术等 7 个专业。该项目是我国教育部首次在境外办职业教育学院,也是一次积极的尝试和经验积累的过程,并将为今后时期中国职业教育走出去创造条件。

除了日常教学和全日制学生培养工作,中国的教师和管理者们还承担有埃塞俄比亚教育部委派的职业教育师资培训任务,如完成服装专业 80 名教师的新技术培训,1500 多人的职业教育教学法培训,60 名健康拓展计划的教师培训等。同时,中国教师还动手编写专业教材,参与埃塞俄比亚国家职业标准的审定,参与当地社会改革实践,为埃塞俄比亚青年与体育部、妇联等提供专门服务等多方面工作,赢得了很好的声誉,产生了广泛的影响。

2015 年,宁波职业技术学院在贝宁成立了中非(贝宁)职业技术培训学院。该培训学院根据当地产业发展和民生需求,相继开设电子技术应用、摩托车维修和小型发电机维修、电梯维护、建筑设计与施工等专业课程,为贝宁

---

① 以上数据均来自天津职业技术师范大学援建埃塞-中国职业技术学院项目情况介绍.[EB/OL]. http://gjjlc.tute.edu.cn/ text.jsp? wbtreeid=1024.2012.3.8.

及当地中资企业培训各类实用技能型人才。① 这是浙江省实施高等职业院校到海外办学的新尝试,对于贝宁职业教育来讲也是一个新的发展契机。

此外,中国政府在苏丹援建的恩图曼友谊职业培训中心,已累计为苏丹培训学员数千名。为进一步扩大规模,适应现代社会对职业人员的素质要求,中国应苏丹政府要求,同意对恩图曼职业培训中心进行改扩建。该项工程已于2015年5月竣工,这对当地的人力资源培训和能力建设发挥了积极作用。

近年来,许多非洲国家的高官代表团来访时,都纷纷向中国教育部提出希望能帮助他们援建学校的愿望,主要是建设工程技术大学、职业技术学校,其中包括坦桑尼亚总统提出要援建农业大学、埃塞俄比亚提出要援建铁路学院等。如何满足非洲国家提出的迫切要求,通过援助项目建设,提高非洲国家的自主发展能力,同时也扩大中国在非洲的软实力,提高在世界上的影响力,是摆在我们面前的一项艰巨任务。

二、中国为非洲培训各类职业技术人才

中国积极帮助受援国发展职业技术教育和人力资源培训。为加强与非洲国家的职业教育合作,中国教育部于2003年年初在天津职业技术师范大学建立了中国第一个教育援非基地,主要承担对非洲国家的职业教育师资培训、派遣援非职业技术教师、为中非职业教育合作提供咨询等。据统计,2001—2012年,中国与埃塞俄比亚联合开展的农业职业技术教育培训项目,已累计向埃塞俄比亚派出400余人次教师,培训当地农业职业院校教师1800名、农业技术人员35000名。② 目前,中国教育部建立的教育援外基地共有10家,其中不乏职业技术类培训项目。③

在对非洲人力资源培训方面,除教育部外,商务部也是最主要的部门之一。商务部开展的培训包括"请进来"和"走出去"两种形式。近年来,商务部开始积极探索"走出去"培训项目,如开办毛里求斯公共管理海外研修班等,收到良好的效果。当然,目前更多的培训项目还是以来华培训为主。

商务部开展的培训项目可分为短期、中期和长期三类,其中以短期培训

---

① 宁职院在贝宁合作办了个职教学院[N].宁波晚报,2015-11-4:A5.
② 中国的对外援助(2014)[EB/OL].[2014-7-10].http://www.sxejgfyxgs.com/ArticleDetail.aspx?id=31306
③ 教育部教育援外基地的主要任务是配合教育部教育援外任务,发挥自身优势和特色开展工作,承担来华、出国培训项目,选派援外教师、建立援外人才库以及承担其他部委委托的援外项目。教育部共设置了10个教育援外基地,包括天津职业技术师范大学、浙江师范大学、吉林大学、东北师范大学、南京农业大学、天津中医药大学、南方医科大学、贵州大学、琼州学院、云南大学。

班为最多，涉及的培训内容也最广泛，内容比较具有针对性，比如莫桑比克、埃塞俄比亚提出来的开发区培训班、产能培训班、高铁培训班等都非常明确、具体。短期培训不只是针对非洲国家的党政官员，还有一些新闻媒体、民间机构、企事业单位人员等。如商务部国际商务官员研修学院举办的非洲培训班中，既有针对某个行业的专题培训班，如非洲英语/法语国家经济管理研修班、非洲法语国家农村经济发展官员研修班、非洲法语国家公共卫生管理与疾病防控研修班等，也有专门为非洲某个国家量身定制的培训班，如埃塞俄比亚地质矿产技术培训班、赤道几内亚礼仪小姐培训班、利比里亚公共卫生管理与疾病防控研修班、塞拉利昂公共卫生管理与疾病防控研修班、苏丹统计技术与应用技术培训班，等等。[①]中长期培训主要是针对一些专业性、技术性比较强的培训，学习时间一到三年不等。承担商务部委托培训项目的机构名单里既有中央和地方的一些直属机构，也有一些高等院校和专业研究机构。

在2015年12月3日至5日召开的中非合作论坛约翰内斯堡峰会暨第六届部长级会议上，中非双方共同制订并联合发表了"约翰内斯堡行动计划"，在教育和人力资源培训方面，中国政府明确提出："支持非洲国家改造现有的或新建更多的职业技术培训设施，在非洲设立一批区域职业教育中心和若干能力建设学院，在非洲当地培养20万名职业和技术人才，提供4万个来华培训名额，帮助青年和妇女提高就业技能，增强非洲自我发展能力。"在其他相关领域，中方也将继续在力所能及的范围内逐渐扩大对非洲国家的援助规模，重点加强与非洲国家在文化、农业、卫生、交流、新闻信息等领域的合作，提高援助实效，支持非洲国家经济社会发展。

总之，中国坚持"授人以渔"的援助理念，通过人力资源开发合作、技术合作、志愿者服务等方式，与非洲国家分享发展经验和实用技术，帮助非洲国家培养人才，增强自主发展的造血功能。随着非洲国家经济的较快发展和工业化水平的逐步提高，一些国家的职业技能性人才严重不足，而我国职业教育的发展经验和人才培养模式无疑对刚刚开始工业化的非洲国家具有直接的借鉴意义，中非开展职业教育合作的前景十分广阔。

三、中国向非洲提供教育教学物质和技术援助

近年来，中国政府和各界向非洲提供的教育教学物质和技术援助也比较丰富，总量虽难以统计准确，但总体上可分为四类：第一类是教育学习用品，

[①] 商务部国际商务官员研修学院：http://www.china-aibo.cn/ywpxzx/pxxm/

包括教材、书包、笔记本、写字笔、课桌椅等;第二类是援建一些教育基础设施,如埃及的远程教育网就是华为根据合同帮助建立起来的;第三类是技术合作,这个主要体现在派遣各领域专家教师和志愿者到非洲国家进行技术指导和技术培训。这方面的合作主要体现在农业和医疗卫生领域。

农业方面如中国政府帮助非洲国家建立农业技术示范中心、农业试验站、推广站,派遣农业专家开展技术培训等;医疗卫生领域的援助方式,如派遣医疗专家开展治病防病和对专业人员的培训、援建医院和赠送医疗药品和仪器设备等。中国的专家学者和志愿者们坚持真诚友好、平等互信的理念,设身处地为非洲人民着想,与合作方建立了深厚的友谊。例如,中国专家在利比里亚开展竹藤编织技术合作,向当地近500人传授竹藤编织技能,不仅有助于当地民众增加收入、扩大就业、摆脱贫困,也促进了利比里亚竹藤产业的发展。中国的志愿者服务也发挥积极作用。中国向非洲国家派遣的志愿者,服务领域涉及语言教学、计算机培训、中医诊治、农业科技、艺术培训、工业技术、社会发展、国际救援等,服务对象包括学校、医院、政府机关、农场、科研院所等。援利比里亚志愿者成功救治严重腹裂畸形新生儿,获得"非洲之星"勋章。援埃塞俄比亚志愿者改良甜瓜种植法,当年使果农获得大丰收;志愿者传授的沼气池修建方法,帮助当地民众有效利用清洁能源。① 在关于中国援非农业的一项调查中,非洲人民给予了很高评价,其中"培养非洲农业人才""在非洲建立农业技术示范中心"和"派遣赴非农业技术人员和高级专家"等内容评价最高。

在医疗卫生方面,调查显示:"培训、培养非洲医疗工作者""为非洲国家援建医院"获得高度评价。②关于中国对非洲教育援助的总体评价,非洲学员认为整体上有助于非洲国家教育质量的提高,有助于非洲国家相关领域技术人员能力的提高和非洲产业的发展。当然,也存在一定的问题,主要集中在两点:一是来华非洲留学生培养方面,由于缺乏严格的考试制度和完善的选拔制度,一些留学生没有通过汉语言水平考试和专业综合能力的考核,无法达到培养质量要求。部分导师并不熟知非洲国情和发展状况,影响了对留学生指导的效果。二是人力资源开发方面,来华参加研修和培训的学员最需要了解的是中国改革开放以来各领域发生的实际变化和典型案例,以获得启示。培训课程所讲授的一些内容,虽然听起来头头是道,但实际感受不理想。

因此,今后在中非职业教育合作与交流方面,尤其是在开展对非洲人力

---

① 中国的对外援助(2014)白皮书[EB/OL].[2014-07-10]. http://baike.baidu.com/view/14422267.htm. 2018-12-01.
② 程伟华,等.中国教育援助非洲项目有效性研究[J].高等农业教育,2015(3):30-31.

资源培训上,首先,需要进一步提高教育援非项目的针对性和有效性,提出有针对性的政策建议,提高援助的效益和成果;其次,需要建立对非洲教育援助的协商和合作机制,发挥资源的高效及合力优势。一方面,国家可以通过政策和机制将教育领域、农业领域和医疗卫生领域等优势资源加以整合,形成中国援非的特色品牌;另一方面,应发挥我国在非洲企业的人力资源优势,与国内高校联合开展非洲应用型人才的培训,形成资源互补、协同合作,更好地为非洲本土人力资源开发和促进当地青少年体面就业服务。同时,也要鼓励中国在非洲企业设立专项奖学金,资助非洲优秀青年到中国学习和进修,鼓励企业设立实践实习基地,支持非洲国家培养更多的实用型人才,为更多中国企业走进非洲、在非洲发展创造良好环境。

第三节 中非职业教育合作与发展趋势

随着中国综合国力的提升和国际地位的提高,中国政府的治国理政经验,包括发展经济、发展教育、开发人力资源的成功做法,受到非洲国家的极大关注,他们十分想了解和学习、掌握中国发展经验。改革开放以来,中国职业教育实现了跨越式发展,但中国职业教育能否像德国、澳大利亚等国家的职业教育那样,成为教育的"金字招牌",实施"走出去"战略,加强与非洲国家的合作与交流,进一步提升中国职业教育在非洲的影响力,同时帮助非洲国家的人民学得一技之长,实现体面就业,是时代赋予的重大命题。

一、推进中非职业教育合作与发展的时代背景

非洲是当今世界最后一块欠开发的"新边疆",也是全世界最为贫穷的地区,饥饿与疾病缠绕、天灾与人祸不断、经济与教育十分落后。非洲又是一块充满希望的"新大陆"。过去十年,该地区的经济、教育和健康方面都取得了积极的变化和显著增长。其中全球10个在教育和健康指标中增长最快的国家中,有8个在非洲。21世纪以来,非洲经济连续多年实现仅次于亚洲的高速增长。

(一)非盟推出非洲头十年发展规划

近年来,非洲经济持续增长,非盟对非洲未来发展信心越来越强。自2013年开始,非盟就着手制定一项雄心勃勃的跨度为半个世纪的非洲发展蓝图——"非洲愿景2063战略",希冀"50年以后,非洲大陆将彻底消灭贫困,所有人都将用上电,有清洁的水,每个人都会过上更好的生活。"这项旨在

50年内建成地区一体化、和平繁荣新非洲的议程在2015年年初的第二十四届非盟峰会上获得通过。此次峰会还着重推出了在2063年愿景下非洲头十年发展规划。该项规划包括制造业、贸易投资、人力资源开发等六大领域，重点是加强对青年特别是青年女性的技能培训，为他们创造有利的就业环境，使其成为非洲大陆经济转型和发展的驱动力量。非盟还提出了在2020年结束本地区所有战争、在2025年消灭饥饿的目标，给下一代一个更加美好的非洲。

不过，非洲发展仍面临严峻挑战。根据联合国开发计划署2014年对世界180多个国家人类发展指数统计中，排名最低的15个国家都是在撒哈拉以南非洲地区。该地区有1/4的人口处于营养不良状态，1/3的儿童患有发育不良症。减少并最终消除贫困是非洲大陆发展所面临的长期而艰巨的任务。由于人口增长过快，非洲大陆的就业问题一直十分突出。据世界人口咨询局（PRB）人口统计报告：2012年非洲大陆总人口为10.72亿多，占世界总人口的15.2%。其中，15岁及以下人口占41%（世界为26%）。撒哈拉以南非洲10~24岁年龄段人口比重世界最高。据世界银行发布的报告：2014年，撒哈拉以南非洲地区的失业率为7.7%，年轻人的失业率为11.8%。而且，大部分属于无保障性就业，占到就业人数的76.6%，显著高于全球平均水平的45.3%。女性无保障就业率远高于男性，为84.3%。北非地区由于多年来政局不稳，带来经济大滑坡，导致失业问题更加突出。因此，减少并最终消除贫困是非洲大陆发展所面临的长期而艰巨的任务。

非洲又是一块充满希望的"新大陆"。过去十年，该地区的经济、教育和健康方面都取得了积极的变化和显著增长。2013年，撒哈拉以南非洲地区的经济较上一年增长4.8%，超过一半的撒哈拉以南非洲国家已经实现了至少5%的经济增长率目标。但由于受全球经济下行影响，2016年非洲经济增长率为2.6%，此后便开始回升。2017年增长3.6%，专家预测2018年将达到4.1%。非洲经济连续多年实现仅次于亚洲的较高增长。

(二) 非洲国家工业化任重道远，就业问题突出，发展职业教育是促进人力资源开发、工业化发展和提高就业率的重要手段

从历史经验看，西方国家的工业化道路之所以比较顺利，其主要原因之一就是西方国家都比较重视发展职业教育，如德国把职业教育视为国家发展的"秘密武器"，第二次世界大战后日本的迅速崛起也与积极发展职业教育不无关系。中国在改革开放之初就确立了"大力发展职业教育"的战略思想。

可以预见，今后相当长时期内，消除贫困、解决就业和生计问题仍是非洲

发展所面临的巨大难题。而解决贫困、就业及民生问题的必然途径是走工业化发展道路，实现产业结构的调整和经济的较快发展。虽然从20世纪80年代开始，很多非洲国家就开始了经济改革，试图为工业发展创造良好环境，但直到今天，大多数非洲国家的工业化道路仍遥遥无期，经济增长多依赖于初级农产品或矿产品的出口。

依笔者所识，掣肘非洲经济发展的主要原因之一是人才缺乏和劳动力素质的低下。首先是因为贫困所导致的国家人才流失严重，高等教育所培养的大批精英人士跑到了国外；其次是本土教育落后，不能培养出经济发展所需的合格人才，致使大批青年毕业生失业，进而影响经济的工业化发展；再次是经济反哺教育的能力弱，形成互为掣肘的不良关联；最后是教育结构不合理，职业技术教育规模很小，教育体系不健全，中小学辍学率很高，无一技之长的非熟练劳动力充斥就业市场。那么，如何帮助非洲早日摆脱贫困状态，是每一个负责任大国需要认真考量的大问题。

进入20世纪以来，非洲各国对教育和人力资源的投资不断加大，各级各类教育均有了较快发展。但由于非洲国家的教育基础薄弱、教育资源匮乏，教育发展依然面临许多挑战。

（三）开展对非洲教育援助有着巨大的空间和机遇

当前中非合作关系正面临一个历史性的发展机遇期。如果把握得当，未来的20年，中非合作关系、中国在非洲的战略利益，都将跃上一个历史新高度。对此，需从战略性、前瞻性的高度，对新时期中非合作关系及中国在非洲的战略利益与目标，做出全面的研究把握。有研究者从人文的角度来理解非洲发展问题，认为过去数十年非洲发展的经验和教训，实质性问题就是传统与现代如何互动、传统文明与文化在当代如何重建与发展的问题，也是一个国家自主发展理念现代化探寻的过程。因此，积极推进中非人文交流和教育合作就变得日益重要。无论是基于历史还是现实的原因，中国都应该发挥更大、更为重要的作用和角色，而且非洲国家对此也有普遍的期待。中国与非洲国家建立起"政治上平等互信、经济上合作共赢、文化上交流互鉴、国际上相互支持"的全方位合作，帮助非洲国家实现千年发展目标，推进非洲大陆的脱贫减贫和"三网一化"的实施，必将大大提升中国的国际形象和道德高度，使国际上某些敌对势力鼓吹的"中国威胁论""新殖民主义论"等不攻自破。

进入21世纪以来，在中非合作框架下，中非教育合作、中国对非洲教育援助、非洲孔子学院建设等相关工作正在大力推进，成为新时期中非合作的重要内容和实现人文交流的重要支点，也成为中非关系健康发展的重要保障。中非教育合作在政府层面的高层互访、院校的交流和科研合作、留学生的双向流动、派遣援非教师和赴非志愿者、对非人力资源开发和非洲汉语教学与研究等方面都取得了显著成效。但也还存在一些问题,面临诸多挑战,需要建立多元合作模式、提高非洲国家对中国教育的认可度、完善援外教师的管理体制。也有学者提出新时期中非教育合作面临转型,主张合作内容由"减少贫困"向"促进发展"转型、合作主体由"政府行动"向"社会行动"转型、合作方式"输血援助"向"造血援助"转型。与此相适应,需要建立双边合作的交流机制,推进中非教育合作的持续发展。毫无疑问,开展对非洲教育援助、促进中非人文和教育交流是一篇气势恢宏的文章,需要齐心协力、共同推进。

二、国际视野下的中非职业教育合作与交流

（一）西方在对非洲进行文化传播过程中,大都伴随着职业技能传授活动

西方文化在向外传播的过程中并不是单纯地进行语言教学活动,而往往是把语言教学与技能教育有机地结合起来,具有很明显的职业导向性,因为这样能产生良好的影响和诱惑力。早期的传教活动也是如此,传教士之所以能够在非洲立足并取得成功,其中很重要的一点就是这些传教士中许多人博学多才、勤劳善良,所到之处能够给当地居民解难解惑,如19世纪英国传教士利文斯顿为非洲部族人治病、办学校,帮助他们修建蓄水设施等。直到今天,"慈幼会"在非洲当地教区、教堂和青年中心开展的职业技能培训活动还很受欢迎,主要传授本地区最有用的职业技能,包括机械操作工、木工、电工、瓦工和农业耕种技术等。

殖民地统治时期,西方殖民者在非洲也开办了少量的小学校,除了教当地儿童学习算数、宗主国语言的同时,还教他们一些生产技术,如冶铁、木工、制陶技术等。通过最基本的技能学习,他们中的一些人就可以成长为一名出色的技术能手,制造出精美的器具。所以,殖民地统治时期的非洲,职业技术教育还是有了一定的发展。当然,这种发展是殖民地统治者在进行文化传播过程中的衍生品而已。

20世纪60年代开始,非洲殖民地国家相继独立。西方国家假联合国教科文组织、世界银行之手,在非洲大陆主导了一场"普教职教化"运动。在世界银行专家指导下,非洲许多国家在中等教育阶段除开办了一些职业学校外,还在普通中学(包括农村中学)普遍开设职业性课程,希望增强学生的职业技能,增加就业机会,减轻青年学生的失业压力,但结果却不尽人意。因为,经过"职业化"后的中学毕业生仍然难以找到工作。究其原因,一是因为

大批农村学生毕业后不愿留在农村,而是蜂拥进入城市找工作,此时独立不久的非洲国家工业基础都比较薄弱,无法提供足够的工作岗位;二是因为20世纪70年代末爆发的世界经济危机使发达国家对非援助落空,也使得非洲国家经济发展一落千丈。

(二)职业教育援助是西方国家保持其在非洲存在的重要手段之一

20世纪80年代中期以来的世界性经济危机,也严重影响了撒哈拉以南大部分国家的职业教育和劳动就业。从90年代末开始,非洲发展出现积极变化,国际社会对非洲教育援助增长明显。其中有一些项目就是为了增强非洲国家的职业教育办学能力,通过教师培养和培训、课程调整等,提高职业教育质量,适应生产领域的需要。其中,法国、德国及欧洲委员会对非洲职业教育发展提供的援助具有代表性。

在殖民地时代发展起来的关系,使法国至今在非洲法语区仍保持着特殊的地位。在1997年,法国把GDP的0.45%(634.8万美元)专门用于发展海外援助,仅次于日本和美国。法国援助经费的近一半投向债务重建,其次就是教育服务。法国把近60%的援助经费都投给了非洲(42.21%给了撒哈拉以南非洲,15.56%分配给北非地区)。例如,2000年,法国对撒哈拉以南非洲23个国家开展的职业教育援助,内容包括:农村职业培训中心的建立、中等和高等职业学校的建设、企业岗位培训等,总金额近1.7亿法郎。法国政府认为,职业教育是一个社会问题,而不仅仅是经济问题。当然,许多合作项目还关注提高法语学习和通信技术,政治的和"人道"的层面往往是交织在一起的。法国有大约3000名专业合作人员在海外工作。

德国的双元制职业教育模式对非洲国家产生了越来越大的影响力。德国技术合作公司是一家提供发展服务的私人有限公司。它是在德国政府的倡议下建立的,主要为联邦经济合作与发展部(BMZ)在海外的工作服务。自20世纪90年代开始,德国技术合作公司支持了55个国家的职业教育合作项目,对非洲的项目占了很大比重。例如,南非项目除支持初始职业教育改革外,还为职业学校教师的培养和冶金人员的技能培训提供支持;在乌干达,除支持双元制学徒外,还对大量培训中心进行了改造;在埃塞俄比亚、贝宁、坦桑尼亚,德国技术合作公司与合作国家的政府和中间机构(如专业协会或培训中心等)建立了广泛联系;卢旺达战乱结束后,德国技术合作公司为该国职业教育重建提供大量帮助和全方位服务;在贝宁,德国技术合作公司实施了一项计划,目的是通过支持私营部门来促进职业教育的改革。

其他国家如英国、瑞典、奥地利、丹麦、美国、日本等也都在非洲开展了职业教育援助项目。瑞典的援助主要帮助个人技能发展,包括:培训师和教师的培训,支持职业教育办学机构以适应劳动力市场需要等。奥地利的援助项目主要集中在布基纳法索,倾向于为小企业提供培训和咨询服务,以促进这些企业吸收更多的劳动力;与法国和德国的做法相反,瑞士政府把海外援助的大部分资源都分配给了非政府组织;丹麦在坦桑尼亚、赞比亚、厄立特里亚和马拉维的职业教育项目也亦启动。

西方国家在非洲等地区进行的职业教育援助和技能合作项目产生了广泛的影响,由此拉近了受援国与援助者之间的距离,因为职业技能教育更多的是与民生和就业紧密相连。

(三)援助视角下的非洲国家职业教育发展问题与挑战

非洲国家自独立以来,减贫与促进就业被一直视为国家发展的重要目标,很多政府发展职业教育的初衷就是要解决就业难问题。但国家职业教育体系的建设是一项十分复杂的工程,既会受到权力意志、产业构成、文化传统等诸要素的影响,又需要进行长期的思想准备和充分的实践探索,不可能一蹴而就。从20世纪60年代开始,随着东西方两大对立阵营的形成,国际舞台上,非洲成为最大的角逐场和试验地。在这个过程中,即便非洲国家的领袖们长袖善舞,要么一边倒,要么摇摆于两大阵营之间,极力获取更多的支持和资源,致使在国家体制建设上缺乏自我决断力和自主观念,一旦形势发生不测(如经济危机爆发、东西方阵营垮台、外资撤走乃至政局动荡等),就会极大地影响和阻碍国家职业教育体系的建立与发展。尽管一些政府在制订国家教育发展计划时,也是信誓旦旦要为所有人提供教育和就业,但常常是无果而终。直到20世纪七八十年代,非洲国家职业教育的规模和比例都远低于发达国家。当发达国家中等教育阶段的职业教育规模和比例呈上升趋势,而同期非洲国家中等教育阶段的职业教育规模和比例却呈下降趋势。这一方面可能是受到外部因素的影响(如援助经费的减少、世界银行政策的转向等),另一方面也说明非洲国家自身发展教育的能力比较脆弱,经济水平、国家治理能力等尚难以支撑教育的持续健康发展。

到了20世纪90年代,虽然不少非洲国家中等教育阶段职业教育的入学人数呈上升趋势,但职业教育规模占整个中等教育阶段规模人数的比例却呈下降或徘徊趋势。一种解释是职业教育的有效性与劳动力市场需求的匹配度呈现出不确定性,另一种解释是因为中等教育扩大化使得上普通中学成为可能。实际上,在20世纪后20多年的时间里,非洲经济社会发展多半处于"停滞"或"倒退"状态,虽然个中缘由十分复杂,但却由此影响到教育的正常发展。

近年来,随着非洲一体化进程加快,非洲教育一体化问题也提到了议事日程。在非盟第二个十年(2006—2015)计划中,职业教育被纳入其中,并于2007年召开的部长级会议上,通过了"非洲职业技术教育和培训振兴战略",旨在通过制定具有一体化的职业教育政策框架和指导性的意见,来影响非洲各国职业教育政策和行动,最终促进职业教育质量的提高和劳动力市场的发展。

尽管如此,非洲教育发展依然面临诸多挑战,据《全民教育全球监测报告2013—2014》统计显示:2011年,撒哈拉以南非洲国家中等教育总入学人数4628.2万,约占学龄人口总数的41.1%。其中就读于职业技术教育的369万人,仅占8%,比例很低。按照国际上的通常做法,"职普比"是衡量一个国家职业教育办学规模和经济发展水平的一项重要指标,其中关于中等教育阶段职普比的计算和分析更具有典型意义,很大程度上能反映出一个国家或地区的经济发展水平与国民生产情况。已有研究证明:中等教育阶段的职普比与人均 GDP 之间呈现"倒 U 型"关系,即在人均 GDP 过低和过高的情况下,中等教育阶段的职普比都比较低,而当人均 GDP 处于中等水平时,中等教育阶段的职普比最高。这一论断可以较好地解释并印证独立以来非洲国家职业教育发展及经济状况表现不佳的事实。

三、结语:中国经验的世界意义

改革开放40多年来,中国职业教育发生了巨大变化,取得了显著成绩,积累了丰富经验。在这个过程当中,中国政府和人民积极探索、不断总结经验和教训,创建了具有中国特色的职业教育发展道路,这无疑对全世界尤其是广大发展中国家发展职业教育具有启发和借鉴价值。简要概括起来,中国的职业教育经验具有以下几方面突出特征:

一是坚持改革开放与自我实践相结合。在职业教育办学过程中,一方面充分汲取发达国家经验,为我所用;另一方面坚持从实际出发,探索符合中国国情的职业教育发展模式,而不是盲目照搬外国做法。如从20世纪80年代开始,我国相继引入了北美的 CBE 课程模式、德国"双元制"职业教育模式、澳大利亚的 TAFE 教育等。在向外国学习和实践的过程中,我们开始不断地进行经验总结和问题反思,开始考虑如何建立起具有中国特色、符合中国职业教育发展实际的职业教育体系。

二是在发展战略上,统一思想,做到全国"一盘棋"。在明确中央与地方政府责任的基础上,通过一系列政策和激励措施来提高行业、企业、社会团体和个人参与职业教育的积极性。如通过示范校建设、实训基地建设等项目的实施,有效带动了地方政府办职业教育的积极性;通过举办全国职业技能竞赛、国家级职业院校教师培训计划等,促进各地职业教育办学质量的提高;通过全国职业学校招生计划的制订、学校专业的及时调整、贫困生资助体系的建立等举措,有效稳定了职业教育的办学规模。

三是着力加强职业教育的法制建设。改革开放40年来,中国政府根据职业教育发展形势和需要先后出台了多项法律、多个重大制度,为职业教育发展提供法制保障。

四是扩大宣传,营造职教发展良好社会环境。中国政府曾多次召开全国职教工作会议,从国家层面扩大职业教育的影响,国务院先后出台四个关于大力发展职业教育的决定,有力推动了职业教育的现代化建设。发展中国家的职业教育社会环境大多不够好,政府需要从多方进行营造。

五是着力实施职业教育发展行动计划,努力提高质量。如中国政府推动实施的贫困学生资助计划、师资队伍建设计划、课程改革计划等,都取得了很好的效果。

六是保持职业教育经费投入的不断增长。中国职业教育经费的投入始终是以政府投入为主,包括中央政府和地方各级政府的经费投入。通过经费的增加来加大职业教育基础能力建设和各项行动计划的推进。中国政府30年间相继实施了如实训基地建设工程、县级职教中心建设工程、示范校和示范专业建设工程等多个建设项目,很大程度上改善了职业教育办学能力和水平低下的状况。

七是鼓励职业教育办学实验创新发展。如进入21世纪以来,中国政府支持设立"国家职业教育改革试验区",鼓励职教集团化办学,举办全国职业院校技能大赛等,对职业教育的健康发展起到了很好的引领作用。

当前,我国中等和高等职业教育的招生规模相对稳定,人才培养类型、专业设置、课程结构更加合理,全国职业院校在校生约3100万,每年向社会输送技术技能人才近千万,有力支撑了发展方式转变和产业转型升级;每年培训农村转移劳动力超过1.5亿人次,大力开展农村实用技术和生产经营培训,较好服务了城镇化和农业现代化建设;中职学校毕业生就业率稳定在95%左右,高职院校毕业生就业率达85%,有效缓解了就业结构性矛盾;中职免学费、国家奖助学金等政策效应持续显现,职业教育吸引力不断增强,积极促进了教育公平与社会的和谐稳定。基本形成政府统筹、部门配合、行业企业与社会各方积极参与、公办与民办共同发展的良好局面。

党的十八大报告提出要"加快发展现代职业教育""加强职业技能培训",对培养高技能人才提出了更高要求。十九大报告提出要"完善职业教育和培训体系,深化产教融合、校企合作"。随着我国新型工业化发展的加快,建设人力资源强国目标的推进,大力发展职业教育已成为当前和今后一个时期我国教育工作的重点,也是满足人民群众多样化学习需求、构建学习型社会的重要途径,是促进就业、消除贫困和教育公平的必然选择。对改革开放以来中国职业教育的发展经验进行一些总结和提炼,作为"中国经验",以便在国际教育交流与合作过程中,向国际社会尤其是非洲国家、"一带一路"沿线国家讲好"中国故事",无疑具有重要的意义。

附　表

附表1　2015年非洲各国基本数据指标一览[①]

国　家	人口/千	陆地面积/×10³km²	人口密度/(人/km²)	按平均购买力计算的GDP/百万美元	人均GDP/美元	GDP年增长率/%
阿尔及利亚	39667	2382	17	570638	14386	3.1
安哥拉	25022	1247	20	185246	7403	6.2
贝宁	10880	115	95	21156	1945	4.5
博茨瓦纳	2262	582	4	37160	16424	4.7
布基纳法索	18106	274	66	31184	1722	5.9
布隆迪	11179	28	402	7882	705	3.4
佛得角	521	4	129	3479	6684	3.0
喀麦隆	23344	475	49	72109	3089	4.1
中非共和国	4900	623	8	3052	623	—1.4
乍得	14037	1284	11	32003	2230	5.0
科摩罗	788	2	424	1214	1539	1.7
刚果(布)	4620	342	14	28919	6259	4.4
刚果(金)	77267	2345	33	63266	819	6.9
科特迪瓦	22702	322	70	78335	3451	4.6
吉布提	888	23	38	3093	3484	5.2
埃及	91508	1001	91	995969	10884	4.1
赤道几内亚	845	28	30	25944	30701	6.8
厄立特里亚	5228	118	44	7939	1519	1.9
埃塞俄比亚	99391	1104	90	159224	1602	10.5
加蓬	1725	268	6	34409	19944	4.5
冈比亚	1991	11	176	3269	1642	3.7
加纳	27410	239	115	113349	4135	6.7
几内亚	12609	246	51	15276	1212	2.2
几内亚比绍	1844	36	51	2676	1451	3.3
肯尼亚	46050	580	79	143051	3106	5.1

[①] AfDB, OECD, UNDP 2016, African Economic Outlook, 336-337.

续表

国家	人口/千	陆地面积/×10³km²	人口密度/(人/km²)	按平均购买力计算的GDP/百万美元	人均GDP/美元	GDP年增长率/%
莱索托	2135	30	70	5777	2706	4.7
利比里亚	4503	111	40	3781	840	6.3
利比亚	6278	1760	4	92875	14793	0.2
马达加斯加	24235	587	41	35556	1467	2.6
马拉维	17215	118	145	20558	1194	5.6
马里	17600	1240	14	29151	1656	3.9
毛里塔尼亚	4068	1031	4	16427	4039	3.7
毛里求斯	1273	2	624	24509	19250	4.0
摩洛哥	34378	447	77	274526	7986	4.1
莫桑比克	27978	799	35	33726	1205	7.0
纳米比亚	2459	824	3	24839	10102	4.6
尼日尔	19899	1267	16	18960	953	5.6
尼日利亚	182202	924	197	1105343	6067	6.0
卢旺达	11610	26	441	20321	1750	7.5
圣多美与普林西比	190	1	198	664	3488	4.8
塞内加尔	15129	197	77	36300	2399	3.8
塞舌尔	96	0.460	210	2533	26259	4.7
塞拉利昂	6453	72	90	9832	1524	5.1
索马里	10787	638	17	…	…	…
南非	54490	1219	45	724010	13287	2.3
南苏丹	12340	644	19	22461	1820	9.0
苏丹	40235	1879	21	167421	4161	4.0
斯威士兰	1287	17	74	10869	8446	1.9
坦桑尼亚	53470	947	56	138304	2587	6.7
多哥	7305	57	129	10816	1481	4.1
突尼斯	11254	164	69	127213	11304	2.7
乌干达	39032	242	162	79753	2043	6.5
赞比亚	16212	753	22	64647	3988	7.0
津巴布韦	15603	391	40	27916	1789	3.1
全非洲	1184501	30066	39	5768932	4870	4.6

注释：埃及和埃塞俄比亚的财政年截止月份分别为七月和六月。

数据来源：① 联合国经济和社会事务部人口处《世界人口展望》，2015年版；② 非洲发展银行统计部，各国官方机构和非洲发展银行的预估。

附表 2　2015 年非洲各国人口指标一览①

国家	2015年总人口/千人	2015年城市人口占比/%	2015年性别比率(每百位女性比男性)	人口增长率/% 2008	人口增长率/% 2015	2015年生育率及婴儿死亡率 每千名婴儿死亡率	2015年生育率及婴儿死亡率 妇女人均生育数	2015年生育率及婴儿死亡率 每千名5岁以下婴儿死亡率	2015年人口年龄分布/% 0—14岁	2015年人口年龄分布/% 15—64岁	2015年人口年龄分布/% 65岁及以上
阿尔及利亚	39667	72.5	101.3	1.6	1.9	21.9	2.8	25.5	28.5	65.5	5.9
安哥拉	25022	40.2	98.5	3.4	3.3	96.0	6.0	156.9	47.7	50.0	2.3
贝宁	10880	44.0	99.5	3.1	2.7	64.2	4.7	99.5	42.2	55.0	2.9
博茨瓦纳	2262	52.2	99.9	1.9	1.9	34.8	2.8	43.6	32.0	64.4	3.6
布基纳法索	18106	29.5	98.5	3.1	2.9	60.9	5.4	88.6	45.6	52.0	2.4
布隆迪	11179	11.7	97.7	3.6	3.3	54.1	5.9	81.7	44.8	52.7	2.5
佛得角	521	64.0	97.4	0.5	1.3	20.7	2.3	24.5	29.7	65.8	4.6
喀麦隆	23344	54.5	100.0	2.6	2.5	57.1	4.6	87.9	42.5	54.3	3.2
中非共和国	4900	39.2	97.2	1.9	2.0	91.5	4.2	130.1	39.1	57.1	3.9
乍得	14037	21.8	100.3	3.3	3.3	85.0	6.1	138.7	47.7	49.8	2.5
科摩罗	788	27.6	101.8	2.5	2.4	55.1	4.4	73.5	40.3	56.9	2.8
刚果(布)	4620	66.1	100.1	3.2	2.6	33.2	4.8	45.0	42.6	53.7	3.7
刚果(金)	77267	39.2	99.5	3.3	3.2	74.5	5.9	98.3	46.0	51.0	3.0
科特迪瓦	22702	50.8	103.5	2.1	2.5	66.6	4.9	92.6	42.5	54.5	3.0
吉布提	888	78.4	100.9	1.3	1.3	54.2	3.1	65.3	32.7	63.1	4.2
埃及	91508	39.9	102.1	1.8	2.2	20.3	3.3	24.0	33.2	61.6	5.2
赤道几内亚	845	37.8	105.1	3.1	2.9	68.2	4.7	94.1	39.3	57.9	2.9

① AfDB,OECD,UNDP 2016,African Economic Outlook,362-363.

续表

国家	2015年总人口/千人	2015年城市人口占比/%	2015年性别比率(每百位女性比男性)	人口增长率/% 2008	人口增长率/% 2015	2015年生育婴儿死亡率 每千名婴儿死亡率	妇女人均生育数	每千名5岁以下婴儿死亡率	2015年人口年龄分布/% 0—14岁	15—64岁	65岁及以上
厄立特里亚	5228	29.2	100.4	2.1	2.3	34.1	4.2	46.5	42.8	54.6	2.6
埃塞俄比亚	99391	19.4	99.6	2.7	2.5	41.4	4.3	59.2	41.4	55.1	3.5
加蓬	1725	88.5	102.3	2.3	2.2	36.1	3.8	50.8	37.1	57.8	5.1
冈比亚	1991	59.0	98.0	3.3	3.3	47.9	5.7	68.9	46.2	51.5	2.3
加纳	27410	53.2	99.0	2.6	2.3	42.8	4.1	61.6	38.8	57.8	3.4
几内亚	12609	36.4	100.6	2.7	2.7	61.0	4.9	93.7	42.5	54.4	3.1
几内亚比绍	1844	47.8	98.6	2.2	2.4	60.3	4.8	92.5	40.8	56.0	3.2
肯尼亚	46050	26.0	99.9	2.7	2.6	35.5	4.3	49.4	41.9	55.3	2.8
莱索托	2135	27.1	98.0	0.8	1.2	69.2	3.1	90.2	36.1	59.8	4.1
利比里亚	4503	49.7	101.6	4.3	2.4	52.8	4.6	69.9	42.9	54.7	3.0
利比亚	6278	79.0	101.1	1.7	0.3	11.4	2.4	13.4	29.8	65.6	4.5
马达加斯加	24235	35.1	99.4	2.9	2.8	35.9	4.4	49.6	41.7	55.5	2.8
马拉维	17215	16.4	99.7	3.0	3.1	43.4	5.0	64.0	45.2	51.4	3.4
马里	17600	36.9	101.9	3.4	3.0	74.5	6.1	114.7	47.5	50.0	2.5
毛里塔尼亚	4068	60.0	101.3	2.6	2.5	65.1	4.5	84.7	40.0	56.8	3.2
毛里求斯	1273	39.1	97.6	0.4	0.4	11.8	1.5	13.5	19.3	71.1	9.6
摩洛哥	34378	59.5	97.7	1.1	1.3	23.7	2.5	27.6	27.2	66.6	6.2
莫桑比克	27978	31.2	95.5	2.8	2.8	56.7	5.3	78.5	45.3	51.3	3.3
纳米比亚	2459	45.4	94.8	1.6	2.3	32.8	3.5	45.4	36.7	59.8	3.5

续表

国家	2015年总人口/千人	2015年城市人口占比/%	2015年性别比率(每百位女性比男性)	人口增长率/% 2008	人口增长率/% 2015	2015年每千名婴儿死亡率	2015年妇女人均生育数	每千名5岁以下婴儿死亡率	2015年人口年龄分布/% 0—14岁	2015年人口年龄分布/% 15—64岁	2015年人口年龄分布/% 65岁及以上
尼日尔	19899	18.1	101.6	3.8	4.1	57.1	7.6	95.5	50.5	47.0	2.6
尼日利亚	182202	48.1	103.8	2.7	2.7	69.4	5.6	108.8	44.0	53.3	2.7
卢旺达	11610	30.8	91.9	2.8	2.4	31.1	3.8	41.7	41.1	56.2	2.8
圣多美与普林西比	190	69.3	99.1	2.2	2.1	34.6	4.5	47.3	42.6	54.3	3.1
塞内加尔	15129	43.3	96.5	2.8	3.1	41.7	5.0	47.2	43.8	53.3	2.9
塞舌尔	96	52.4	102.6	0.9	0.6	11.7	2.3	13.6	23.4	69.7	6.9
塞拉利昂	6453	39.1	98.0	2.4	2.2	87.1	4.5	120.4	42.4	55.0	2.7
索马里	10787	40.8	99.1	2.5	2.6	85.0	6.4	136.8	46.7	50.5	2.8
南非	54490	63.6	96.8	1.3	1.0	33.6	2.3	40.5	29.2	65.7	5.0
南苏丹	12340	18.5	100.3	4.5	3.6	60.3	4.9	92.6	42.1	54.4	3.5
苏丹	40235	33.3	100.8	2.5	2.2	47.6	4.3	70.1	40.5	56.2	3.3
斯威士兰	1287	21.3	97.8	1.7	1.4	44.5	3.2	60.7	37.4	59.1	3.6
坦桑尼亚	53470	30.9	98.8	3.2	3.2	35.2	5.1	48.7	45.2	51.6	3.2
多哥	7305	39.2	97.7	2.8	2.7	52.3	4.5	78.4	42.2	55.0	2.8
突尼斯	11254	66.7	97.7	1.1	1.1	12.1	2.1	14.0	23.4	69.1	7.6
乌干达	39032	16.6	99.9	3.4	3.3	37.7	5.7	54.6	48.1	49.4	2.58
赞比亚	16212	39.2	99.7	3.0	3.1	43.3	5.3	64.0	45.9	51.2	2.9
津巴布韦	15603	31.2	97.1	1.5	2.3	46.6	3.9	70.7	41.6	55.4	3.0
全非洲	1184501	39.7	100.1	2.6	2.6	52.2	4.6	75.5	41.0	55.5	3.5

注释：毛里求斯的人口还包括阿加列加（Agalega）、罗德里格斯（Rodrigues）和圣布兰登（Saint Brandon）三个岛屿。

数据来源：① 联合国经济和社会事务部人口处《世界人口展望》，2015年版；② 非洲发展银行统计部，各国官方机构和非洲发展银行的预估。

附表3 非洲各国小学、中学及职业教育入学情况统计①

单位：%

国家	2010—2015年小学入学情况							2010—2015年中学入学情况				2006—2008年职业教育占比		
	毛入学率			净入学率			生师比	毛入学率			生师比	平均	初中段	高中段
	平均	男性	女性	平均	男性	女性		平均	男性	女性				
阿尔及利亚	118.7	122.3	115.1	97.3	…	…	23.7	99.9	98.1	101.7	…	…	…	…
安哥拉	128.7	156.9	100.4	84.0	94.9	73.0	42.5	28.9	35.1	22.7	27.4	…	…	…
贝宁	125.6	131.1	119.9	95.9	99.9	88.2	45.9	54.4	64.8	43.9	9.9	…	…	19.1
博茨瓦纳	108.6	110.1	107.0	91.0	90.4	91.6	22.6	83.9	81.6	86.2	11.2	6.1	…	23.8
布基纳法索	86.9	88.7	85.1	67.5	69.2	65.7	44.5	30.3	32.4	28.2	27.1	6.0	1.9	19.0
布隆迪	127.6	126.8	128.4	95.4	94.5	96.2	43.7	37.9	41.1	34.8	37.2	5.2	1.8	…
佛得角	113.2	116.3	109.9	98.2	98.0	98.3	22.6	92.6	86.8	98.5	16.0	…	…	17.7
喀麦隆	113.6	120.1	106.9	91.6	96.6	86.6	44.2	56.4	60.9	51.9	20.4	19.1	19.7	…
中非共和国	93.5	107.3	79.8	70.6	79.1	62.1	80.1	17.4	23.0	11.8	68.1	…	…	4.2
乍得	101.4	114.6	88.0	84.4	94.7	74.0	62.4	22.4	30.7	14.0	29.8	1.1	0.1	…
科摩罗	105.2	108.3	102.0	83.2	85.5	80.8	27.8	59.3	58.3	60.4	8.7	…	…	……
刚果(布)	110.9	107.0	114.8	91.4	87.6	95.2	44.4	54.5	58.4	50.6	18.7	…	…	34.1
刚果(金)	107.0	112.0	101.8	…	…	…	35.3	43.5	53.6	33.3	14.6	19.2	1.9	…
科特迪瓦	89.6	95.6	83.6	74.7	79.2	70.1	42.5	40.1	47.0	33.2	22.3	…	…	15.9
吉布提	66.3	70.1	62.3	57.4	60.7	54.0	33.0	47.1	52.1	41.9	22.8	5.4	1.4	…
埃及	105.5	106.0	105.1	99.9	99.5	97.1	23.2	86.0	86.8	85.3	…	…	…	…
赤道几内亚	84.5	85.2	83.7	56.8	56.8	56.8	26.2	…	…	…	…	…	…	…

① AfDB, OECD, UNDP 2016, African Economic Outlook, 374-375.

续表　　单位：%

国家	2010—2015年小学入学情况 毛入学率 平均	男性	女性	净入学率 平均	男性	女性	生师比	2010—2015年中学入学情况 毛入学率 平均	男性	女性	生师比	2006—2008年职业教育占比 平均	初中段	高中段
厄立特里亚	51.2	55.2	47.1	40.6	42.7	38.4	40.3	35.5	39.3	31.6	38.5	0.7	…	1.9
埃塞俄比亚	100.1	104.3	95.8	85.8	88.7	82.9	64.3	36.2	37.9	34.5	38.8	6.2	…	54.2
加蓬	142.0	144.0	139.9	…	…	…	24.5	……	……	……	…	……	…	…
冈比亚	85.8	83.5	88.0	67.9	65.3	70.6	36.8	57.5	58.9	56.0	…	4.0	…	13.5
加纳	109.9	109.9	109.9	91.1	90.9	91.3	31.3	71.0	72.9	69.1	16.6	2.1	…	6.9
几内亚	89.4	94.8	83.8	74.0	77.8	70.1	44.6	38.8	46.8	30.7	33.1	1.8	0.2	…
几内亚比绍	113.7	117.5	109.8	68.2	69.8	66.7	51.9	…	…	…	…	1.0	…	2.1
肯尼亚	111.4	111.2	111.6	84.9	83.2	86.6	56.6	67.6	70.1	65.2	41.1	1.6	…	3.3
莱索托	107.1	108.3	105.8	80.2	78.7	81.8	32.8	52.2	44.1	60.4	24.7	…	3.8	…
利比里亚	95.6	99.5	91.6	37.7	38.6	36.7	26.5	37.9	42.5	33.1	14.9	…	…	…
马达加斯加	…	…	…	…	…	…	…	…	…	…	…	3.5	0.9	14.5
马拉维	146.7	146.9	146.5	…	…	…	41.7	38.4	38.8	38.1	23.1	12.3	…	…
马里	146.5	145.1	148.0	…	…	…	61.4	39.5	41.4	37.5	70.4	12.3	…	39.6
毛里塔尼亚	77.2	81.2	73.0	59.4	62.5	56.2	42.5	43.5	49.4	37.4	18.9	3.2	1.6	5.4
毛里求斯	98.0	95.3	100.7	74.4	72.7	76.2	34.4	29.9	31.2	28.6	…	…	…	…
摩洛哥	102.7	101.7	103.7	96.2	95.1	97.3	18.7	97.9	96.9	99.0	15.2	…	13.6	…
莫桑比克	116.1	118.7	113.4	98.4	98.6	98.3	25.7	69.1	74.4	63.5	…	5.6	2.1	5.2
纳米比亚	104.1	108.6	99.6	87.6	89.7	85.4	54.5	24.5	25.5	23.5	31.2	5.8	5.5	7.4
尼日利亚	111.4	113.3	109.5	89.7	88.5	91.0	29.8	…	…	…	…	…	…	…

续表 单位：%

国家	2010—2015年小学入学情况							2010—2015年中学入学情况					2006—2008年职业教育占比		
	毛入学率			净入学率			生师比	毛入学率			生师比	平均	初中段	高中段
	平均	男性	女性	平均	男性	女性		平均	男性	女性				
尼日尔	70.6	75.9	65.0	61.0	65.6	56.2	35.8	18.8	22.1	15.6	25.1	1.0	0.7	3.5
尼日利亚	84.7	88.3	80.9	63.8	69.3	58.1	37.6	43.8	46.4	41.2	33.1	4.3	4.1	4.5
卢旺达	137.7	136.2	139.2	96.1	94.8	97.4	59.8	40.2	38.7	41.6	22.8	16.2	...	44.8
圣多美与普林西比	113.6	116.1	111.1	94.9	96.2	93.6	38.8	84.9	80.7	89.3	20.8	1.6	...	10.9
塞内加尔	80.9	77.5	84.3	71.1	68.2	74.1	31.6	40.1	41.9	38.2	27.4	5.9	6.1	4.9
塞舌尔	104.1	103.6	104.7	94.7	94.1	95.3	12.6	74.6	73.9	75.3	12.5	...	...	...
塞拉利昂	130.0	130.3	129.8	97.9	98.6	97.3	34.8	43.4	46.9	40.0	20.7	4.9	1.2	16.0
索马里	...	...	...	...	...	...	...	...	...	...	...	...	...	...
南非	99.7	102.2	97.3	...	...	...	32.0	98.2	87.6	110.7	...	...	...	...
南苏丹	84.2	101.1	67.0	40.6	47.3	33.7	49.9	...	...	...	...	1.9	...	4.5
苏丹	69.1	73.0	65.1	53.8	52.4	55.1	46.1	40.2	42.0	38.4	31.1	...	...	...
斯威士兰	113.3	118.2	108.3	78.5	78.8	78.3	28.1	63.0	63.6	62.4	16.0	...	...	...
坦桑尼亚	86.8	86.2	87.4	80.9	80.6	81.2	43.4	32.3	33.7	30.8	26.4	...	...	...
多哥	125.1	128.8	121.4	91.2	94.3	88.0	41.1	54.7	...	...	26.2	7.8	1.4	25.0
突尼斯	111.3	113.0	109.5	98.6	...	...	17.4	90.1	90.0	94.2	13.6	9.5	1.0	8.5
乌干达	109.9	108.9	110.9	93.7	92.2	95.1	45.6	27.6	29.5	25.7	21.3	5.0	1.8	20.9
赞比亚	103.7	103.3	104.0	87.4	86.5	88.3	47.9	46.7	47.4	45.9	...	7.9	...	19.6
津巴布韦	102.4	103.2	101.7	88.7	88.0	89.5	35.9	51.3	53.4	48.6	22.4	...	...	...
非洲平均	100.5	104.0	95.8	79.5	80.9	80.9	41.3				24.4			

资料来源：非洲发展银行统计部；UNESCO Institute for Statistics (UIS) Database, January 2016; various domestic authorities.

附表 4　非洲国家青年和成人识字率及教育经费支出情况[①]　　单位：%

国　　家	2010—2015 年 15 岁以上成人识字率估算			2010—2015 年 15—24 岁青年识字率估算			2000—2013 年公共教育经费支出
	总平均	男性	女性	总平均	男性	女性	占 GDP 比例
阿尔及利亚	80.2	87.2	73.1	95.6	95.6	95.5	4.3
安哥拉	71.1	82.0	60.7	72.9	78.6	67.3	3.5
贝宁	38.4	49.9	27.3	52.5	62.6	42.5	5.0
博茨瓦纳	88.5	88.0	88.9	97.9	96.1	99.6	9.5
布基纳法索	36.0	43.0	29.3	45.4	47.6	43.2	4.3
布隆迪	85.6	88.2	83.1	87.6	87.4	87.8	5.4
佛得角	87.6	92.7	83.1	98.3	98.1	98.6	4.9
喀麦隆	75.0	81.2	68.9	83.8	87.1	80.4	3.0
中非共和国	36.8	50.7	24.4	36.4	48.9	27.0	1.2
乍得	40.2	48.5	31.9	52.7	55.3	50.2	2.3
科摩罗	77.8	81.8	73.7	87.6	76.9	88.2	7.8
刚果（布）	79.3	86.4	72.9	80.9	85.7	76.9	6.2
刚果（金）	77.3	88.9	66.0	86.0	91.6	80.5	1.5
科特迪瓦	43.1	53.1	32.5	50.2	59.6	40.7	4.4
吉布提	…	…	…	…	…	…	4.5
埃及	75.2	83.2	67.3	93.3	94.5	92.1	3.8
赤道几内亚	95.3	97.4	93.0	98.3	97.7	98.8	0.7
厄立特里亚	73.8	82.4	65.5	93.2	94.5	92.1	3.8
埃塞俄比亚	49.1	57.2	41.1	69.5	71.1	67.8	4.7
加蓬	83.2	85.3	81.0	89.1	87.8	90.5	3.8
冈比亚	55.5	63.9	47.6	73.2	75.6	70.8	4.1
加纳	76.6	82.0	71.4	90.6	91.3	89.9	8.1
几内亚	30.4	38.1	22.8	45.2	43.0	47.5	3.5
几内亚比绍	59.9	71.8	48.3	77.3	80.8	73.7	..
肯尼亚	78.0	81.1	74.9	85.9	85.2	86.6	5.5
莱索托	79.4	70.1	88.3	85.1	77.0	93.4	13.0
利比里亚	47.6	62.4	32.8	54.5	64.7	44.0	2.8

[①] AfDB, OECD, UNDP 2016, African Economic Outlook, 372-373.

续表　单位：%

国家	2010—2015 年 15 岁以上成人识字率估算			2010—2015 年 15—24 岁青年识字率估算			2000—2013 年公共教育经费支出
	总平均	男性	女性	总平均	男性	女性	占 GDP 比例
利比亚	91.0	96.7	85.6	100.0	100.0	99.9	…
马达加斯加	64.7	66.7	62.6	65.1	65.4	64.8	2.1
马拉维	65.8	73.0	58.6	75.1	74.9	75.2	7.7
马里	38.7	48.2	29.2	54.1	61.5	46.4	4.2
毛里塔尼亚	52.1	62.6	41.6	62.6	70.0	55.0	4.0
毛里求斯	90.6	92.9	88.5	98.7	98.4	99.1	3.7
摩洛哥	72.4	82.7	62.5	95.1	96.6	93.5	6.3
莫桑比克	58.8	73.3	45.4	76.7	83.7	69.7	6.6
纳米比亚	81.9	79.2	84.5	89.9	86.5	93.3	8.3
尼日尔	19.1	27.3	11.0	26.6	36.4	17.1	4.5
尼日利亚	59.6	69.2	49.7	72.8	79.9	65.3	…
卢旺达	70.5	73.2	68.0	80.4	78.5	82.2	5.0
圣多美与普林西比	74.9	81.8	68.4	83.2	84.0	82.3	9.5
塞内加尔	55.7	68.5	43.8	69.8	75.9	63.6	5.6
塞舌尔	95.2	94.7	95.7	99.0	98.6	99.6	3.6
塞拉利昂	48.1	58.7	37.7	67.6	75.8	59.3	2.8
索马里	…	…	…	…	…	…	…
南非	94.3	95.5	93.1	99.0	98.6	99.4	6.0
南苏丹	31.9	38.6	25.3	44.3	46.9	41.7	…
苏丹	75.9	83.3	68.6	89.6	91.3	87.8	2.2
斯威士兰	87.5	87.4	87.5	94.8	93.5	96.0	7.7
坦桑尼亚	80.3	84.8	75.9	87.3	87.4	87.2	3.5
多哥	66.5	78.3	55.3	85.1	88.9	81.4	4.4
突尼斯	81.8	89.6	74.2	98.1	98.3	97.8	6.2
乌干达	73.9	80.8	66.9	87.0	87.4	86.6	2.2
赞比亚	63.4	70.9	56.0	65.8	69.4	62.1	1.1
津巴布韦	86.5	88.5	84.6	91.7	90.0	93.5	2.0
非洲均值	67.1	74.7	59.6	78.4	81.5	75.3	4.7

资料来源：AfDB Statistics Department；UNESCO Institute for Statistics(UIS)，Database January 2016；domestic authorities.

附表 5 非洲各国性别平等指标概览①

国家	非洲性别平等指数,2015①				社会制度与性别指数(SIGI),2014②						性别不平等指数(GII)(2014,总分值)③	性别发展指数(GDI)(2014,总分值)④
	总分值	经济机会	人类发展	法律制度	总分值	家庭歧视	人身自由限制	生儿育女偏见	资源和财产限制	公民自由限制		
阿尔及利亚	58	42	89	42	…	…	…	…	…	…	41	84
安哥拉	53	55	41	64	17	46	50	8	59	20	…	…
贝宁	52	62	47	47	28	28	44	37	59	80	61	82
博茨瓦纳	69	76	91	41	…	…	…	…	…	…	48	98
布基纳法索	57	63	60	46	28	54	73	19	59	45	63	88
布隆迪	64	69	61	63	17	56	51	17	41	26	49	91
佛得角	67	55	88	57	…	…	…	…	…	…	…	…
喀麦隆	47	54	65	22	28	50	53	21	79	45	59	88
中非共和国	47	77	33	31	33	53	61	1	59	80	66	77
乍得	42	71	24	32	47	97	82	0	59	61	71	77
科摩罗	44	47	72	13	…	…	…	…	…	…	…	81
刚果(布)	49	40	77	31	20	51	47	0	41	61	59	92
刚果(金)	49	75	51	22	43	52	53	7	96	81	67	83
科特迪瓦	44	34	57	40	25	50	59	19	59	54	68	81
吉布提	41	52	67	5	…	…	…	…	…	…	…	…
埃及	49	47	85	16	43	67	74	37	59	81	57	87
赤道几内亚	49	50	68	31	…	…	…	…	…	…	…	…

① AfDB,OECD,UNDP 2016,African Economic Outlook,388-389.

续表

国家	非洲性别平等指数,2015[①]				社会制度与性别指数(SIGI),2014[②]						性别不平等指数(GII)(2014,总分值)[③]	性别发展指数(GDI)(2014,总分值)[④]
	总分值	经济机会	人类发展	法律制度	总分值	家庭歧视	人身自由限制	生儿生女偏见	资源和财产限制	公民自由限制		
厄立特里亚	53	61	48	50	…	…	…	…	…	…	…	…
埃塞俄比亚	51	68	33	52	25	28	87	9	59	20	56	84
加蓬	52	60	75	22	40	65	53	17	79	81	51	…
冈比亚	55	78	66	21	52	51	85	0	100	80	62	89
加纳	62	68	67	52	30	39	55	31	80	54	55	89
几内亚	40	45	40	35	32	54	95	23	39	45	…	78
几内亚比绍	48	57	58	29	21	41	49	7	59	54	55	…
肯尼亚	63	63	69	58	22	35	61	44	59	20	54	91
莱索托	70	71	81	58	9	43	41	21	20	0	65	95
利比里亚	48	53	48	45	38	57	89	2	41	80	13	79
利比亚	38	12	90	13	…	…	…	…	…	…	…	95
马达加斯加	65	61	75	59	10	49	31	0	20	35	61	95
马拉维	73	89	69	61	21	40	36	17	59	61	68	91
马里	33	32	47	21	52	83	100	30	41	80	61	78
毛里塔尼亚	42	53	59	14	40	76	99	17	59	20	42	82
毛里求斯	73	53	98	69	…	…	…	…	…	…	53	95
摩洛哥	53	38	79	42	11	46	32	16	39	20	59	83
莫桑比克	62	67	58	60	14	42	38	0	41	45	40	88
纳米比亚	73	65	90	66	12	17	35	7	59	28	71	98
尼日尔	42	51	42	35	44	100	41	17	59	81	…	73
尼日利亚	55	66	59	39	39	67	48	25	76	80	40	84
卢旺达	74	75	79	68	13	26	41	14	59	26	40	96

续表

国家	非洲性别平等指数(GEI), 2015①				社会制度与性别指数(SIGI), 2014②						性别不平等指数(GII)(2014, 总分值)③	性别发展指数(GDI)(2014, 总分值)④
	总分值	经济机会	人类发展	法律制度	总分值	家庭歧视	人身自由限制	生儿生女偏见	资源和财产限制	公民自由限制		
圣多美与普林西比	50	60	76	14	…	…	…	…	…	…	…	89
塞内加尔	52	51	65	40	20	59	63	9	41	26	53	88
塞舌尔	…	…	…	…	…	…	…	…	…	…	…	…
塞拉利昂	58	71	43	59	37	33	85	4	80	61	65	81
索马里	16	27	9	12	46	60	99	9	76	61	…	…
南非	75	63	92	68	6	2	22	22	41	20	41	95
南苏丹	…	…	…	…	…	…	…	…	…	…	…	…
斯威士兰	32	46	43	6	56	84	98	14	82	66	59	83
坦桑尼亚	58	65	86	24	21	49	31	0	59	61	56	88
多哥	64	73	65	54	25	72	54	17	59	26	55	94
突尼斯	50	61	41	47	19	37	55	13	59	35	59	83
乌干达	60	54	94	34	20	43	16	48	59	45	24	89
赞比亚	63	74	58	58	22	51	56	30	59	26	54	89
津巴布韦	58	67	63	45	45	51	56	17	100	80	59	92
	69	71	77	59	14	57	34	30	41	0	50	92

注释：①非洲发展银行性别平等指数(GEI)所有得分区间的各项指标也是从"0"到"100"，其中"0"表示性别歧视最低，"100"表示性别歧视最高。
②社会制度与性别指数(SIGI)的值越高，说明女性与男性之间的差异越大。
③性别不平等指数(GII)的值越高，说明女性与男性之间的差异越大。
④性别发展指数(GDI)是指人类发展指数(HDI)中的女性与男性之比，指数越高说明不同性别之间的人类发展指数差别越小。

数据来源：非洲发展银行《非洲性别平等指数2015》；经合组织发展数据库(2015)；联合国发展计划署《人类发展报告》(2015)。

附表 6　20世纪 90 年代国际社会对非职业教育援助项目概览

捐助国或团体	受援国	开始/结束	援助内容	经费数量
奥地利	布基纳法索	1997	支持 the école normale supérieure 技术教师的培训和技术指导师的继续培训	FF 626 927
奥地利	布基纳法索	1994	用于技术教育和职业培训中心的运转费用	US$ 100 000
奥地利	布基纳法索	1997	中等职业学校教师培训；提高接收培训生的基础设施；劳动力市场培训需求研究	FF 2 000 000
奥地利	布基纳法索	1996/1997	中等职业教育机构基础设施投资	SH 9 800 000
奥地利	布基纳法索	1996/2000	技术教育指导师培训	US$ 1 047 904
奥地利	布基纳法索	1997/?	援助经费用于技术教育中心的设备购买	SH 3 053 860
奥地利	布基纳法索	1998/1999	用于支持布基纳法索北部地区两所"青年农民职业培训中心"建设	SH 4 678 500
奥地利	佛得角	1998/2000	用于职业教育改组项目。项目内容包括：教师培训、课程开发、教学设备添置、组织发展及教学资料生产；用于 Sao Jorginho 地区 CEFAP 职业教育中心经常性经费	SH 5 965 500
奥地利	津巴布韦	1997/?	支持津巴布韦两所职业培训中心建设	SH 2 045 000
奥地利	乌干达	1999/2001	支持 Kisoro 地区职业教育振兴。包括 St Gertrude's 中等职业学校的设备购买及职业教育基础设施建设	SH 2 645 000
比利时	科特迪瓦	1997/2000	职业教育革新与发展计划	BF 100 000 000
加拿大	几内亚	1996/2000	支持职业教育课程发展，提高职业教育机构管理能力	C$ 4 303 421
加拿大	加蓬	1995/2001	支持高等教育（包括普通的和技术的）的体制建设	C$ 3 000 000
加拿大	几内亚	2000/?	通过支持职业教育改革、减少不同类型教育之间的差距来提高职业教育绩效，从学生和教师两方面进行	C$ 10 000 000
加拿大	喀麦隆	1988/2000	培训工人和技术人员以适应当地劳动力市场要求，提高中等职业教育质量	C$ 3 600 000

续表

捐助国或团体	受援国	开始/结束	援助内容	经费数量
丹麦	马拉维	1998/2001	为各分计划做准备：技术培训、企业培训和职业教育培训	
丹麦	莫桑比克	1993/1996	职业教育策略计划	DKr 1 000 000
欧盟委员会	博茨瓦纳	1996/1998	提高职业教育培训能力。支持政府为劳动力市场提供熟练和半熟练技术工人	ECU 15 100 000
芬兰	赞比亚	1996/1999	促进职业培训体系发展。引进技能本位的模块化培训课程计划，确保为正规和非正规部门提供合适的技能劳动者，促进自我雇佣培训	FMk 42 600 000
法国	贝宁	1996/2000	使职业教育适应企业需要	FF 10 055 000
法国	尼日尔	1994/1998	支持高等教育中的培训项目，支持四个教师培训机构的建设	FF 24 150 000
法国	毛里求斯	1994/1999	高等职业教育机构建设项目：玫瑰山（Rose Hill）多科技学院建设；技术资源中心的建设项目；该中心建成后主要开展机电一体化方面的培训，包括对培训者的培训，对学生的技术教学、对在职员工的继续职业培训，并向企业开放	FF 40 500 000
法国	布基纳法索	1997/2000	开展继续职业培训，促进劳动力就业；提高职业教育学生成功就业的机会；改善职业教育设施和内容，创造新的就业岗位	FF 25 800 000
法国	吉布提	1996/2000	对30位来自工业和商业高中学校的教师进行培训	FF 287 700 000
法国	中非共和国	1996/1997	调整职业教育内容以适应生产领域和继续培训的需要	FF 69 760 000
法国	加蓬	1996/2000	实施"就业和资格培训"计划，提高职业教育适应经济发展的需要	FF 28 700 000
法国	科摩罗	1996/1999	提高职业教育适应国家经济发展的需要	FF 30 000 000
法国	多哥	1996/1998	提高职业教育适应私营部门的需要，支持学徒制和技工培训改革	FF 8 000 000

续表

捐助国或团体	受援国	开始/结束	援助内容	经费数量
法国	马里	1997/2000	支持职业培训和就业,建立 UFAEs 和 FAFPA	FF 42 000 000
法国	毛里塔尼亚	1994/?	提高培训的质量和效率,更换法国的技术助理,提高培训系统的自主性和统一性	FF 80 000 000
法国	塞内加尔	1997/2000	促进中等和高等职业教育体系发展,提高职业教育办学机构的质量,以适应工业发展对技工人才和第三级教育发展的需求	FF 28 050 000
日本	莫桑比克	1997/1998	职业培训中心设备更新	
日本	乌干达		Nakawa 职业培训机构拓展	
荷兰	厄立特里亚	1995/1997	中等职业技术培训资源的补充完善	Gld 2 638 000
瑞典	坦桑尼亚	1991/1996	Morogoro 专科师范学校的扩展;Moshi 职业培训中心的建设;Tanga and Mwanza 职业培训中心的修缮;Kihonda 职业培训中心项目的开发;妇女专项基金的支持	
瑞典	莫桑比克	1997/1999	支持高等职业技术教育的发展	SKr 93 000 000
亚洲开发银行	埃塞俄比亚	1993/1996	建设一所电力电子培训学院,培训500名实习生	US$ 23 040 000 (loans)
亚洲开发银行	坦桑尼亚	1995/1997	就业和技术教育研究	US$ 993 600
亚洲开发银行	坦桑尼亚	1990/1996	为 Chang'Ombe 职业培训中心建设两个岗位训练中心,培训纺织和印刷技工;把三所中学改造为技术学校;为机械和土木工程实验室提供建设经费	

资料来源:ADEA,Prisme database,1997。

特别说明:所有数目都是赠款,有特别注明者除外。

① 表中所选项目是根据"技术教育"和"职业培训"作为关键词进行二次检索而得,可能并不包括所有"中等技术和职业教育"。

② 表中所列项目并不一定属于单独支持项目,可能包含于更大的项目之中,因此相关经费数量不一定准确,有些甚至为空缺。

③ 表中所列项目并不代表同期相关国家或组织对非职业教育援助的全部,例如德国和日本的项目数据就缺失。

附表7　20世纪90年代欧洲发展基金(EDF)援助SSA职业教育项目一览[①]

受援国	项目名称与简介	批准年份	援助的数量/万欧元
尼日利亚	电信业职业培训(NITEL),人力资源开发	1993	1050
斯威士兰	职业教育和Matsapha贸易学院(阶段Ⅱ)	1993	110
斯威士兰	中央部委机构的加强,教师培训	1993	500
赞比亚	赞比亚会计学习中心(阶段Ⅱ)	1993	680
尼日尔	TVET计划(NIGETECH)	1994	315
毛里求斯	毛里求斯行政管理学院	1994	120.5
安哥拉	罗安达(Luanda)工业学院,教学资源提高	1994	270
几内亚比绍	TVET资助项目	1995	96
博茨瓦纳	职业教育项目	1996	1500
肯尼亚	LOMEⅣ职业培训项目(阶段Ⅱ)(FORMED Unit)	1996	90
多哥	自愿重返学校项目	1996	45
马达加斯加	农村发展培训	1996	120
南非	专业能力发展计划	1997	4600
毛里求斯	警察培训	1997	55
塞内加尔	就业支持计划(PPGE)	1997	60
南非	就业和新能力发展计划(KHUPHUKA)	1998	590
尼日尔	农村技工模块化职业培训计划(PROFORMAR Ⅱ)	1998	185
毛里求斯	制衣行业培训中心支持	1999	136.5
尼日尔	NIGETECH Ⅱ	1999	700
几内亚	ENAM Ⅲ	1999	198
博茨瓦纳	弗朗西斯敦(Francistown)职业培训中心和教师培训联盟	1999	150
塞内加尔	区域(CRFP)和地方(CDFP)职业培训中心支持	1999	150
安哥拉	在职教师培训	2000	400

资料来源：CANDY L,et al. 2001. L'éducation et la formation dans les programmes communautaires d'aide extérieure. République française. Bruxelles：Cellule Entreprises et Coopération。

[①] Paul Bennell,Jan Segerstrom. Vocational Education and Training in Developing Countries：Has the World Bank Got It Right[J]. Int. J. Educational Development,1998,18(4)：107.

附表 8 2009—2014年国际对非援助经费统计[1]

单位：百万美元

国家	ODA净总数,所有援助者						ODA净总数,DAC国家						ODA净总数,多边援助					
	2009	2010	2011	2012	2013	2014	2009	2010	2011	2012	2013	2014	2009	2010	2011	2012	2013	2014
阿尔及利亚	318	198	191	145	201	158	200	143	118	99	98	102	107	57	72	49	57	47
安哥拉	239	237	193	241	283	231	141	152	118	133	144	92	98	85	74	108	139	139
贝宁	682	690	673	509	660	600	326	340	424	260	254	253	353	349	249	244	398	338
博茨瓦纳	279	153	118	73	107	100	223	103	88	62	90	62	56	51	22	10	17	37
布基纳法索	1082	1044	982	1142	1044	1120	453	441	451	522	526	562	628	598	529	617	514	553
布隆迪	561	629	570	521	556	502	264	282	269	225	249	216	297	347	301	296	307	285
佛得角	196	328	252	246	245	230	162	248	220	218	217	180	34	81	32	27	25	49
喀麦隆	648	541	611	596	748	852	268	267	326	257	362	447	380	274	285	339	384	399
中非共和国	242	261	269	221	202	610	99	113	108	73	112	281	143	148	160	154	88	327
乍得	561	491	458	472	458	388	356	290	246	246	219	158	205	202	213	226	239	229
科摩罗	50	67	52	69	79	74	28	22	28	32	39	31	21	28	23	25	38	41
刚果(布)	283	1315	261	139	151	106	226	1219	176	49	78	49	57	95	84	89	72	56
刚果(金)	2357	3481	5525	2847	2584	2398	1100	2384	4240	1655	1190	1166	1255	1090	1285	1191	1392	1231
科特迪瓦	2402	845	1435	2635	1272	922	1721	437	722	2102	723	245	678	406	711	525	545	673
吉布提	167	131	141	149	148	163	98	98	88	86	76	83	58	25	46	54	64	64
埃及	1000	589	416	1807	5508	3532	586	363	232	304	306	2	296	148	74	897	36	366
赤道几内亚	31	85	24	14	4	1	25	79	22	13	6	5	6	6	3	1	−1	−5

[1] AfDB, OECD, UNDP 2016, African Economic Outlook, 358-359.

附表 239

续表 单位：百万美元

国家	ODA净总数,所有援助者						ODA净总数,DAC国家						ODA净总数,多边援助					
	2009	2010	2011	2012	2013	2014	2009	2010	2011	2012	2013	2014	2009	2010	2011	2012	2013	2014
厄立特里亚	144	161	133	134	81	83	43	36	34	15	14	15	86	105	95	64	67	69
埃塞俄比亚	3819	3453	3493	3221	3885	3585	1818	1857	1930	1798	1914	1915	1983	1562	1548	1406	1961	1661
加蓬	77	104	73	73	90	111	53	84	62	61	75	99	25	20	9	13	14	12
冈比亚	127	120	135	139	115	100	22	33	36	30	34	22	105	85	97	107	77	73
加纳	1582	1690	1800	1799	1330	1126	821	898	898	844	734	606	755	789	902	949	595	514
几内亚	214	218	204	340	473	561	171	92	82	147	249	183	47	128	121	196	201	358
几内亚比绍	147	125	120	79	104	109	52	54	52	37	42	27	95	71	67	41	60	81
肯尼亚	1776	1625	2481	2653	3312	2665	1225	1157	1564	1669	2019	1602	547	464	912	979	1284	1055
莱索托	122	256	257	274	320	104	71	94	143	152	186	49	47	159	110	118	128	41
利比里亚	513	1413	761	566	535	744	342	699	519	334	318	417	171	712	242	232	216	322
利比亚	41	9	641	87	129	210	32	17	464	104	72	102	8	−10	59	−20	52	45
马达加斯加	444	472	445	375	499	583	242	217	226	185	226	191	201	246	215	189	274	393
马拉维	771	1015	797	1169	1130	930	439	512	448	640	646	509	332	504	350	529	483	416
马里	984	1089	1267	994	1398	1234	575	685	777	732	723	678	408	404	487	261	663	548
毛里塔尼亚	373	370	381	408	293	257	122	102	129	166	125	91	231	250	239	191	160	140
毛里求斯	155	125	187	178	148	49	64	58	113	86	65	75	93	69	75	93	86	−16
摩洛哥	1047	990	1435	1465	2004	2247	705	596	849	884	1144	1061	323	382	562	594	739	662
莫桑比克	2012	1941	2065	2074	2315	2103	1289	1349	1692	1466	1642	1425	723	590	371	608	658	669
纳米比亚	326	256	283	255	261	227	249	213	236	191	200	180	78	44	46	65	61	46

续表 单位：百万美元

国家	ODA净总数,所有援助者						ODA净总数,DAC国家						ODA净总数,多边援助					
	2009	2010	2011	2012	2013	2014	2009	2010	2011	2012	2013	2014	2009	2010	2011	2012	2013	2014
尼日尔	469	739	645	890	797	918	255	375	298	413	336	315	212	361	342	472	453	600
尼日利亚	1657	2058	1765	1912	2515	2476	688	846	852	895	1138	1062	967	1210	911	1014	1375	1413
卢旺达	934	1031	1263	879	1086	1034	520	547	590	424	567	474	411	482	664	453	516	555
圣多美与普林西比	31	49	72	49	52	39	20	33	38	28	22	18	11	16	34	20	29	20
塞内加尔	1016	937	1055	1073	992	1107	515	535	590	706	635	800	497	388	456	370	348	304
塞舌尔	23	56	22	36	25	10	12	29	7	6	7	3	11	10	10	18	11	4
塞拉利昂	448	458	423	440	447	911	196	191	173	188	208	521	252	266	245	249	235	383
索马里	662	506	1099	990	1054	1109	500	317	758	659	717	764	152	181	230	237	211	245
南非	1075	1027	1395	1066	1295	1070	862	818	1026	683	1015	735	211	207	368	382	279	333
南苏丹	...	...	437	1187	1400	1964	...	...	390	1039	1137	1629	...	...	46	147	261	327
苏丹	2351	2028	1741	1366	1503	872	1912	1509	1315	862	1073	533	379	487	402	416	390	325
斯威士兰	56	91	124	88	116	86	19	31	66	55	45	51	38	60	54	30	69	35
坦桑尼亚	2933	2957	2440	2823	3431	2648	1409	1654	1660	1764	1952	1455	1526	1298	773	1044	1468	1183
多哥	499	404	542	241	114	208	362	253	327	114	83	80	136	151	214	123	135	130
突尼斯	503	550	922	1017	710	921	350	355	492	375	202	220	159	192	413	574	464	453
乌干达	1785	1688	1573	1642	1701	1633	1017	1001	990	923	964	1030	768	686	581	718	735	601
赞比亚	1267	917	1034	955	1142	995	702	597	701	651	729	775	564	321	327	304	381	220
津巴布韦	736	713	723	999	824	758	621	505	547	671	542	538	115	209	176	328	283	220
未指明援助款	5195	4335	5025	5183	4476	...	3052	3157	3460	3754	3384	...	2083	1148	1467	1364	1018	...
非洲总计	47411	47061	51427	50950	56460	47775	27621	28485	32409	30089	29870	24186	19421	18239	18387	19727	20754	19270

注释：ODA，官方发展援助；DAC，经合组织发展援助委员会。
数据来源：经合组织发展援助委员会，2016年。

参 考 文 献

一、中文文献（按发表时间排序）

1. 巴兹尔·戴维逊. 现代非洲史[M]. 北京：中国社会科学出版社，1989.
2. 国家教育发展研究中心. 三十五国教育发展（1986—1988）[M]. 北京：人民教育出版社，1990.
3. 李建忠. 战后非洲教育研究[M]. 南昌：江西教育出版社，1996.
4. 丁邦平. 非洲各国课程多样化思潮述评[J]. 比较教育研究，1996（4）.
5. 孙恪勤. 90年代德国对撒哈拉以南非洲国家的发展援助政策[J]. 西亚非洲，1998（3）.
6. 徐辉. 战后国际教育援助的影响、问题及趋势[J]. 外国教育研究，2001（1）.
7. 詹盛如. 世界银行教育援助之研究[D]. 暨南国际大学，2002.
8. 张秀琴等. 中国和非洲国家的教育交流与合作[J]. 西亚非洲，2004（3）.
9. 张文亮. 深入非洲三万里：李文斯通传[M]. 兰州：敦煌文艺出版社，2006.
10. 张郁惠. 中国对外援助研究[D]. 中共中央党校，2006.
11. 申丽. 埃塞俄比亚职业技术教育的现状及其发展方向[J]. 天津工程师范学院学报，2006（02）.
12. Olu Aina, Mal. Hafiz Wali. 尼日利亚职业教育现状[C]. 中国职业技术学会2006年学术年会论文集. 2006.
13. 埃里克·吉尔伯特. 非洲史[M]. 海口：海南出版社，2007.
14. 谢炎炎. 尼日利亚职业技术教育课程改革与发展[D]. 浙江师范大学，2007.
15. 世界银行. 撒哈拉以南的非洲教育政策：调整、复兴和扩充[M]. 杭州：浙江大学出版社，2008.
16. 裴善勤. 坦桑尼亚[M]. 北京：社会科学文献出版社，2008.
17. 孙同全. 战后国际发展援助的发展阶段及其特点[J]. 北京工商大学学报（社会科学版），2008（4）.
18. 张海冰. 德国对非洲援助政策评析[J]. 西亚非洲，2008（7）.
19. 吴卿艳. 国际教育援非的发展、问题及对策[J]. 教育发展研究，2009（5）.

20. 万秀兰,孙志远.《非洲职业技术教育与培训振兴战略》之评析[J].比较教育研究,2009(11).
21. 许序雅.坦桑尼亚高等教育研究[M].北京:中国社会科学出版社,2009.
22. 赵玉池.国际教育援助研究[D].西南大学,2010.
23. 牛长松.中国与非洲教育合作的新范式[J].比较教育研究,2010(4).
24. 于欣力,郑蔚.我国高校参与教育援非的多视角分析[J].学园,2010(5).
25. 和震.世界银行职业教育政策的演变[J].清华大学教育研究,2010(1).
26. 李建忠.南非国家资格框架的发展与改革[J].比较教育研究,2010(4).
27. 胡昌送.战后非洲职业教育发展历程与趋势初探[J].中国职业技术教育,2010(31).
28. 唐晓明.论南非 C2005 课程改革[J].教育评论,2011(3).
29. 马丁.梅雷迪思.非洲国:五十年独立史[M].北京:世界知识出版社,2011.
30. 殷敏.世界银行对非洲教育援助政策研究[D].浙江师范大学,2011.
31. 郭达,张桂春.尼日利亚职业技术教育发展概况及面临的挑战[J].世界教育信息,2011(9).
32. 朱守信.南非职业教育体制的重建改革与进展[J].当代教育科学,2012(3).
33. 中非论坛第四届部长级会议经贸举措将如期落实[N].国际商报(中非经贸合作特刊),2012 年 1 月.
34. 刘兰.白人政府干预政策与南非劳动力市场供求结构的变化[J].西亚非洲,2012(4).
35. 余南平.发展援助的中间道路:德国对外援助研究[J].德国研究,2012(4).
36. 戴启秀.德国当代非洲政策研究[J].国际观察,2013(5).
37. 王琳璞,徐辉.祖玛时期南非职业与技能教育改革[J].外国教育研究,2013(06).
38. 楼世洲.培养关键能力,促进非洲的可持续发展[J].比较教育研究,2013(11).
39. 郭婧.联合国教科文组织与中国携手开展对非教育援助[J].世界教育信息,2013(12).
40. 王霞.内生增长理论框架下投资增长效应的理论及实证研究:对南非新增长战略的政策思考[J].经济与管理评论,2014(3).
41. 李湘云.当代坦桑尼亚国家发展进程[M].杭州:浙江出版联合集团,

2014.

42. 约翰·甘瑟. 非洲内幕[M]. 北京：人民日报出版社，2014.
43. 姚桂梅. 南非经济发展的成就与挑战[J]. 学海，2014(3).
44. 程伟华，等. 中国教育援助非洲项目有效性研究[J]. 高等农业教育，2015(3).
45. 刘传. 对非洲文化援助提升德国国家形象[N]. 中国文化报，2015-6-22.

二、外文文献（按首字母排序）

1. African Union. Strategy to Revitalize Technical and Vocational Education and Training (TVET) in Africa. Final Draft of Meeting of the Bureau of the Conference of Ministers Of Education of the African Union, 29～31 May 2007, ADDIS ABABA. Ethiopia.
2. ATCHOARENA D, H S. "Lifelong learning policies in low development contexts: an African perspective". In: ASPIN D, et al. International Handbook of Lifelong Learning. The Netherlands: Kluwer Academic Publishers. 2001.
3. ATCHOARENA D, ESQUIEU P. Private technical and vocational education in sub-Saharan Africa: provision patterns and policy issues. UNESCO, IIEP, Paris. 2002.
4. ALTABACH P G. International Organizations, Educational policy and Research: A Changing Balance[J]. Comparative Education Review, 1988.
5. Dar es Salaam: Vocational Education and Training by Ministries in Tanzania, Examples of FDCs. 2000.
6. David Atchoarena, André Delluc. Revisiting technical and vocational education in sub-Saharan Africa: an update on trends, innovations and challenges. 2001.
7. Education Sector Development Committee: Adult and Non-Formal Education Development Plan (ANFEDP), 2012/13—2016/17. 2012.
8. Extract from the Declaration of the Participants in the UNESCO Meeting of TVET Experts on Learning for Work, Citizenship and Sustainability, Bonn, 2004.
9. Ethiopia: Sustainable Development and Poverty Reduction Program July, 2002.
10. EKPENONG L E. Foundations of Vocational Education: New Directions

and Approaches. Benin City: Supreme Ideal Publishers Int. Ltd. 1995.
11. FOSTER P J. The vocational school fallacy in development planning[J]. Chicago: Education and Economic Development,1965(a).
12. Fourth National Developing plan1981—1985. Lagos: Federal Government. 1982.
13. Federal Ministry of Education. National Policy on Education. Abuja: FME. 1981.
14. Falola Toyin. The History of Nigeria. London: Green wood press,1999.
15. Graziella Bertocchi,Michael Spagat. ,The evolution of modern educational systems Technical vs. general education,distributional conflict,and growth [J]. Journal of Development Economics,2004(73).
16. Geoffrey Tabbron ,Jin Yang. The Interaction Between Technical and Vocational Education and Training (TVET) and Economic Development in Advanced Countries[J]. Journal of International Educational Development, 1997,17(3).
17. Hon. Philipo Augustino Mulugo: Education for Employment,Development skills for Vocation. 2012.
18. International Labour Organization: Tanzania Decent Work Country Programme2013—2016.
19. Jutta Franz. Financing Framework for TVET in Ethiopia[M]. 2006.
20. Jon Lauglo: Vocational training in Tanzania and the role of Swedish support. July. 1990.
21. Joel Samoff,Bidemi Carrol. From Manpower Planning to the Knowledge Era: world Bank Policies on Higher Education in Africa[R]. UNESCO Forum Occasional Paper Series Paper no. 2,2003.
22. JONES P W. World Bank Financing of Education: Lending,Learning and Development[M]. London and NewYork: Routledge,1992.
23. Laddislav Cerych. Problems of Aid to Education in Developing Countries [M]. NewYork/Washington/London: Prageger Publishers. 1965.
24. Ministry of Education. Education statistics annual abstract[R]. Addis Ababa. 2004.
25. Ministry of Education. Education statistics annual abstract[R]. Addis Ababa. 2008.
26. Ministry of Education of Ethiopia. Education Sector Development Program

Ⅲ[C]. Addis Ababa, August, 2005.

27. Monika Redecker, FAKT Germany. Anne Wihstutz, GTZ Dar es Salaam. Joyce Mwinuka, VETA Ministry of Zanzibar: Zanzibar: vision 2020.

28. MIDDLETON, et al. Skills for productivity: vocational education and training in developing countries[M]. New York: Oxford University Press, 1993.

29. MOSES O O. To vocationalise or not to vocationalise? Perspectives on current trends and issues in TVET in Africa[J]. International Journal of Educational Development, 2007(27).

30. MIDDLETON J, ZIDERMAN A, ADAMS V A, Skills for productivity: vocational education and training in developing countries[M], New York: Oxford University Press. 1993.

31. NANCY C A. Paying for Education: How the World Bank and the International Monetary Fund Influence Education in Developing Countries[J]. Lawrence Erlbaum Associates, Inc. Peabody Journal of Education, 2001.

32. National Development Plan 2030: Our Future-make it work[R]. Pretoria: National Planning Commission, 2012.

33. OECD. Development Aid at a Glance 2011: Statistics by Region. OECD Publishing, 2011.

34. Planning Commission: The Tanzania Development Vision 2025.

35. Paul Bennell, Jan Segerstrom. Vocational Education and Training in Developing Countries: Has the World Bank Got It Right[J]. Int. J. Educational Development, 1998, 18(4).

36. PHILIP W J. On world Bank Education Financing[J]. Comparative Education, volume33 No1. 1997.

37. RIDKER R G. The world Bank's role in human resource development in sub-saharan Africa: Education. training, And technical assistance [R]. Washington, D. C. The World Bank, 1994.

38. SAMOFF J. The Reconstruction of schooling in Africa[J]. Comparative Education Review, 1993.

39. United Republic of Tanzania: Millenium Development Goles Report: Midway Evaluation: 2000—2008.

40. World Bank. Education: Sector Working Paper[R]. Washington D. C., World Bank. 1971.

41. World Bank. Education: Sector working paper[R]. Washington D. C. , World Bank,1974.
42. World Bank. Primary Education: A World Bank policy paper[R]. Washington D. C. : World Bank. 1990.
43. World Bank. Report of the External Advisory Panel on Education to the World Bank. 1978.
44. World Bank. Education sector working paper . World Bank, Washington, D. C. 1980.
45. World Bank. Vocational Education and Training: A World Bank Policy Paper . World Bank, Washington, D. C. 1991.

三、网络文献

1. INFOGRAPHIC: Diagnostic analysis for National Development Plan[EB/OL]. [2015-1-17].
   http://www. bdlive. co. za/indepth/ndp/2013/12/03/infographic-diagnostic-analysis-for-national-development-plan.
2. Slow growth means unemployment rate won't change[EB/OL]. [2015-3-17].
   http://www. citypress. co. za/business/slow-growth-means-unemployment-rate-wont-change/.
3. INFOGRAPHIC: Diagnostic Analysis forNational Development Plan [EB/OL].
   http://www. bdlive. co. za/indepth/ndp/2013/12/03/infographic-diagnostic-analysis-for-national -development-plan. shtml,2013-12-03.
4. Ministry of Science Technology and Vocational Training. TEVET Statistics Digest[EB/OL].
   http:// www. mstvt. gov. zm/index. php? option = com_docman. 2010-11-17.
5. Ministry of Education. Education Statistics Annual Abstract 2005 E. C (2012/13)[EB/OL]. http://www. moe. gov. et/English/Information/Pages/edustat. aspx. 2013-11-20.
6. Federal Ministry for Economic Cooperation and Development,"Aims of German Development Policy", http://www. bmz. de/en/principles/aims/index. html.

7. 尼日利亚在冲突中开展教育. [2015-04-05].

　　http：//www. unicef. org/chinese/infobycountry/nigeria_81482. html

8. 联合国人类发展计划(united Nations Human Development Programme). [2011-02-14].

　　http：//www. nationmaster. com/graph/edu_edu_spe-education-spending-of-gdp.

9. 中国的对外援助(2014)[EB/OL]. [2014-7-10].

　　http：//www. sxejgfyxgs. com/ArticleDetail. aspx? id=31306

10. 中国援助非洲引质疑,商务部否认援助超出承受水平[EB/OL]. [2015-11-27].

　　http：//business. sohu. com/20151127/n428425986. shtml.

11. 中国对非洲政策文件[EB/OL]. [2015-11-27].

　　http：//news. xinhuanet. com/world/2015-12/05/c_1117363276. htm.

12. 习近平四字概括对非策略[EB/OL]. [2013-03-26].

　　http：//finance. qq. com/a/20130326/000526. htm

13. 中非合作论坛-约翰内斯堡行动计划[EB/OL]. [2015-12-10].

　　http：//www. fmprc. gov. cn/ce/cgbrsb/chn/zgxw/t1323148. htm

14. 天津职业技术师范大学援建埃塞-中国职业技术学院项目情况介绍. [EB/OL]. http：//gjjlc. tute. edu. cn/text. jsp? wbtreeid=1024. 2012. 3. 8.

15. http：//www. itf-nigeria. com/about. htm. 2007-06-3.

16. http：//www. odi. org. uk/

17. http：//yws. mofcom. gov. cn/

18. http：//www. china-aibo. cn/ywpxzx/pxxm/

19. http：//doc. qkzz. net/article/c0f903f9-71be-42d1-94cc-71ad95da3b21_2. htm

20. http：//www. veta. go. tz/index. php/en/newsbyID? new=98

21. http：//go. worldbank. org/KLIZ1KAG50